高校学生就业创业指导与创新素质培养研究

赵赓 徐景升 著

图书在版编目（CIP）数据

高校学生就业创业指导与创新素质培养研究 / 赵赓，徐景升著. -- 北京：九州出版社，2024.4
ISBN 978-7-5225-2982-0

Ⅰ.①高… Ⅱ.①赵… ②徐… Ⅲ.①高等学校－毕业生－就业－研究－中国②高等学校－创造教育－研究－中国 Ⅳ.①G647.38②G640

中国国家版本馆CIP数据核字(2024)第108015号

高校学生就业创业指导与创新素质培养研究

作　　者	赵　赓　徐景升　著
责任编辑	沧　桑
出版发行	九州出版社
地　　址	北京市西城区阜外大街甲 35 号（100037）
发行电话	(010)68992190/3/5/6
网　　址	www.jiuzhoupress.com
印　　刷	河北昌联印刷有限公司
开　　本	787 毫米 ×1092 毫米　16 开
印　　张	14
字　　数	310 千字
版　　次	2024 年 4 月第 1 版
印　　次	2024 年 4 月第 1 次印刷
书　　号	ISBN 978-7-5225-2982-0
定　　价	85.00 元

★版权所有　侵权必究★

前　言

随着社会的快速发展，高校作为培养未来社会中坚力量的摇篮，肩负着培养学生就业创业能力与创新素质的重要使命。面对激烈的职场竞争和快速变化的社会需求，高校不仅要关注学生的专业知识学习，更要注重培养其创业创新能力、团队协作精神和终身学习意识。本书旨在深入探讨高校学生就业创业指导与创新素质培养，为高校提供有力的理论指导和实践经验，促进学生全面发展、更好地适应社会变革。

传统的专业知识培训已经不能满足现代社会对人才的需求，更需要学生具备创业创新能力、团队协作精神、实践经验等综合素质。与此同时，全球经济一体化、产业结构升级等因素也给高校学生的就业创业带来了新的挑战。如何更好地引导学生面对就业挑战，激发创新潜能，是高校教育管理亟待解决的问题。

就业创业指导是高校学生职业生涯发展的重要环节。通过系统的职业规划、择业辅导、实习实训等方式，学生能够更好地了解自身兴趣和优势，提前规划职业道路。同时，高校还需通过与企业的合作、行业研究等方式，为学生提供更多的实际经验，使其更好地适应未来职业生涯的挑战。

本书旨在为高校学生就业创业指导与创新素质培养提供系统性的研究与分析，深入挖掘问题的本质，为高校提供实质性的建议和可行性的方案。我们相信，通过共同的努力，高校能够更好地适应时代发展的需求，培养更具创新精神和创业能力的优秀人才，为社会的繁荣和进步贡献力量。这不仅是一次对高校教育的深度思考，更是对未来人才培养的责任担当。希望我们的努力能够在高校教育领域迎来更加灿烂的未来。

目 录

第一章 高校学生就业创业现状分析 ... 1
第一节 就业创业形势概览 ... 1
第二节 高校毕业生就业现状 ... 10
第三节 学生就业观念与期望 ... 17
第四节 就业市场需求与趋势 ... 24

第二章 创新素质培养的理论基础 ... 34
第一节 创新素质的概念与内涵 ... 34
第二节 创新能力的构成要素 ... 43
第三节 创新教育理念与模式 ... 52
第四节 创新素质培养的方法与手段 ... 61
第五节 高校创新素质培养实践 ... 67

第三章 高校创新素质培养的实施现状 ... 74
第一节 高校创新素质培养体系 ... 74
第二节 课程设置与教学方法 ... 83
第三节 创新实践与实习机会 ... 88
第四节 学科交叉与综合能力培养 ... 93
第五节 创新团队与项目管理 ... 100

第四章 高校学生就业指导体系 ... 108
第一节 就业指导体系构建 ... 108
第二节 职业规划与发展咨询 ... 117
第三节 职业技能培训与提升 ... 123
第四节 实习与实践机会安排 ... 131

第五章　创业教育与创新创业活动 ································ 139
第一节　创业教育的必要性与目标 ····························· 139
第二节　创业课程设计与实施 ································· 146
第三节　创新创业实践基地 ··································· 150
第四节　创业竞赛与项目孵化 ································· 156
第五节　创业团队的培养与支持 ······························· 161

第六章　企业合作与校企联动 ···································· 170
第一节　校企合作的战略意义 ································· 170
第二节　产学研合作模式 ····································· 177
第三节　企业实习与校园招聘 ································· 183
第四节　企业导师制度 ······································· 188

第七章　就业市场趋势与未来展望 ································ 194
第一节　数字化时代对就业的影响 ····························· 194
第二节　新兴行业与职业机会 ································· 199
第三节　跨界融合与综合素质需求 ····························· 205
第四节　灵活用工与创业就业趋势 ····························· 211

参考文献 ··· 216

第一章　高校学生就业创业现状分析

第一节　就业创业形势概览

一、全球经济趋势与就业挑战

（一）全球经济趋势

1. 技术变革的影响

随着科技的飞速发展，人工智能、大数据、云计算等新技术正深刻改变着全球经济格局。这些技术的广泛应用提高了生产效率，但也带来了对传统就业模式的冲击。自动化和机器人技术的应用使得一些传统产业中的人工劳动逐渐被替代，给劳动力市场带来了新的挑战。

2. 产业结构的调整

全球范围内，产业结构正在发生深刻的调整。新兴产业的崛起，如新能源、生物技术等，为经济发展提供了新的动力，但与此同时，一些传统产业的式微导致了一些地区和行业的就业形势严峻。这种产业结构的变化使得劳动力需求发生了根本性的改变①。

3. 国际贸易的变化

国际贸易作为连接各国经济的纽带，在全球经济中扮演着至关重要的角色。然而，贸易战、关税政策的调整等因素正在改变国际贸易格局。全球供应链的调整可能导致一些企业的生产和就业受到波及，而逆全球化的趋势也使一些国家面临出口减少、产业转型的压力。

（二）就业挑战

1. 技能匹配与培训

随着技术的不断进步，劳动力市场对高技能人才的需求日益增加。然而，现有的劳动力中存在着技能不匹配的问题，即一些人的技能无法满足市场需求。因此，就业者需要不断提升自己的技能，而政府和企业也需要加强培训体系，确保劳动力具备新时代所需的技能。

2. 社会保障体系的完善

在全球范围内，社会保障体系的完善程度存在较大差异。面对经济下行的压力，社会保障体系对于维护就业者的基本权益变得尤为关键。政府需要加强对失业人员的支持，提

---

① 彭军，谭军，刘义.大学生职业生涯发展与就业创业指导[M].北京：北京理工大学出版社，2019：159.

供更为完善的社会保障，以应对就业市场的波动。

3.可持续发展与绿色经济

可持续发展和绿色经济已经成为全球经济发展的重要方向。投资于清洁能源、环保产业等领域有望创造更多就业机会，同时也有助于应对气候变化等全球性挑战。这为经济的可持续发展提供了新的动力，但也要求劳动力具备适应新产业的能力。

（三）可能的解决途径

1.教育体制的改革

为了更好地适应新时代的就业需求，各国需要进行教育体制的改革。这包括重视培养创新思维、解决问题的能力，注重实践经验的积累。提高教育质量，使得毕业生更好地适应市场需求，成为新时代的人才。

2.职业培训的加强

政府和企业可以加强对职业培训的投入，帮助现有员工更好地适应新的技术和工作要求。培训计划应该紧密结合市场需求，提供实用的技能培训，以提高劳动力的竞争力。这种培训不仅应关注技术层面，还强调解决问题和团队协作等软技能的培养。

3.制定灵活的劳动市场政策

灵活的劳动市场政策可以帮助企业更好地应对市场波动，灵活调整用工结构。同时，也需要建立健全的社会保障体系，保障劳动者的基本权益，防范就业风险。这包括调整劳动合同制度、建立灵活的工时制度等，以适应新的经济形势。

综合而言，全球经济趋势与就业挑战的复杂性要求各国政府、企业和个体共同努力，制定合适的政策和措施，以促进经济的可持续发展，提升劳动力的竞争力，实现全面而稳定的就业。只有通过全球合作和创新，才能更好地迎接未来的挑战。

二、行业发展动向与就业前景

（一）概述

高校学生作为新一代劳动力的主力军，其行业发展动向与就业前景备受关注。全球化、科技进步、社会转型等因素正在深刻影响着各个行业，从而塑造了高校毕业生的就业前景。本节将分析几个主要行业的发展趋势，以及高校学生在这些行业中的就业前景，旨在为学生提供更全面的就业指导[①]。

（二）信息技术与数字化行业

1.人工智能与数据科学

信息技术行业一直是高校学生就业的热门领域之一。随着人工智能和数据科学的快速发展，对于具备编程、数据分析等技能的人才需求不断增加。高校学生可以通过学习相关专业，提高在人工智能、数据科学领域的竞争力。

---

① 李容芳，谢强.大学生创新创业指导[M].成都：电子科技大学出版社，2017：132.

2. 软件开发与应用

移动互联网的普及推动了软件开发与应用行业的迅猛发展。高校学生可以通过学习软件工程、计算机科学等专业，掌握编程技能，并关注移动应用、云计算等领域的发展。创新和实践是在这一领域脱颖而出的重要因素。

3. 信息安全与网络技术

随着信息化程度的提高，信息安全成为企业和机构关注的焦点。高校学生可以选择信息安全、网络技术等专业，学习网络安全、加密技术等知识，为企业提供网络安全保障。这一领域的就业前景较好。

（三）清洁能源与可持续发展行业

1. 可再生能源

随着全球对环境问题的关注日益增加，可再生能源行业迎来了发展的黄金时期。高校学生可以关注太阳能、风能等领域的发展，选择电气工程、环境工程等专业，参与到清洁能源项目中。这一领域的发展有望提供丰富的就业机会。

2. 可持续建筑与环保设计

可持续建筑和环保设计行业在推动绿色发展方面发挥着关键作用。学生可以选择建筑、环境设计等专业，通过学习绿色设计理念、新型建筑材料等知识，参与到可持续建设项目中。这一领域的就业前景与社会的环保意识密切相关。

（四）医疗与生物技术行业

1. 生物医学工程

生物技术的不断进步推动了医疗行业的创新。高校学生可以选择生物医学工程、生物信息学等专业，从事医疗器械研发、生物信息分析等工作。这一领域的发展对社会的健康事业有积极的推动作用。

2. 健康科技与远程医疗

数字化技术的发展为健康科技和远程医疗提供了新的机遇。高校学生可以选择与计算机科学、医学等相关的交叉专业，参与到健康科技平台、医疗信息系统的研发与应用中。这一领域将成为未来医疗创新的重要方向。

（五）制造业与物联网行业

1. 工业工程与智能制造

制造业正逐步迎来工业4.0的时代，智能制造、工业工程等领域成为高校学生关注的热点。通过学习机械工程、自动化等专业，学生可以参与到智能工厂、自动化生产线等项目中，提高在制造业中的竞争力。

2. 物联网与智能交通

物联网技术的应用推动了智能交通领域的发展。高校学生可以选择与电子工程、通信工程等相关的专业，关注物联网技术在交通管理、智能交通系统中的应用。这一领域有望成为未来城市发展的关键因素之一。

（六）就业前景的应对策略

1. 多元化专业选择

高校学生在选择专业时应更加注重多元化，不仅要考虑兴趣和擅长，还要关注行业的发展前景。跨学科的专业组合将使学生更具竞争力，更能适应多变的就业市场。

2. 提高实践经验

实践经验在当前就业市场中变得越发重要。学生可以通过实习、参与项目、社会实践等方式，提前积累实际工作经验，增加就业的竞争力。

3. 持续学习与职业规划

由于科技和社会的快速发展，高校学生需要保持持续学习的态度。通过参与在线课程、培训项目、认证考试等，不断提升自己的专业技能，适应行业的变化和需求。同时，制订清晰的职业规划，了解自己的兴趣和优势，有针对性地发展职业生涯。

4. 建立人脉与社交技能

在职业发展过程中，人脉关系是非常重要的资源。高校学生可以通过参加行业活动、职业展览、社交平台等途径，拓展人脉圈，与业界专业人士建立联系。同时，培养良好的沟通和团队合作能力，这对于在工作中的表现和职业发展都具有积极影响。

5. 关注行业趋势与热点

及时了解所选择行业的最新动态和热点，对制订职业规划和应对市场变化至关重要。关注行业峰会、研讨会、专业论坛等活动，深入了解行业趋势，有助于预判未来发展方向，从而更好地规划个人职业路径。

6. 创新与创业精神

在当前竞争激烈的就业市场中，创新和创业精神是备受青睐的素质。高校学生可以通过参与创业项目、创新竞赛等方式，培养创新思维和解决问题的能力。对有志于创业的学生来说，创业孵化平台和创业导师的支持也是宝贵的资源。

（七）国际化视野与跨文化沟通能力

随着全球化的加速，具备国际化视野和跨文化沟通能力成为高校毕业生的重要竞争优势。学生可以通过参与国际交流项目、海外实习、多语言学习等方式，提升自己的国际竞争力。对一些跨国企业和国际性组织而言，这样的综合素养将更受青睐。

（八）政府与企业的支持

政府和企业在高校学生就业方面扮演着重要的角色。政府可以通过制定更加灵活的就业政策、提供更多的实习机会、推动产业升级等方式，支持高校学生更好地融入职场。同时，企业可以通过与高校建立合作关系、提供实习项目、举办招聘活动等方式，积极参与培养高素质的人才。

高校学生的就业前景与行业发展动向紧密相连，通过深入了解不同行业的趋势，学生可以更有针对性地规划自己的职业生涯。在竞争激烈的就业市场中，不仅需要具备专业技能，还需要综合素质的提升，包括实践经验、创新能力、国际化视野等。政府、企业以及学生个体应共同努力，促进高校毕业生更好地融入职场，实现个体和社会的共同发展。

三、新兴领域与创业机会分析

随着科技不断进步和社会的不断发展，新兴领域的涌现为创业者提供了丰富的机会。本节将对一些新兴领域进行分析，并探讨在这些领域中创业的机会。了解新兴领域的趋势和潜在机会，有助于创业者制定更明智的战略和决策。

（一）人工智能与机器学习

1. 背景

人工智能（AI）和机器学习（ML）是当前科技领域最引人注目的新兴领域之一。AI 和 ML 的不断发展已经在各个行业产生深远影响，包括医疗、金融、制造业等。

2. 创业机会

（1）智能健康护理

开发基于 AI 和 ML 的健康监测系统，为患者提供个性化的医疗建议和预测。

（2）智能金融服务

利用机器学习分析大数据，提供更准确的风险评估和投资建议，改善金融服务效率。

（3）自动驾驶技术

研发自动驾驶技术，包括无人机、智能交通系统等，解决交通问题和提高运输效率。

（4）语音和图像识别

开发具有高度准确性的语音和图像识别技术，应用于安防、娱乐等领域。

（二）区块链技术

1. 背景

区块链技术是一种去中心化的分布式账本技术，逐渐在金融、供应链、医疗等领域得到广泛应用。

2. 创业机会

（1）数字货币交易平台

创办数字货币交易平台，提供安全、高效的数字资产交易服务。

（2）供应链管理

利用区块链技术优化供应链，实现全程可追溯和透明的物流管理。

（3）智能合约开发

提供智能合约开发服务，帮助企业实现自动化、无纸化的合同执行。

（4）去中心化应用（DAPP）

开发基于区块链的去中心化应用，探索新的商业模式。

（三）生物技术与基因编辑

1. 背景

生物技术的发展包括基因编辑、合成生物学等领域，为医药、农业等行业带来前所未有的机会。

2. 创业机会

（1）个性化医疗

利用基因编辑技术，提供个性化的医疗解决方案，包括定制药物、基因治疗等。

（2）农业创新

开发具有抗病、高产的基因编辑作物，提高农业生产效率。

（3）生物制造

利用合成生物学技术，开发可再生能源、生物可降解材料等产品。

（4）环境修复

利用生物技术修复受污染的土壤和水源，实现环境可持续发展。

（四）虚拟和增强现实

1. 背景

虚拟现实（VR）和增强现实（AR）技术正在改变人们的生活方式，涵盖教育、娱乐、医疗等多个领域。

2. 创业机会

（1）教育创新

利用 VR 和 AR 技术改善教育方式，提供沉浸式学习体验。

（2）医疗应用

开发虚拟手术培训、病人康复等医疗应用，提高医疗效率。

（3）娱乐产业

创作虚拟现实游戏、沉浸式电影等娱乐内容。

（4）虚拟社交平台

发展虚拟社交平台，提供更真实的社交体验。

（五）智能物联网

1. 背景

智能物联网是物联网技术与人工智能的结合，通过连接设备、传感器和云计算，实现设备之间的智能交互。

2. 创业机会

（1）智能家居

提供智能家居解决方案，包括智能灯光、智能安防、智能家电等。

（2）工业物联网

在制造业中应用智能物联网，提高生产效率和设备管理水平。

（3）智能城市

建设智能城市，通过物联网技术提升城市管理和服务水平。

（4）健康监测

利用智能物联网设备监测个体健康状况，提供个性化的健康服务。

（六）环境科技

1. 背景

环境科技关注解决环境问题，包括污染治理、资源循环利用等方面的技术创新。

2. 创业机会

（1）空气净化技术

开发高效的空气净化技术，改善室内和城市空气质量。

（2）水资源管理

利用科技手段监测水质，研发高效的水资源管理和净水技术。

（3）可回收资源利用

创业者可以关注废弃物的再利用，推动资源循环利用技术的发展。

（4）生态恢复项目

进行生态恢复项目，包括植树造林、湿地保护等。

（七）量子科技

1. 背景

量子科技是基于量子力学原理的技术，包括量子计算、量子通信等领域。

2. 创业机会

（1）量子计算

开发基于量子比特的量子计算机，解决传统计算机难以处理的复杂问题。

（2）量子通信

研发安全、高效的量子通信技术，提供更加安全的通信解决方案。

（3）量子传感

利用量子传感技术，提高测量精度，应用于导航、地质勘探等领域。

（4）量子材料应用

探索基于量子材料的新型电子元器件和传感器。

（八）人类生命延续与抗衰老

1. 背景

随着医学和生物技术的发展，人类生命延续和抗衰老成为一个备受关注的领域。

2. 创业机会

（1）生命健康监测

利用先进的生物传感技术，开发生命健康监测设备，提供个性化的健康管理服务。

（2）基因编辑与治疗

研发基因编辑技术，治疗一些与基因相关的疾病，探索抗衰老的新途径。

（3）健康食品与营养

提供基于科学的健康食品，满足老年人和抗衰老群体的营养需求。

（4）心理健康服务

开发智能化的心理健康服务，通过技术手段提升个体的心理健康水平。

（九）人工肉和植物蛋白

1. 背景

随着人口增长和环境问题的加剧，人工肉和植物蛋白成为解决食品安全和可持续发展的创新方向。

2. 创业机会

（1）人工肉研发

开发更接近传统肉类口感的人工肉产品，提供替代性的蛋白来源。

（2）植物蛋白加工

制作植物蛋白产品，满足素食者和对健康有要求的人群需求。

（3）食品创新

探索基于科技的食品创新，包括3D打印食品、定制营养食品等。

（4）可持续农业

支持可持续的农业模式，推动植物蛋白的可持续生产。

（十）数据隐私与安全

1. 背景

随着信息技术的发展，数据隐私与安全问题日益凸显，成为一个亟待解决的问题。

2. 创业机会

（1）数据安全服务

提供全方位的数据安全服务，包括数据加密、安全存储等。

（2）隐私保护工具

开发个人隐私保护工具，帮助用户更好地掌控个人数据。

（3）区块链应用

利用区块链技术提供去中心化的数据存储和身份验证服务。

（4）法规合规服务

提供符合数据隐私法规的合规咨询和解决方案，帮助企业遵守相关法规，保障用户隐私。

（十一）人工智能与创意产业融合

1. 背景

人工智能与创意产业的融合可以带来创新的产品和服务，推动文化和科技的融合。

2. 创业机会

（1）创意内容生成

开发基于人工智能的创意内容生成工具，辅助创作者提升创作效率。

（2）虚拟创意体验

利用虚拟现实技术提供全新的创意体验，如虚拟美术馆、虚拟演出等。

（3）智能设计工具

研发智能设计工具，可以根据用户需求自动生成设计方案。

（4）人工智能创意平台

建立人工智能与创意产业融合的平台，促进跨领域合作和创新。

（十二）数字化健康管理

1. 背景

数字化健康管理结合信息技术和医疗健康管理，为个体提供更全面的健康监护服务。

2. 创业机会

（1）健康数据分析

利用大数据和人工智能技术分析个体健康数据，提供个性化的健康建议。

（2）远程医疗服务

发展远程医疗平台，通过互联网为用户提供在线医疗咨询和服务。

（3）智能健康设备

设计和生产智能健康监测设备，如可穿戴设备、智能医疗器械等。

（4）健康管理 APP

开发综合性的健康管理应用，帮助用户监测健康状况、管理疾病。

（十三）教育科技

1. 背景

教育科技在教育领域的应用为学习提供了更多元化、个性化的可能性。

2. 创业机会

（1）在线教育平台

创建在线学习平台，提供丰富的教育内容和互动学习体验。

（2）智能教育工具

利用人工智能技术开发智能教育辅助工具，个性化辅导学生学习。

（3）虚拟实境教育

利用虚拟现实技术创造沉浸式的教育体验，提高学习兴趣和效果。

（4）数据驱动学习

运用大数据分析学生学习行为，为教育决策提供科学依据。

（十四）可穿戴技术

1. 背景

可穿戴技术已经成为人们日常生活中的一部分，包括智能手表、智能眼镜、智能服装等。

2. 创业机会

（1）健康监测

开发具有健康监测功能的可穿戴设备，监测生理指标、运动情况等。

（2）智能时尚

结合时尚设计，推出既美观又智能实用的可穿戴产品。

（3）工业应用

利用可穿戴技术提高工业生产效率，如智能工人手套、智能安全帽等。

（4）虚拟现实体验

将可穿戴技术与虚拟现实结合，创造更丰富的虚拟体验。

新兴领域为创业者提供了广阔的机会，创业者可以根据自身兴趣、专业背景和市场需求选择适合的领域。在创业过程中，创新、团队合作、市场洞察和适应能力都是至关重要的因素。随着科技的不断发展，新的创业机会将不断涌现，创业者需要时刻保持敏锐的洞察力，积极迎接挑战，实现自身和社会的共同发展。

第二节 高校毕业生就业现状

一、毕业生就业率与分布情况

（一）概述

毕业生就业率及其分布情况是高等教育体系中一个重要的指标，直接关系到毕业生个体的职业发展和社会经济的可持续发展。本节将对毕业生就业率的影响因素以及不同地区、不同专业的毕业生就业分布情况进行深入分析。

（二）毕业生就业率的影响因素

1. 教育质量与专业匹配度

教育质量是直接影响毕业生就业率的重要因素之一。高质量的教育体系能够培养出更符合市场需求的毕业生，提高其就业竞争力。同时，专业匹配度也是至关重要的，毕业生所学专业是否与市场需求相符合，直接关系到其职业发展的顺利与否。

2. 就业市场供需状况

就业市场的供需状况是决定毕业生就业率的重要因素之一。在某些行业或领域，可能存在人才短缺，毕业生更容易找到理想的工作；而在一些饱和的领域，竞争可能更为激烈，就业难度相应增加。

3. 实习和实践经验

具有实习和实践经验的毕业生更容易在求职过程中脱颖而出。实践锻炼不仅提升了毕业生的实际操作能力，还能展示其在真实工作环境中解决问题的能力，对提高毕业生的竞争力有显著影响。

4. 地理位置和行业结构

不同地区的就业市场存在差异，一些发达地区的经济活动更为丰富，提供了更多的就业机会。同时，各地的行业结构也不同，一些地区可能更侧重于某些产业，因此相关专业的毕业生就业机会就较多。

（三）全球毕业生就业率整体情况

1. 全球整体趋势

全球范围内，毕业生就业率受到宏观经济状况的影响。在经济繁荣时期，企业招聘力度增强，毕业生就业率相对较高；而在经济衰退时期，企业普遍缩减招聘规模，毕业生就业难度加大。

2. 高校与职业培训机构的差异

不同国家和地区的高校和职业培训机构之间存在差异。一些国家更注重高等教育，培养更多本科及以上学历的毕业生；而另一些国家则更倾向于职业培训，培养更多具备实际技能的毕业生。这种差异直接影响到毕业生的职业发展路径和就业率。

3. 政府政策与支持措施

不同国家的政府在促进就业方面采取了不同的政策和支持措施。一些国家通过减税、提供创业扶持等手段鼓励企业招聘毕业生，从而提高就业率；而另一些国家可能通过发展特定行业或领域来创造更多的就业机会[①]。

（四）毕业生就业率与分布情况

1. 整体就业率

中国作为人口大国，毕业生就业形势备受关注。近年来，中国的高校毕业生数量不断增加，整体就业率也在不同专业领域有所波动。一些热门专业领域的毕业生就业率较高，而一些非热门专业领域可能面临就业压力。

2. 地区差异

中国地域辽阔，不同地区的经济发展水平和产业结构存在较大差异，导致毕业生就业率在不同省市之间存在明显差异。一些发达地区的毕业生就业率相对较高，而一些欠发达地区可能面临就业难题。

3. 行业分布

不同行业的毕业生就业率也存在明显的差异。一些新兴行业，如信息技术、人工智能、生物技术等，由于市场需求旺盛，毕业生就业率相对较高；而一些传统行业，可能受到市场转型和结构调整的影响，毕业生就业难度相对较大。

4. 教育背景与就业率关系

不同教育背景的毕业生就业率也存在差异。本科及以上学历的毕业生相对于专科及以下学历的毕业生，通常拥有更高的就业率。同时，一些具有硕士及以上学历的毕业生在特定领域或行业中也更容易获得更高职位和更好的薪资待遇。

（五）应对策略与建议

1. 加强实践教育

高校应当加强对学生的实践教育，提供更多的实习机会和实际操作机会，以增加毕业生在职场上的竞争力。实践经验不仅是毕业生求职的亮点，还有助于更好地适应实际工作环境。

---

① 孙军，钟坤.大学生职业生涯与就业创业指导[M].北京：经济日报出版社，2018：201.

2. 发展适应市场需求的专业

高校在专业设置上要更加灵活，根据市场需求和行业发展趋势调整专业方向。推动新兴领域的专业设置，培养更符合市场需求的人才，有助于提高毕业生的就业率。

3. 加强与企业的合作

建立校企合作机制，加强与企业的沟通与合作，了解市场对人才的需求。通过企业提供的实际案例和项目，使学生更好地了解职业发展方向，提前规划自己的职业路径。

4. 拓展就业渠道

毕业生在求职时应积极拓展就业渠道，包括参加招聘会、利用校园招聘平台、关注社交媒体上的招聘信息等。多元化的求职渠道有助于提高求职成功的概率。

5. 政府政策支持

政府可以通过制定相关政策，鼓励企业增加对高校毕业生的招聘力度，提供相关就业补贴和支持，以促进毕业生更好地就业。同时，建立完善的职业培训体系，提高毕业生的职业技能水平，使其更好地适应市场需求。

毕业生就业率及其分布情况是一个综合性的问题，受到多方面因素的影响。高校、政府、企业和毕业生都需要努力，共同推动就业率的提高。通过加强实践教育、拓展就业渠道、发展适应市场需求的专业等措施，可以更好地应对当前就业挑战，为毕业生提供更多的就业机会，实现个体与社会的共同发展。

二、不同专业就业状况对比

（一）概述

不同专业的就业状况受到多方面因素的影响，包括市场需求、技能需求、行业发展趋势等。本节将对一些典型专业进行对比分析，探讨它们在就业市场上的表现和趋势。

（二）工科类专业

1. 电子信息工程

电子信息工程是一个技术含量较高的工科专业，毕业生通常涉及电子、通信、计算机等领域。随着信息技术的飞速发展，电子信息工程专业的就业前景较好。在5G、人工智能等新兴技术的推动下，相关岗位需求不断增加，毕业生更容易找到与专业相关的工作。

2. 机械工程

机械工程专业是传统的工科专业之一，涉及机械设计、制造等方面。随着制造业的发展，机械工程专业仍然具有重要的就业地位。然而，随着自动化技术的进步，一些简单重复性工作可能被自动化替代，具备创新和综合能力的机械工程师更受欢迎。

（三）理工科类专业

1. 数学与统计学

数学与统计学专业在数据时代崛起，毕业生在数据分析、人工智能、金融等领域有广泛的就业机会。大数据的兴起使得对数据科学家和统计学家的需求大增，相关岗位的薪资水平也相对较高。

2. 化学工程与技术

化学工程与技术专业涵盖了化学、材料等多个领域，毕业生可以在化工、制药、新材料等行业找到就业机会。随着环保和新能源领域的兴起，对化学工程专业的需求也在逐渐增加。

（四）文科类专业

1. 国际关系

国际关系专业是涉及国际事务、外交政策等领域的文科专业。毕业生通常可以在外交部、国际组织、跨国企业等领域找到工作。随着全球化的深入，国际关系专业的就业前景逐渐扩大，有助于培养具有国际视野的人才。

2. 新闻传播学

新闻传播学专业培养新闻从业人员、广告从业人员等。近年来，随着媒体行业的多元化发展，新闻传播专业的就业领域也不断扩展，包括新媒体、社交媒体、广告与公关等方向。

（五）商科类专业

1. 会计学

会计学是商科类专业中的一个重要方向，涉及财务管理、审计等领域。由于企业的不断发展和法规的日益完善，对具备专业会计知识的人才需求依然很大。会计专业的毕业生通常能够在会计师事务所、企业财务部门等领域找到就业机会。

2. 人力资源管理

人力资源管理专业关注组织人才的培养、招聘、员工关系等方面。随着企业对人才管理的重视，人力资源管理专业的就业前景相对较好。毕业生可以在企业的人力资源部门、招聘公司、培训机构等领域找到职业发展的机会。

（六）医学与生命科学类专业

1. 医学

医学专业属于医学与生命科学类的专业，涉及临床医学、基础医学等领域。由于对医疗服务的持续需求，医学专业的就业状况相对较好。毕业生可以选择在医院、科研机构、制药公司等领域从事医学实践、科研、制药等工作。

2. 生物技术

生物技术专业是生命科学领域中的一个重要方向，涉及基因工程、生物制药等领域。随着生物科技的不断发展，对生物技术专业毕业生的需求逐渐增加。他们可以在生物科技公司、医药企业、科研机构等领域从事相关研究和应用工作。

（七）艺术与设计类专业

1. 视觉传达设计

视觉传达设计专业培养具备艺术创造力和设计技能的人才，涉及平面设计、广告设计等领域。随着视觉文化的普及和数字媒体的发展，对视觉传达设计专业的需求逐渐增加。

毕业生可以在广告公司、设计工作室、媒体公司等领域找到就业机会。

2. 影视制作

影视制作专业培养电影、电视剧等影视作品的创作和制作人才。随着影视产业的繁荣，影视制作专业的就业前景逐渐扩大。毕业生可以选择在影视公司、制片公司、广播电视台等从事编导、制片、后期制作等相关工作。

（八）信息技术与计算机科学类专业

1. 软件工程

软件工程专业培养具备软件开发、系统设计等技能的人才。随着信息技术的飞速发展，对软件工程专业毕业生的需求持续增加。他们可以在IT公司、互联网企业、软件开发公司等领域从事软件开发、系统设计等工作。

2. 数据科学与大数据技术

数据科学与大数据技术专业关注数据分析、数据挖掘等领域。随着大数据时代的到来，对数据科学与大数据技术专业的需求不断上升。毕业生可以选择在数据科技公司、金融机构、科研机构等领域从事数据分析、人工智能研究等相关工作。

（九）对比与总结

不同专业的就业状况受到行业需求、技能要求、社会发展趋势等多方面因素的影响。综合考虑各专业的特点，工科、理工科专业在技术领域有较好的就业前景，文科、商科、医学与生命科学、艺术与设计等专业也各有其独特的发展方向。随着社会的不断发展和科技的进步，新兴行业和新兴专业的涌现也为毕业生提供了更多选择。

总体而言，选择专业时考虑个人兴趣、职业规划以及行业趋势是至关重要的。就业状况固然重要，但与个人兴趣和发展方向的契合度同样重要。不同专业的毕业生在求职市场上都有机会，关键在于发挥专业优势，提升综合素质，适应市场需求，为自己的职业发展打下坚实基础。

三、就业形式与用人单位倾向

（一）概述

就业形式和用人单位的倾向是就业市场的两个关键因素，直接关系到毕业生的职业选择和就业前景。本节将对不同的就业形式（如全职、兼职、自由职业等）以及用人单位的倾向进行深入分析，探讨其影响因素和趋势。

（二）就业形式的多样性

1. 全职就业

全职就业是指毕业生与用人单位签订正式的全职劳动合同，以固定的工作时间和薪资在单位工作[①]。全职就业通常提供相对稳定的收入、社会保障和职业发展路径，是许多毕

---

① 孙军，钟坤.大学生职业生涯与就业创业指导[M].北京：经济日报出版社，2018：63.

业生首选的就业形式。

2. 兼职和临时工

兼职和临时工是一种相对灵活的就业形式，毕业生可以在空闲时间兼顾其他事务或从事其他兴趣爱好。这种就业形式常见于零售、餐饮、娱乐等行业。兼职和临时工有助于毕业生获取实际工作经验，但通常较难享受到全职员工的福利和稳定性。

3. 自由职业和创业

自由职业和创业是一种追求个人价值实现和自主经营的就业形式。毕业生可以选择成为独立的自由职业者，提供个人服务或创办自己的企业。这种形式注重创新和个人能力的发挥，但也面临较大的市场风险和竞争压力。

4. 远程办公

远程办公或远程工作成为近年来越来越受欢迎的就业形式。随着科技的发展，许多行业可以通过互联网实现远程办公。这种形式有助于提高工作灵活性和生活质量，但也需要员工具备远程协作和自律能力。

（三）用人单位的倾向

1. 行业影响

不同行业对就业形式的倾向有所不同。一些传统行业，如制造业、建筑业，更倾向于全职就业形式，注重员工的稳定性和专业技能。而一些新兴行业，如信息技术、互联网、创意产业，更容易采用灵活的就业形式，如远程办公、自由职业等。

2. 公司规模

大型企业通常更倾向于提供全职稳定的就业机会，因为这有助于保持组织的稳定性和高效性。小型企业可能更愿意采用兼职、临时工或自由职业的形式，以适应市场的变化和降低用工成本。

3. 企业文化

企业文化对就业形式的选择也有影响。一些注重创新和灵活性的企业更容易接受远程办公、自由职业等形式，鼓励员工发挥个人创造力；而一些传统企业可能更倾向于传统的全职就业模式，更注重组织稳定性和团队协作。

（四）影响因素与趋势

1. 技术发展

随着科技的不断发展，新的工作模式和就业形式不断涌现。互联网技术的普及使得远程办公成为可能，数字平台的兴起促进了自由职业者和兼职者的互动。技术的发展为毕业生提供了更多就业选择。

2. 劳动力市场需求

不同行业和不同地区的劳动力市场需求也在不断变化。一些行业可能需求大量短期工人，更倾向于采用兼职或临时工形式；而一些行业可能更注重长期稳定的全职员工。

3. 毕业生期望和价值观

新一代毕业生的期望和价值观也对就业形式产生影响。一些毕业生更追求工作与生活的平衡，更倾向于灵活的工作安排；而一些毕业生可能更注重稳定的职业发展和全职的福利。

4. 社会变革

社会变革和制度改革也对就业形式产生影响。一些国家和地区通过政策推动远程办公，鼓励创业，为自由职业者提供更好的创业环境，从而改变了传统的就业模式。

（五）应对策略与建议

1. 提升综合素质

无论选择何种就业形式，毕业生都应提升自身的综合素质，包括专业技能、沟通能力、团队协作等。这有助于更好地适应不同的就业环境和工作模式，提高在竞争激烈的劳动力市场中的竞争力。

2. 灵活适应市场需求

随着市场需求的变化，毕业生应灵活调整就业期望，关注行业发展趋势，了解不同就业形式的优、劣势。在选择就业形式时，要结合个人兴趣、生活需求以及行业特点，做出更明智的决策。

3. 学习新技能

随着科技的发展，一些新技术的掌握将有助于毕业生更好地适应新型就业形式。例如，提高远程协作能力、学习数字化工具的使用、培养创新思维等都是有益的。

4. 职业规划和自我营销

毕业生在求职过程中需要有清晰的职业规划，明确自己的职业目标和发展方向。同时，通过建立个人品牌、完善简历、积极参与社交网络等方式进行自我营销，提高自己在用人单位眼中的吸引力。

5. 不断学习和适应变化

劳动力市场和用人环境都在不断变化，毕业生应保持学习的状态，关注行业动态，不断提升自己的专业水平和适应能力。灵活应对变化，及时调整就业策略，更好地适应市场的需求。

就业形式与用人单位的倾向是一个动态的过程，受到多方面因素的影响。毕业生在选择就业形式时需要综合考虑个人兴趣、行业发展趋势、市场需求等因素，灵活调整就业策略。用人单位则应关注员工的个性化需求，创造更灵活的用工环境，提高员工的满意度和忠诚度。在不断变化的就业环境中，双方都需要做好自身的调整和适应，实现更好的共赢关系。通过不断学习、提升综合素质，毕业生能够更好地适应各种就业形式，用人单位也能更好地满足多样化的用工需求，共同推动社会的持续发展。

第三节　学生就业观念与期望

一、学生对就业的期望与追求

（一）概述

学生对就业的期望与追求是一个多层次、多维度的主题，涉及个人的职业规划、生活理想、社会责任等方面。本节将深入分析学生对就业的期望和追求的主要特点、影响因素以及应对策略。

（二）学生对就业的期望特点

1. 职业发展与成长

学生普遍期望在工作中有良好的职业发展和成长空间。他们渴望通过工作能够不断提升自己的专业技能，拓展知识面，逐步实现个人的职业目标。

2. 薪酬与福利

薪酬和福利是学生就业期望中的重要因素之一。虽然并非唯一考量，但学生通常期望能够获得相对合理的薪资水平和丰富的福利待遇，以保障生活质量和个人发展。

3. 工作环境与企业文化

学生对工作环境和企业文化也有明确的期望。他们追求一个积极向上、开放包容的工作环境，希望能够在这样的氛围中充分发挥自己的潜力。

4. 社会责任感

越来越多的学生关注企业的社会责任，他们期望所就业的企业具备良好的社会形象，参与社会公益活动，关注环保和社会问题，以实现企业的可持续发展。

5. 工作与生活平衡

与前几代相比，当前的学生更加注重工作与生活的平衡。他们希望工作不仅能够满足生活需求，还能够有足够的时间去追求兴趣爱好、家庭生活等。

（三）影响学生对就业期望的因素

1. 教育背景

学生的教育背景直接影响他们对就业的期望。不同专业、不同学历的学生可能对职业发展和薪酬水平有不同的期望。

2. 个人兴趣和价值观

个人兴趣和价值观对学生的职业选择和就业期望有着深远的影响。一些注重创新和社会责任的学生可能更愿意选择具有社会使命感的企业。

3. 就业市场和行业发展趋势

当前的就业市场和行业发展趋势也是影响学生期望的重要因素。一些新兴行业可能更受到学生的青睐,而传统行业的吸引力可能相对较低。

  4.家庭背景和经济状况

  学生的家庭背景和经济状况也会影响他们对就业的期望。一些家庭条件较好的学生可能更追求个人兴趣和事业发展,而一些家庭经济拮据的学生可能更注重薪酬和生计保障。

(四)学生对就业期望的现状与趋势

  1.现状

  当前大多数学生在对就业的期望中,更注重个人发展和工作满足度。相比过去更注重薪资和福利,现代学生更关注工作是否能够实现自我价值和提供发展机会。

  2.趋势

  随着社会的发展和学生群体的变化,对就业的期望呈现出多元化和个性化的趋势。越来越多的学生倾向于选择符合个人兴趣和价值观的行业和企业,追求工作与生活的平衡。

(五)应对策略与建议

  1.引导职业规划

  学校和教育机构应该加强对学生的职业规划引导,帮助他们更清晰地了解自己的兴趣、价值观,明确职业目标,并制订相应的发展计划。

  2.提供实践机会

  提供更多的实践机会,让学生在校园期间能够接触到真实的职业环境,增强他们对职业的实际认知,有助于明晰就业期望。

  3.加强社会责任教育

  加强对学生的社会责任教育,培养他们的社会责任感。学校可以组织社会实践、公益活动,引导学生认识社会问题,关心社会责任。

  4.拓宽就业渠道

  学校和企业可以共同努力,拓宽学生的就业渠道。建立校企合作关系,提供更多实习、招聘信息,让学生更早地接触实际工作环境,积累相关经验,更好地适应未来的职业挑战。

  5.强化综合素质培养

  学校在培养学生专业知识的同时,也应强调综合素质的培养,包括沟通能力、团队协作、创新能力等。这有助于学生更好地适应不同的职业环境和就业形式。

  6.支持创业精神培养

  为有创业意向的学生提供更多的支持和培训,鼓励创业精神的培养。创业不仅是一种职业选择,更是一种实现个人价值和社会创新的方式。

  学生对就业的期望与追求是一个动态而复杂的过程,受到多方面因素的影响。学校、家庭和社会应共同努力,为学生提供更好的职业规划和发展支持,引导他们树立正确的就业观念,拓宽就业渠道,培养综合素质,以更好地适应未来的职业挑战。同时,学生自身也要不断提升自己的综合素质,积极参与实践,拓宽视野,更加深刻地理解和认识自己的职业期望,为未来的职业生涯奠定坚实的基础。在共同努力下,学生与社会将实现更好的互动与发展,共同促进社会的繁荣和进步。

二、就业观念的变迁与影响因素

（一）概述

就业观念的变迁是一个复杂而深刻的社会现象，受到经济、文化、科技等多方面因素的影响。本节将深入探讨就业观念的历史演变，分析影响因素，并探讨未来可能的发展趋势。

（二）就业观念的历史演变

1. 传统社会观念

在传统社会，农业和手工业是主要的经济形态，人们的生计主要依赖于土地、手工劳动。就业观念更加稳定，多数人会选择从事与家庭传统职业相关的工作，继承家业。

2. 工业化时代观念

随着工业化的兴起，大规模工业生产的出现改变了人们的就业观念。城市化进程加快，人们逐渐从农村迁移到城市，寻找工业企业提供的薪资更高、福利更好的工作机会。

3. 后工业化时代观念

20世纪末至21世纪初，信息技术的发展催生了后工业化时代。知识经济逐渐取代传统工业经济，服务业和创意产业兴起。就业观念更加注重个人发展、创新和自主创业。

4. 当前时代观念

当前，全球化、数字化和人工智能的发展对就业观念产生深远影响。人们更加注重技能更新、跨界创新，灵活性和适应力成为就业观念中的重要元素。同时，追求工作与生活的平衡也得到了更多关注。

（三）影响就业观念的因素

1. 经济结构变革

经济结构的变革是影响就业观念变迁的重要因素之一。不同经济形态对人们的职业选择和就业期望产生深刻的影响，从而塑造了不同的就业观念。

2. 科技发展

科技的不断进步给就业观念带来了巨大的冲击。新兴技术的出现可能导致一些传统职业的消失，同时也创造了新的职业领域。人们对技术更新和数字化工作的适应能力提出更高要求。

3. 文化价值观

文化价值观的变迁在一定程度上决定了人们对工作和职业的态度。随着社会观念的开放和多元，人们更加注重实现个人梦想、追求兴趣爱好，对于传统职业和生活方式的选择更加灵活。

4. 教育体制

教育体制对塑造学生的就业观念具有深远的影响。一些国家或地区的教育体制更注重培养学生的创新能力、实际操作能力，使得学生更具有自主创业和跨领域发展的观念。

5. 劳动力市场需求

劳动力市场的需求也是塑造就业观念的重要因素。一些热门行业的兴起引起人们对相关领域的职业充满期待，而一些行业的衰退则使人们重新思考自己的职业选择。

6. 社会制度和政策

社会制度和政策在一定程度上规范了就业观念。不同国家和地区的社会制度和政策对劳动力市场、职业发展提供了不同的框架和支持，从而影响了人们对就业的认知和期望。

（四）现代就业观念的主要特点

1. 强调个人发展

现代就业观念更加强调个人发展，人们更愿意通过工作来实现自身的职业目标和个人价值。追求职业生涯的多元化和可持续发展。

2. 注重技能更新

随着科技的快速发展，人们意识到保持良好的竞争力需要不断学习和更新技能。现代就业观念中，对职业培训和技能提升的需求逐渐凸显。

3. 弹性和灵活性

工作与生活的平衡成为现代就业观念中的重要元素。人们更加注重工作的弹性和灵活性，追求更好地安排自己的生活，实现工作与生活的平衡。

4. 追求自主创业

越来越多的人将创业视为一种职业选择。现代就业观念中，人们更倾向于追求自主创业，通过创新和创业实现自己的职业梦想。

5. 强调社会责任感

社会责任感在现代就业观念中占据一席之地。人们更加关注企业的社会责任和可持续发展，倾向于选择具有社会责任感的企业。

（五）未来就业观念的可能趋势

1. 技术驱动与数字化

未来技术的不断发展将继续塑造就业观念。数字化工作、远程办公、人工智能的应用可能成为未来就业观念的主流，人们对技术更新的适应能力将更为重要。

2. 环保和绿色就业

随着环保意识的增强，未来可能出现更多关注环保和绿色就业的趋势。人们可能更加倾向于选择环保产业和从事与可持续发展相关的工作。

3. 弹性工作模式的普及

弹性工作模式可能会在未来更加普及。随着技术的发展，远程办公和灵活工作时间的安排将更受欢迎，人们对工作与生活的平衡将有更高的要求。

4. 跨领域发展的趋势

未来职业发展可能更加强调跨领域发展。人们更愿意尝试不同领域的工作，融合不同的技能和知识，实现个人职业目标的多元化。

（六）应对未来就业观念的挑战

1. 教育体制的改革

未来教育体制需要更加注重培养学生的创新能力、实际操作能力和适应能力，使他们更好地适应未来工作的需求。

2. 职业培训的加强

随着职业领域的不断变化，职业培训将变得至关重要。未来，需要建立更灵活、多元的职业培训体系，以满足人们不断更新技能的需求。政府、企业和教育机构应共同合作，推动职业培训的发展。

3. 弹性用工政策的制定

未来弹性工作模式的普及将需要相应的政策支持。政府和企业需要制定弹性用工政策，保障员工在远程办公和灵活工作时间方面的权益，促进工作与生活的平衡。

4. 创业支持体系的建设

随着越来越多的人选择自主创业，未来需要建设更完善的创业支持体系。政府可以提供创业政策和资金支持，企业可以提供创业平台和导师指导，共同促进创业者的成功发展。

5. 社会文化的引导

社会文化对于就业观念的塑造有着深远的影响。未来社会文化需要更加注重个人价值的尊重，鼓励多元化的职业选择，消除对于传统职业和非传统职业的刻板印象。

6. 职业发展规划的重视

未来个人的职业发展规划将更为重要。个体应在教育阶段就开始了解自己的兴趣和能力，制订个性化的职业发展计划，不断提升适应未来职业环境的能力。

就业观念的变迁是社会发展和经济演变的自然反映，受到多种因素的综合影响。随着科技的不断发展和社会结构的变革，未来的就业观念将面临更多的挑战和机遇。为了更好地适应未来的职业环境，个体、教育机构、企业和政府需要共同努力，建立更灵活、适应性强的职业发展体系，推动社会对于就业观念的全面升级，实现更加人性化、平等和可持续的职业发展。通过多方合作，共同应对未来的挑战，引领就业观念的积极变革。

三、学生对创业的态度与准备情况

（一）概述

创业作为一种职业选择，近年来逐渐引起越来越多学生的关注。本节将深入探讨学生对创业的态度及其准备情况，分析影响因素，并提出相应建议。

（二）学生对创业的态度

1. 积极态度的表现

在一些学生中，存在积极向上的创业态度。这部分学生通常具有较强的自主性和创新意识，他们看重创造机会、追求个人价值实现的可能性，愿意承担一定的风险，具备勇于尝试的品质。

2. 谨慎观望的表现

另一部分学生持有谨慎观望的态度。他们对创业可能存在的风险较为敏感，更倾向于选择传统的就业路径，认为创业具有一定的不确定性，需要更多准备和经验。

3. 影响态度的因素

学生对创业态度的形成受到多方面因素的影响。家庭背景、教育经历、个人兴趣和社会文化等因素都可能在一定程度上塑造学生对创业的认知和态度。

（三）学生对创业的准备情况

1. 创业意识和知识储备

一些学生在创业准备方面展现出较高的创业意识和知识储备。他们可能通过专业课程、实习经验、创业培训等途径，提前了解创业所需的基本知识和技能，具备相关专业背景。

2. 实践经验和社会网络

部分学生通过积累实践经验和拓展社会网络，提前为创业做好准备。参与创业实践、社会活动、行业交流等，使他们建立起与创业相关的社会关系网，提高了创业的资源获取能力。

3. 资金储备和财务规划

创业通常需要一定的资金支持，因此一些学生在创业前就已做好了资金储备和财务规划。这包括个人储蓄、家庭支持、创业竞赛奖金等途径，以确保初期经济的相对稳定。

4. 创业心理素质

创业过程中，面对压力、不确定性和变化，学生的创业心理素质显得尤为重要。具备坚韧、乐观、适应力强的心理素质，能更好地应对各种挑战。

（四）影响学生创业态度与准备情况的因素

1. 教育背景和专业选择

学生的教育背景和专业选择对其创业态度和准备情况有着直接的影响。一些专业可能更容易培养学生的创业意识和实践经验，而一些传统专业可能更注重就业而非创业。

2. 家庭背景和家庭观念

学生的家庭背景和家庭观念在很大程度上决定了他们对创业的态度。成长在鼓励创新、支持创业的家庭环境中的学生可能更倾向于尝试创业。

3. 社会文化氛围

社会文化氛围对学生的创业态度有深刻的影响。一些社会对创业者的尊重和认可度高，能激发学生更积极的创业意愿，而一些社会则更倾向于传统就业观念。

4. 学校和社会资源支持

学校和社会资源的支持是影响学生创业准备情况的重要因素。学校提供的创业培训、创业基地、导师支持等资源，以及社会上创业政策、创投机构等的支持，对学生的创业准备起到积极的推动作用。

（五）学生对创业的挑战与应对策略

1. 不确定性和风险

创业过程中的不确定性和风险是学生面临的主要挑战之一。对此，学生可以通过深入调研市场、制订详细的创业计划、寻求导师和行业专业人士的建议等方式来降低风险。

2. 资金短缺

资金短缺是很多创业者共同面对的问题。学生可以通过寻找创业大赛、争取创业基金、与投资人合作等方式来解决资金问题。同时，有效的财务规划也是应对资金短缺的关键。

3. 缺乏实践经验

缺乏实践经验可能使一些学生在创业过程中遇到困难。通过积极参与创业实践、实习和行业交流，学生可以获取更多实践经验，提高自己的创业能力。

4. 心理压力和焦虑

创业过程中的心理压力和焦虑是普遍存在的。学生可以通过建立健康的心理支持系统，与导师、同学、家人沟通，学习压力管理和心理调适的方法，缓解心理压力。

5. 应对策略

（1）全面规划

制订详细的创业计划，包括市场分析、财务规划、运营策略等，全面考虑各个方面的因素，降低不确定性和风险。

（2）资源整合

主动寻找学校和社会提供的创业资源，包括创业培训、创业基地、创投机构等，借助资源整合提高创业的成功率。

（3）团队合作

寻找志同道合的团队成员，共同分担任务和风险，充分发挥团队的协同效应，增强创业的可持续性。

（4）学习与积累

不断学习行业知识、创业经验，参与创业实践，积累实际操作经验，提高创业的专业水平。

（5）寻求导师指导

寻找有经验的导师，向他们请教、学习，获取实用的建议和指导，减少创业过程中的盲点和错误。

学生对创业的态度和准备情况受多方面因素的影响，既有积极向上的一面，也存在谨慎观望的一面。在面对创业的挑战时，学生需要全面规划、整合资源、团队合作，并通过学习与积累经验、寻求导师指导等方式提高创业的成功率。

随着创业环境的变化和社会的发展，未来学生对创业的态度和准备情况可能会呈现更多元化的趋势。教育体制、家庭环境、社会文化等方面的支持与引导将对学生的创业态度产生深远影响。在这个过程中，各方面需要共同努力，为学生提供更好的创业支持与培养环境，激发更多创业者的潜力，推动创新与创业的繁荣发展。

第四节　就业市场需求与趋势

一、人才需求结构分析

（一）概述

人才是推动社会发展的核心力量，其需求结构直接关系到国家、企业和社会的发展方向。本节将深入分析人才需求的结构，探讨各领域对人才的需求特点，以及影响人才需求的因素。

（二）人才需求结构的主要领域

1. 信息技术领域

随着信息技术的不断进步，信息化已经渗透到各行各业。对信息技术领域人才的需求呈现出高速增长的趋势。这包括软件开发、数据分析、人工智能等方向的专业人才，以及具备信息安全、网络管理等技能的专业人员。

2. 新能源与环保领域

新能源和环保领域的人才需求逐渐凸显，反映了社会对可持续发展的关注。工程师、科学家、环保技术专家等在新能源开发、环境监测和可再生能源领域的专业人才备受青睐。

3. 医疗与健康产业

人口老龄化和健康意识的提高推动了医疗与健康产业的快速发展。医生、护士、医学研究人员、健康管理师等专业人才成为这一领域人才需求的主体。

4. 人工智能与机器人领域

随着人工智能和机器人技术的突飞猛进，对相关领域的人才需求日益增长。机器学习专家、算法工程师、机器人工程师等成为市场迫切需要的人才。

5. 金融与财务领域

金融行业一直是人才需求较大的领域之一。金融分析师、投资顾问、风险管理专家等专业人才在银行、证券、保险等机构中备受欢迎。

6. 制造业与工程技术领域

制造业与工程技术一直是支撑实体经济的关键领域。工程师、技术人员、制造业管理专家等在制造业创新和技术升级中发挥着重要作用。

7. 文化与创意产业

随着文化产业的崛起，对文化与创意领域的人才需求也在增加。艺术家、设计师、文化策划师等在广告、影视、文学、艺术等领域的人才储备备受关注。

(三)人才需求结构的特点

1. 多元化需求

人才需求呈现出多元化的特点,不同领域对不同专业和技能的需求差异明显。不仅需要专业技术人才,还需要具备综合素质和跨学科知识的综合型人才。

2. 创新型需求

创新能力成为人才需求的重要方面。企业和社会更加注重创新,因此对具有创造力、思维敏捷、解决问题能力的人才需求日益增加。

3. 数字化需求

随着数字化时代的来临,对数字化技能的需求显著上升。数据分析、人工智能、云计算等数字化领域的专业人才成为市场热门。

4. 灵活性需求

人才市场对于个体的灵活性和适应能力提出更高要求。具备跨领域能力、快速学习和适应新技术的人才更受欢迎。

(四)影响人才需求的因素

1. 技术发展

技术的不断创新和发展是影响人才需求的关键因素。新兴技术的应用需要专业的技术人才,推动了相关领域的人才需求增长。

2. 经济结构调整

经济结构的调整直接影响到各行各业对人才的需求。随着经济的转型升级,某些新兴产业崛起,相应领域的人才需求也随之增加。

3. 人口结构变化

人口结构的变化影响到人才供给和需求的平衡。人口老龄化和城市化进程导致某些行业的劳动力短缺,而另一些行业则因为人口红利而需求大增。

4. 社会政策

国家和地区的社会政策对人才需求有着直接的影响。一些政策鼓励创新创业,推动相关领域的人才需求增加。例如,对高新技术企业提供税收优惠、鼓励创业投资等政策,会直接影响相关领域的人才市场。

5. 教育培训

教育培训体系的完善和调整也是影响人才需求的重要因素。如果教育系统能够更好地适应产业发展的需求,培养出更符合市场需求的人才,将能更好地满足各行各业的用人需求。

6. 国际竞争力

国家或地区的国际竞争力也会直接影响到人才的需求。具有全球竞争力的产业和企业需要更多具备国际视野和跨文化能力的人才,因此这些方面的需求将增加。

(五)未来人才需求的趋势

1. 技术与创新导向

未来,技术与创新将继续是人才需求的主导趋势。随着科技不断演进,对信息技术、人工智能、生物技术等方向的人才需求将保持高速增长。

2. 绿色与可持续发展

环保和可持续发展的意识逐渐增强,相关领域的人才需求将呈现增长趋势。新能源、环境保护、可再生能源等领域的人才将成为未来市场热点。

3. 服务业与创意产业

随着服务业和创意产业的不断发展,对艺术家、设计师、文化管理专业人才等的需求将逐渐增加。个性化服务和创意产品将成为市场的亮点。

4. 数字化和智能化

数字化和智能化的趋势将继续推动对相关领域人才的需求。数据分析、云计算、智能制造等方向的专业人才将备受青睐。

5. 跨学科与综合能力

未来人才需求将更加强调跨学科和综合能力。既要具备专业技能,又要具备跨领域的知识,具备创新思维和解决问题的能力。

(六)应对未来人才需求的策略

1. 教育改革与技能培训

加强教育体系改革,根据产业发展需求调整专业设置,注重培养学生的创新思维、团队协作和跨学科能力。开展相关技能培训,使人才更好地适应市场需求。

2. 政策引导和激励

制定和调整相关政策,鼓励创新创业,提供税收和财政激励,引导人才流向产业和领域的需求热点。

3. 企业与高校合作

加强企业与高校之间的合作,建立产学研用一体的创新体系。企业提供实际工作场景,高校为学生提供实践机会,促进人才培养更符合市场需求。

4. 跨界人才培养

推动跨界人才培养,鼓励不同专业背景的人才进行交叉学科的学习和研究,培养更具综合能力的人才。

5. 国际交流与引进

加强国际交流与引进,引入国际先进的人才和技术,提高国内人才的国际竞争力,推动人才的全球流动。

人才需求结构的分析对科学合理地进行人才培养、引才引智以及人才政策的制定具有重要意义。未来,随着经济结构和科技发展的变化,人才需求将呈现出更为多元、创新、数字化和跨界的趋势。政府、企业和教育机构需要共同努力,及时调整教育培训体系、推动创新政策、加强国际交流与引进,以更好地适应未来人才需求的变化,推动社会的可持续发展。

二、就业市场的行业趋势

（一）概述

就业市场是经济运行和社会发展的晴雨表，各行各业的兴衰直接关系到人们的生计和社会的稳定。本节将深入分析当前就业市场的行业趋势，关注不同领域的发展动向，以便更好地理解未来的就业格局。

（二）信息技术与数字化领域

1. 云计算和大数据

随着信息技术的快速发展，云计算和大数据领域正成为就业市场的热点之一。云计算服务商、大数据分析师、数据科学家等相关职位的需求不断增加。企业越来越重视数据驱动的决策，对于具备相关技能的专业人才的需求将持续上升。

2. 人工智能与机器学习

人工智能和机器学习技术的应用正在深刻改变各行各业。从算法工程师到机器学习工程师，再到自然语言处理专家，相关领域的人才需求正在不断扩大。随着智能化技术的不断成熟，相关职位将继续呈现增长趋势。

3. 软件开发与工程师

数字化转型催生了对软件开发和工程师的巨大需求。从应用开发到系统架构设计，软件工程师的岗位一直备受追捧。同时，新兴技术的涌现也推动了对具备先进技术理解和实际开发能力的工程师的需求。

（三）新兴产业与环保领域

1. 新能源与环保工程师

随着全球对可持续发展的日益关注，新能源和环保领域的就业市场呈现出良好的前景。新能源工程师、环保技术专家、可再生能源研究人员等岗位将受到广泛关注。政府对环保产业的支持和鼓励也将进一步推动相关领域的就业增长。

2. 医疗与健康产业从业者

随着人口老龄化的不断加剧，医疗与健康产业的需求持续上升。医生、护士、医学研究人员、健康管理师等职位将继续保持就业市场的稳定需求。此外，数字健康、远程医疗等新兴领域也将涌现更多就业机会。

3. 新药研发和生物技术专家

生物技术的飞速发展催生了对新药研发和生物技术专家的需求。制药公司、生物技术企业对具备相关专业知识和实践经验的人才的追逐将推动该领域的就业增长。

（四）金融与创新领域

1. 金融分析师与风险管理

金融行业一直是就业市场的支柱之一，而随着金融市场的不断变化，对金融分析师和风险管理专业人才的需求也在不断增加。金融科技的崛起更是为相关领域带来了新的就业机会。

2. 区块链专业人才

区块链技术的兴起带来了对区块链专业人才的需求。从区块链开发工程师到智能合约工程师，相关职位的需求呈现出明显的上升趋势。区块链技术在金融、供应链等领域的应用将推动相关专业人才的市场需求。

3. 创业与创新管理

创业浪潮持续席卷，对具备创业经验和创新管理能力的人才的需求也在不断增加。创业导师、创新管理专业人才将成为企业和创投机构追逐的热门目标。

（五）制造业与工程技术领域

1. 工程师与技术人员

制造业作为实体经济的支柱，对工程师和技术人员的需求仍然十分巨大。机械工程师、电气工程师、自动化工程师等相关职位在制造业和工程技术领域将持续占据重要地位。

2. 制造业数字化与智能化

数字化和智能化的趋势对制造业提出了新的挑战和机遇。对于具备数字化和智能化技术理解和应用能力的工程师，以及工业自动化专业人才的需求将不断增长。在制造业数字化转型的推动下，相关领域的就业市场将呈现稳步上升的趋势。

3. 电动汽车与新能源汽车

随着对环境保护和可持续能源的关注增加，电动汽车与新能源汽车领域的发展迅猛。电动汽车工程师、电池技术专家、充电设施工程师等岗位将会成为就业市场的亮点。汽车产业的转型也将为相关领域提供更多的就业机会。

4. 航空航天与航空制造

航空航天领域一直是高科技制造业的代表，对航空工程师、航空制造技术人员的需求依然持续。随着商业航天的发展和太空探索的不断深入，航空航天领域的就业市场将继续拓展。

（六）文化与创意产业

1. 艺术家与设计师

文化与创意产业在数字化时代得到了迅速的发展，对艺术家和设计师的需求也在不断增加。视觉设计师、平面设计师、影视编导等相关职位将持续受到市场的关注。

2. 影视与动漫产业

随着全球文化交流的深入，影视与动漫产业正迎来黄金时代。影视导演、编剧、动画师等专业人才的需求将持续上升。数字技术的应用也为相关产业注入了新的活力，推动了更多就业机会的产生。

3. 文化策划与活动管理

文化策划和活动管理成为文化产业链的重要环节，对文化策划师、活动经理等人才的需求逐渐增加。各类文化活动、展览、节庆的举办将为相关领域提供更多的就业岗位。

（七）服务业与创新领域

1. 人力资源与人才培养

服务业一直是就业市场的重要组成部分，其中人力资源管理和人才培养成为关键领域。人力资源专业人才、培训师等岗位的需求将随着企业发展和组织优化而持续增加。

2. 创业导师与创新管理

创业浪潮的兴起推动了对创业导师和创新管理人才的需求。创业孵化器、创投机构等组织对具备创业经验和创新管理能力的专业人才的需求不断上升。

3. 互联网营销与社交媒体管理

随着互联网的普及，互联网营销和社交媒体管理成为企业推广的重要手段。市场营销专业人才、社交媒体运营人才的需求将在服务业中占据重要位置。

（八）就业市场的趋势与挑战

1. 行业数字化转型

行业数字化转型是当前就业市场的一大趋势。各行各业都在加速应用数字技术，这对具备数字化技能和理解的专业人才提出了更高要求。

2. 跨领域综合能力

未来就业市场对跨领域综合能力的需求将进一步增加。不仅要具备专业技能，还需要有良好的团队协作能力、创新能力和跨文化交流能力。

3. 灵活性和适应力

就业市场的快速变化要求求职者具备灵活性和适应力。对新技术、新理念的快速学习和适应将成为就业市场竞争的重要因素。

4. 创业和自主就业

越来越多的人选择创业和自主就业，这对于创业者和自由职业者的就业市场带来了新的动力和机遇。创业能力和自主管理能力将成为关键竞争力。

（九）应对就业市场的策略

1. 持续学习和提升技能

在行业快速变化的环境下，求职者需要保持持续学习的态度，不断提升自己的技能，保持竞争力。

2. 跨领域能力培养

培养跨领域的综合能力，不仅要精通自己的专业领域，还要具备跨学科知识，提高适应不同领域的能力。

3. 积极参与实习和项目

通过积极参与实习和项目，可以丰富个人经验，提高实际操作能力，增加求职竞争力。

4. 关注行业动态和趋势

了解和关注所在行业的动态和趋势，对于把握就业市场的变化、选择适合自己发展的方向非常重要。应及时调整自己的职业规划，以适应市场需求的变化。

5. 提高沟通与团队协作能力

沟通与团队协作能力在职场中至关重要，具备良好的沟通技巧和团队协作能力将有助于在不同行业和岗位中更好地融入和发展。

6. 创新思维与问题解决能力

创新思维和问题解决能力是未来职场成功的关键，能够独立思考、迅速解决问题的能力将在职业发展中发挥重要作用。

7. 多元化发展和职业规划

不要将自己局限在某一个领域，可以考虑多元化的发展和职业规划。拓宽自己的职业领域，提高适应多样性工作环境的能力。

8. 制定个人发展计划

制定明确的个人发展计划，包括短期和长期目标。有计划地进行职业规划，将更有利于应对就业市场的变化和挑战。

就业市场的行业趋势是一个动态变化的过程，受经济、科技、社会等多方面因素的影响。随着数字化时代的来临，信息技术和新兴产业的崛起成为就业市场的亮点，但传统产业和服务业依然占据重要地位。未来，求职者需要具备更为全面的素质和能力，不仅要有扎实的专业技能，还要有跨领域的综合能力，以适应市场的多元化需求[①]。

在面对就业市场的趋势和挑战时，积极的心态和持续的学习态度将是成功的关键。灵活性、创新思维、团队协作以及适应未来职业发展的战略眼光，都是求职者需要培养和提升的能力。通过不断努力和适应，每个求职者都有机会在竞争激烈的就业市场中脱颖而出，实现个人职业目标。

三、技能要求与综合素质需求

（一）概述

随着社会经济的不断发展和科技的快速进步，职业市场对求职者的技能要求和综合素质提出了更高的标准。下面将深入分析当前职场中常见的技能要求以及综合素质需求，为求职者提供更全面的了解和应对策略。

（二）技能要求分析

1. 技术技能

在科技不断创新的时代，各行各业对技术技能的需求越来越迫切，这包括但不限于：

（1）编程与软件开发

对于信息技术、计算机科学等领域的从业者，编程和软件开发技能是基本要求。掌握常见的编程语言，如 Java、Python、C++ 等，以及相关的开发框架，对于从事软件开发和系统设计的人才至关重要。

（2）数据分析与人工智能

随着大数据时代的到来，数据分析和人工智能成为许多行业的核心竞争力。具备数据

---

① 孙军，钟坤. 大学生职业生涯与就业创业指导[M]. 北京：经济日报出版社，2018：233.

分析和机器学习技能的专业人才将更受欢迎，能够从海量数据中提取有价值的信息，为企业决策提供支持。

（3）云计算和网络安全

云计算技术的普及推动了企业数字化转型，因此云计算和网络安全专业人才备受追捧。了解云服务平台和网络安全防护措施，对于保障企业信息安全至关重要。

2. 沟通与表达能力

良好的沟通和表达能力是任何岗位都必不可少的素质，这体现在书面、口头和非语言沟通的多个层面：

（1）书面沟通

书面沟通能够清晰、简洁地书写文档、报告，包括邮件、项目计划、工作总结等，是与同事和领导有效沟通的基础。

（2）口头表达

口头表达能够在会议、演讲、团队讨论中表达观点，清晰简练地陈述自己的看法，对于团队协作和领导能力的展现至关重要。

（3）非语言沟通

身体语言、肢体语言、面部表情等非语言沟通方式同样重要。这些细微的信号可以传递出态度、情感和沟通意图，对于建立良好的人际关系至关重要。

3. 创新与问题解决能力

在快速变化的社会和职场中，创新和问题解决能力成了求职者必备的核心素质：

（1）创新思维

具备创新思维的人才能够从不同角度看待问题，提出新颖的解决方案。这种能力在科技、业务发展等方面都有着重要作用。

（2）问题解决

解决实际问题的能力是职场中不可或缺的一项技能，其能够迅速定位问题、分析原因并提出解决方案，对于提高工作效率和业务水平具有关键作用。

4. 团队协作与领导力

在现代企业中，团队协作和领导力是推动组织发展的关键要素：

（1）团队协作

团队协作能够有效地在团队中协作、分享信息、倾听他人意见，并能够处理团队内部的冲突。

（2）领导力

领导力不仅仅是管理层的专属能力，任何岗位的员工都可以展现出领导力。能够激励团队、引领方向、解决问题，是成为出色员工的必备素质。

5. 学习与适应能力

技术和行业的更新换代速度越来越快，因此求职者需要具备持续学习和适应变化的能力：

（1）持续学习

主动学习新知识、新技能，关注行业发展趋势，不断提升自己的竞争力。

（2）适应变化

能够快速适应新的工作环境、团队氛围和工作任务，对于应对职场中的变化至关重要。

（三）综合素质需求分析

除了具体的技能要求外，综合素质也是企业在招聘中极为关注的方面，以下是综合素质方面的需求：

1. 敬业精神与责任心

敬业精神和责任心是任何职业中最基本的素质。雇主希望拥有高度责任感的员工，能够对自己的工作充满热情，并以积极的态度履行职责。这不仅包括完成工作任务，还包括对团队和组织整体目标的认同和贡献。

2. 团队合作与协调能力

在团队合作中，具备良好的协调和合作能力是至关重要的。雇主希望员工能够在团队中融洽相处，愿意分享信息，协调不同岗位间的工作，共同推动团队目标的实现。

3. 抗压与应变能力

职场中难免会遇到各种压力和变化，因此具备抗压和应变能力是非常重要的素质。雇主希望员工能够在面对挑战和变革时保持冷静，迅速做出有效的应对。

4. 沟通与人际关系能力

在职场中，良好的沟通和人际关系能力对个人和团队的发展至关重要。雇主希望员工能够与同事、领导以及客户建立良好的沟通渠道，有效解决问题，协调工作关系。

5. 创业精神与创新意识

创业精神和创新意识不仅是创业者所需要的素质，也是职场中的职业精英所追求的。雇主希望员工能够有独立思考的能力，勇于尝试新的工作方法和解决方案，为团队和组织带来新的机遇和挑战。

6. 心理素质与情绪管理

拥有良好的心理素质和情绪管理能力是职场中不可或缺的素质。雇主希望员工能够保持积极向上的心态，能够在压力下保持冷静，并有效管理自己的情绪，以更好地应对工作和生活中的各种情况。

7. 全球视野与跨文化沟通

随着全球化的发展，雇主越来越注重员工的全球视野和跨文化沟通能力。在国际化的工作环境中，具备跨文化交流和合作的能力对于职业发展至关重要。

（四）适应不同行业的技能与素质

不同行业对技能和素质的需求会有所不同，以下是一些常见行业对技能和素质的特殊要求：

1. 金融行业

金融行业通常要求员工具备严密的逻辑思维和数据分析能力。同时，对风险管理和财务知识的要求也很高。沟通能力和客户服务意识同样是金融从业者所必备的素质。

2. 制造业与工程领域

在制造业和工程领域，技术技能和工程知识是首要要求。具备创新能力和解决问题的实际经验将会为在这些领域工作的人才带来竞争优势。

3. 文化与创意产业

创意能力对艺术、设计的理解至关重要。沟通和表达能力、对文化产业发展趋势的敏感度也是该领域从业者所需要具备的素质。

4. 服务业

服务业对沟通和人际关系能力的要求较为突出。具备服务意识、快速解决问题的能力，以及对客户需求的敏感度将会受到雇主的青睐。

5. 新兴技术领域

在新兴技术领域，对于最新技术的理解和应用是关键。创新思维、适应能力以及团队协作将对在这些领域工作的人才产生积极影响。

（五）未来趋势与求职策略

1. 技能的持续更新

由于科技和行业的不断发展，未来的职场需要求职者具备不断学习和更新技能的意识。定期参加培训、获取新知识，成为保持竞争力的关键。

2. 强化跨领域综合能力

未来职场对于跨领域综合能力的需求将进一步增加。求职者应该加强跨学科的学习，提高适应不同领域的能力。

3. 培养创新和解决问题的思维

创新思维和问题解决能力将成为未来职场中更为重要的素质，求职者应该注重培养对问题的深刻理解和创新的思考方式。

4. 注重全球视野和跨文化沟通

随着全球化的不断深入，全球视野和跨文化沟通将成为未来职场中越来越重要的素质。求职者应该加强对不同文化、不同背景的理解，提高跨文化交流能力，以适应多元化的工作环境。

5. 发展创业精神和自主能力

未来职场越来越注重创业精神和自主能力。求职者可以培养创业思维，主动参与项目和活动，锻炼独立解决问题的能力，为未来的创业和自主发展打下基础。

6. 提高数字化素养

随着数字化时代的深入，数字化素养将成为基本素质。求职者应该提高对数字技术的理解和应用能力，学习与数字工具和平台相关的技能，以适应行业数字化转型的趋势。

在现代职场中，技能要求和综合素质需求日益多样化和复杂化。除了专业技能之外，沟通能力、创新能力、团队协作等综合素质同样至关重要。未来的职场将更加强调跨领域的综合能力，求职者需要不断学习和提升自己，适应职场的多变环境。

综合素质的提升离不开持续的自我反思和学习，同时需要关注行业发展的动态，了解未来趋势，有针对性地提升符合市场需求的技能和素质。通过不断努力和适应，求职者将更有可能在竞争激烈的职场中脱颖而出，实现个人职业目标。

第二章 创新素质培养的理论基础

第一节 创新素质的概念与内涵

一、创新素质的基本定义

随着社会的不断发展和科技的快速进步,创新成为推动经济增长和社会进步的关键因素之一。在这个充满变革和挑战的时代,个体和组织需要具备创新素质,以适应快速变化的环境。下面将对创新素质进行基本定义,并深入探讨创新素质的构成要素、培养方法以及在不同领域中的应用[①]。

(一)创新素质的基本概念

创新素质是指个体或组织在面对未知、复杂问题时,能够以创新的方式思考、行动和解决问题的能力。这种能力不仅包括对新思想、新观念的接受和理解,还包括能够将这些思想付诸实践,产生创造性的成果。创新素质是一种综合性的能力,涵盖了多个方面的技能和素质。

1. 创新的本质

创新并不仅仅指新产品、新技术的发明,更是指在思维、方法、组织形式等方面的新颖性和独特性。创新的本质在于能够突破传统思维框架,提出新的观点、理念,以及在实践中找到解决问题的新途径。因此,创新素质涵盖了对新鲜事物的敏感性、对问题的深刻洞察力以及解决问题的实际能力。

2. 创新素质的重要性

在当今竞争激烈的社会和商业环境中,创新素质被认为是获取竞争优势和推动可持续发展的关键。创新不仅有助于企业在市场中脱颖而出,也能够推动社会的进步。具备创新素质的个体更容易适应快速变化的环境,更有可能在职业生涯中取得成功。

(二)创新素质的构成要素

创新素质的构成要素涉及多个层面,包括认知、情感、技能等多个方面,以下是创新素质的主要构成要素:

---

① 高健,南亚娟,倪慧玲.大学生就业指导与创业教育[M].天津:天津科学技术出版社,2018:64.

1. 创造性思维

创新素质的核心是创造性思维，即具有发散性和独创性的思考方式。创造性思维包括对问题的不同角度的思考、灵活的思维转换、跳跃性的联想等。具备创造性思维的个体更容易提出新的观点和解决方案。

2. 问题解决能力

创新往往始于对问题的发现和解决。创新素质要求个体能够对问题进行深刻的分析，找到问题的本质，并提出创新的解决方案。问题解决能力涉及逻辑思维、分析能力以及对问题的系统性理解。

3. 接受新观念的能力

创新素质要求个体能够主动接受和理解新观念、新思想。这包括对多元文化的尊重和理解，对不同领域知识的开放态度，以及对新事物的好奇心和探索欲望。

4. 抗压与适应能力

创新往往伴随着不确定性和风险，因此创新素质要求个体具备抗压和适应变化的能力。能够在不确定的环境中保持冷静，迅速适应新的情境，是创新素质的重要体现。

5. 团队协作与沟通能力

创新往往是集体智慧的产物，因此团队协作和沟通能力是创新素质不可或缺的组成部分。个体需要能够有效地与他人合作，分享信息，倾听他人意见，并能够将自己的观点清晰地表达出来。

6. 对失败的接受和学习能力

创新过程中难免会面临失败和挫折，创新素质要求个体能够对失败有正确的认识，从中学到经验教训，不断总结和改进。对失败的接受和学习能力是创新素质中的一项重要品质。

（三）创新素质的培养方法

创新素质并非天生的，而是可以通过一系列的培养方法和实践来提升，以下是一些常见的创新素质培养方法：

1. 多元化学习和经验积累

多元化学习是培养创新素质的重要途径之一。个体应该广泛涉猎不同领域的知识，包括科学、艺术、社会学等，以拓展自己的认知边界。参与不同领域的学习和经验积累有助于培养跨学科思维，激发创新灵感。

2. 创意训练和思维导图

创意训练是提高创造性思维的有效方法之一。通过参与创意工作坊、解谜游戏等活动，个体可以锻炼自己的发散性思维，培养敏锐的观察力和联想能力。思维导图则是一种整理和表达思维的工具，有助于将复杂的问题拆解和整理，促进创新思考的过程。

3. 实践和项目参与

创新素质需要在实践中得到锻炼和提升。个体可以通过参与项目、创办小企业、实践创意想法等方式，将创新思维付诸实际。实践经验有助于加深对问题的理解，培养解决问题的实际能力。

4. 多角度思考和交流

创新往往源于对问题的多角度思考。个体可以通过与不同领域的人交流、参与跨学科团队等方式，获取不同的观点和思考方式。多角度的思考和交流有助于打破思维定式，激发创新的灵感。

5. 鼓励批判性思维

创新素质需要具备批判性思维，即能够对信息进行深入分析和评估。个体可以通过学习逻辑学、哲学等相关知识，培养批判性思维能力。对于问题和观点的主动质疑有助于形成独立思考的习惯。

6. 注重自主学习和反思

创新素质的培养需要个体具备自主学习和反思习惯。个体可以通过制定学习计划、定期反思自己的思考和行为，不断总结经验并进行调整。自主学习和反思有助于个体更好地认识自己，发现提升的空间。

（四）创新素质在不同领域中的应用

创新素质在不同领域中都有着重要的应用价值，以下是创新素质在几个主要领域中的具体应用：

1. 创新创业领域

在创新创业领域，创新素质是创业者成功的关键。创业者需要具备独立思考的能力，敏锐地发现市场机会，提出创新的商业模式和产品理念。创新素质有助于创业者在激烈的市场竞争中脱颖而出。

2. 科学研究领域

科学研究需要不断地突破现有知识的边界，提出新的理论和观点。科研人员需要具备创造性思维、问题解决能力，以及对未知领域的好奇心。创新素质有助于科学家在研究过程中发现新知识、推动学科的发展。

3. 商业管理领域

在商业管理领域，创新素质对于企业的发展至关重要。企业管理者需要能够提出创新的战略规划、管理模式，促使组织不断适应市场变化。创新素质有助于企业在竞争中保持活力，应对不断变化的商业环境。

4. 教育领域

在教育领域，培养学生的创新素质是教育的重要目标之一。教育工作者需要设计创新的教学方法、激发学生的创造力，培养学生对新知识的好奇心和求知欲。创新素质有助于培养具有创造力和创新能力的未来人才。

5. 技术领域

在技术领域，创新素质对于科技公司的研发和创新至关重要。工程师和技术人员需要具备独立思考、解决问题的能力，以推动技术的不断进步。创新素质有助于技术人员在科技竞争中占据领先地位。

创新素质是适应当今社会变革和发展的关键能力之一。它不仅体现在对新观念的接受上，更体现在对问题的独创性思考和实际解决的能力上。本书对创新素质进行了基本定义，探讨了其构成要素、培养方法以及在不同领域中的应用。

在创新素质的构成要素中，创造性思维、问题解决能力、对新观念的接受能力、抗压与适应能力、团队协作与沟通能力、对失败的接受和学习能力等方面起着关键作用。这些要素共同构成了一个个体或组织具备创新能力的基础。

创新素质的培养需要通过多元化学习和经验积累、创意训练和思维导图、实践和项目参与、多角度思考和交流、鼓励批判性思维、注重自主学习和反思等方法。这些方法有助于个体培养创造性思维、适应变化的能力、团队协作等方面的素质。

创新素质在不同领域中都有着广泛的应用，包括创新创业、科学研究、商业管理、教育、技术等领域。在这些领域，创新素质能够推动新理念的提出、问题的解决、企业的发展、学科的进步以及技术的不断创新。

总体而言，创新素质是当前社会和职场中的一项重要能力，对于个体和组织都具有战略性的意义。通过不断培养和提升创新素质，个体和组织可以更好地适应变化、创造价值，取得长期的竞争优势。在未来的发展中，创新素质将更加凸显其重要性，成为推动社会进步和可持续发展不可或缺的力量。

二、创新素质的维度与特征

创新素质是在当今日益复杂和变化的社会中越来越受到重视的能力。它不仅关乎个体的职业发展，更关系着组织的竞争力和社会的创新能力。下面将深入探讨创新素质的维度与特征，分析构成创新素质的不同方面，以便更好地理解和培养这一重要能力。

（一）创新素质的维度

创新素质是一个多维度的概念，涉及多个方面的能力和特征，以下是创新素质的主要维度：

1. 创造性思维

创新的起点往往是创造性思维。创造性思维是指个体能够以非常规、新颖的方式思考问题，产生与众不同的观点和见解。这包括发散性思维，即能够产生大量的创意和新观点，以及收敛性思维，即能够筛选和整合这些创意，形成有实际可行性的解决方案。

2. 问题解决能力

创新过程中，个体需要能够识别和解决各种问题。问题解决能力是指个体能够对问题进行深入分析、找到问题的本质，并提出创新的解决方案的能力。这需要逻辑思维、系统性思考以及对复杂问题的分解和整合能力。

3. 对新观念的接受和理解

创新素质要求个体对新观念和新知识具有开放的态度，能够接受和理解与自己原有认知不同的观点和理念。这包括对不同学科、文化、行业的理解和尊重，以及对未知领域的好奇心和求知欲。

4. 创新意识

创新意识是指个体对创新的重视和敏感度。具有创新意识的个体能够主动关注市场和社会的变化，敏锐地发现潜在的机会和问题。创新意识还包括对未来趋势的预测和对创新的积极态度。

5. 多元思维和跨学科能力

创新往往需要多元思维和跨学科的能力。多元思维是指个体能够从不同的角度和维度看待问题，不受固有思维框架的限制。跨学科能力是指个体能够整合不同学科的知识和方法，形成创新性的解决方案。

6. 创新性行为

创新素质还体现在个体的行为中。具有创新素质的个体会表现出敢于冒险、主动尝试新方法、接受失败并从中学习的行为特征。这种创新性行为促使个体不断尝试新领域，勇于挑战传统。

7. 沟通与团队合作

创新往往是团队协作的产物，因此沟通与团队合作是创新素质的重要维度。个体需要具备良好的沟通能力，能够清晰地表达自己的想法，并能够有效地与团队成员协作，共同推动创新项目的进展。

8. 学习能力和适应能力

由于环境的不断变化，创新素质要求个体具备学习和适应的能力。个体需要主动学习新知识、新技能，及时适应新的工作环境和要求。学习能力和适应能力使个体更能应对未知的挑战。

（二）创新素质的特征

在创新素质的各个维度中，具有一些共同的特征，这些共同特征构成了创新素质的整体形象，以下是创新素质的主要特征：

1. 开放性

创新素质的个体通常具有开放的心态，能够接受新的观念和思想。他们不拘泥于传统的观念，愿意尝试新的方法和思路。这种开放性使得他们更能从多个角度思考问题，产生新的创意。

2. 好奇心

创新素质的个体通常具有强烈的好奇心，对未知领域充满兴趣。他们乐于探索新知识，主动追求新的经验。好奇心驱使他们不断地寻找问题的答案，推动创新的发生。

3. 勇于冒险

创新过程中往往伴随着风险和不确定性，具有创新素质的个体通常勇于冒险。他们敢于尝试新的方法，愿意冒险投入不确定的环境中，对未知的领域进行探索。这种勇于冒险的特征使得他们更容易接触到新的机会和可能性。

4. 面对失败的韧性

创新过程中，失败是难以避免的一部分。具有创新素质的个体通常能够面对失败并保持韧性。他们将失败看作是学习和改进的机会，而不是挫折的终结。这种面对失败的韧性使得他们更能够在困境中振作起来，继续前行。

5. 高度自主

创新素质的个体通常表现出高度的自主性。他们能够自主设定目标，主动学习和探索，不依赖外部的指导和激励。这种高度自主的特征使得他们更能够在不同环境下自主地思考和行动，寻找创新的机会。

6. 灵活适应

创新素质的个体通常具备灵活适应的能力。他们能够快速适应新的环境和变化，对复杂性和不确定性有较强的应对能力。这种灵活适应的特征使得他们能够更好地应对快速变化的社会和职场。

7. 长期追求

创新不是一时的行为，而是需要持续的努力和追求。创新素质的个体通常具有长期追求的特征，他们对自己的目标和理想有着持续不断的追求和努力。这种长期追求的特征使得他们能够在创新的道路上坚持不懈。

8. 团队协作

尽管创新往往与个体的独立思考和行动相关，但团队协作仍然是创新过程中的重要元素。创新素质的个体通常具有良好的团队协作能力，能够有效地与他人合作，共同推动创新项目的实施。

（三）创新素质的培养

创新素质并非天生具备，而是可以通过一系列的培养方法和实践来提升，以下是一些常见的创新素质培养方法：

1. 创造性思维训练

通过参与创意训练、头脑风暴等活动，锻炼个体的创造性思维。这种训练包括发散性思维的拓展，以及收敛性思维的整合。

2. 实践项目和创新活动

参与实际的项目和创新活动，将创新思维付诸实践。这有助于个体在实践中积累经验，培养解决问题的实际能力。

3. 多元学科学习

广泛涉猎不同学科的知识，培养跨学科的思维。多元学科学习有助于拓展个体的知识边界，促进多元思维的形成。

4. 鼓励创新性行为

组织和社会应该鼓励创新性行为，包括对冒险的支持、对失败的理解和鼓励。这有助于个体更加勇于尝试新的方法和思路。

5. 提供学习机会和资源

为个体提供学习机会和资源，鼓励自主学习。这可以包括培训课程、学习资源的分享，以及创新项目的支持。

6. 发展团队协作技能

培养个体的团队协作技能，提高与他人合作的能力。团队协作有助于整合多元思维，推动创新项目的实施。

7. 培养适应性和韧性

通过面对挑战、适应新环境的实践，培养个体的适应性和韧性。这有助于个体更好地应对不确定性和变化。

8. 长期目标设定和追求

帮助个体设定长期目标，并激发对目标的追求。长期目标的设定有助于形成对创新的长期追求和坚持。

创新素质的维度和特征涵盖了多个方面的能力和品质，包括创造性思维、问题解决能力、对新观念的接受和理解、创新意识、多元思维和跨学科能力、创新性行为、沟通与团队合作、学习能力和适应能力等。这些维度和特征相互交织，共同构成了一个具备创新素质的个体形象。

三、创新素质在职业发展中的作用

在当今竞争激烈的职场环境中，创新素质逐渐成为个体职业发展中的关键要素。创新不仅仅是一种企业战略，更是个体在面对变革、挑战和机遇时展现卓越能力的关键。下面将深入探讨创新素质在职业发展中的作用，分析其对个体职业生涯的价值和影响。

（一）创新素质对职业发展的定义

创新素质是指个体在工作和职业生涯中具备的一系列与创新相关的能力和品质。这包括但不限于创造性思维、问题解决能力、对新观念的接受和理解、创新意识、多元思维和跨学科能力、创新性行为、沟通与团队合作、学习能力和适应能力等。创新素质使个体能够更好地适应变化、发现机会、解决问题，从而在职业生涯中脱颖而出。

（二）创新素质对个体职业发展的重要性

1. 适应快速变化的职场环境

当前职场环境变化迅速，科技进步、全球化、新兴产业的崛起等因素使得工作要求不断发生变化。具备创新素质的个体更能够适应这种快速变化，不仅能够保持竞争力，还能够在变革中找到新的机遇。

2. 提高问题解决和决策能力

创新素质包括问题解决能力，这使得个体在面对复杂问题时能够更迅速而有效地找到解决方案。在职业发展中，对问题的敏锐洞察和快速解决问题的能力是个体事业成功的关键。

3. 增强职业竞争力

具备创新素质的个体通常能够提出新颖独特的观点和方案，这使得他们在职场中更具有竞争力。创新素质不仅是一种技能，更是一种态度，能够吸引雇主和同事的关注。

4. 推动个体职业晋升

在职业生涯中，创新素质对于个体的晋升和发展起着关键作用。具备创新能力的个体更容易获得领导层的认可，因为他们能够为团队和组织带来新的思路和成果。

5. 创业机会和自主职业发展

创新素质对于有创业梦想的个体尤为重要。创新者通常能够发现市场的空白和机会，敢于尝试新的商业模式和创意产品，从而实现自主职业发展和创业创新。

(三)创新素质在不同职业阶段的作用

1. 职业入门阶段

在职业的初始阶段,创新素质对于个体的职业起步至关重要。创新能力能够让新人更好地适应工作环境,快速融入团队,并展现出对工作的独到见解。

2. 职业发展阶段

随着个体在职业中的不断成长,创新素质对于职业发展的推动作用逐渐显现。创新者更容易获得项目的领导权,提出战略性的建议,引领团队走向成功。

3. 职业巅峰阶段

在职业生涯的巅峰阶段,创新素质是个体保持竞争优势的关键。能够持续创新的个体更容易成为行业的领军人物,引领行业发展的方向,获得更高的社会认可度。

4. 职业转型阶段

在职业生涯中,个体可能面临职业转型的需求。具备创新素质的个体更能够灵活应对职业转型,通过创新的思维找到新的职业机会,实现个人的再次突破。

(四)创新素质的培养与提升

1. 多元学科学习和培训

培养创新素质的第一步是通过多元学科的学习和培训。个体应该广泛涉猎不同领域的知识,包括科学、技术、工程、艺术、数学等,以拓展自己的认知边界。

2. 创新工作坊和培训课程

参与创新工作坊和培训课程是培养创新素质的有效途径。这些工作坊和课程通常提供创意思维、解决问题的方法、团队协作等方面的培训,帮助个体更好地理解创新的本质和方法。

3. 参与创新项目和团队

个体可以通过积极参与创新项目和团队来锻炼创新素质。在这些项目中,个体将面临真实的挑战和机会,不断提升自己的创新能力。团队合作也有助于培养沟通和协作技能。

4. 阅读和学习创新案例

阅读成功的创新案例是一种有效的学习方式。通过了解他人成功的经验和教训,个体可以汲取经验,借鉴成功的创新思维和方法,从而提升自己的创新素质。

5. 创造性思维训练

创造性思维是创新素质的核心。个体可以通过创造性思维训练,如头脑风暴、思维导图等,激发自己的创造力,培养发散性思维和整合性思维。

6. 发展与行业相关的技能

创新不仅仅需要创新思维,还需要具备与行业相关的专业技能。个体应该不断发展自己的技术、管理、沟通等方面的技能,以更好地支持创新的实施。

7. 接受挑战和追求卓越

创新是一项需要不断挑战自己并追求卓越的工作。个体应该勇于接受挑战,不畏困难,保持对卓越的追求。通过挑战自己,个体能够在挫折中不断成长,提升创新素质。

（五）创新素质在不同行业中的体现

1. 科技行业

在科技行业，创新素质尤为重要。个体需要具备先进的技术知识，同时能够不断提出新颖的解决方案，推动科技的进步。创新者往往在科技行业中崭露头角，引领行业的发展方向。

2. 商业与管理领域

在商业与管理领域，创新素质关乎业务模式的创新、市场营销的创新以及组织管理的创新。个体需要能够洞察市场变化，提出创新性的商业战略，并能够在团队中推动创新的实施。

3. 艺术与设计领域

在艺术与设计领域，创新素质贯穿于整个创作过程。创意思维、独特的设计理念以及对美学的敏感性是艺术与设计人员成功的关键。创新者能够在艺术创作中体现独特的个性，引领潮流。

4. 制造业

在制造业领域，创新素质涉及生产流程的创新、产品设计的创新以及工艺技术的创新。具备创新素质的个体能够提出提高生产效率、降低成本、提升产品质量的创新性方案。

5. 教育领域

在教育领域，创新素质包括教学方法的创新、课程设计的创新以及教育科技的应用创新。具备创新素质的教育者能够更好地满足学生的需求，推动教育的发展。

（六）创新素质与团队协作的关系

创新素质与团队协作是相辅相成的。在团队中，创新者不仅能够提供独到的见解和创新性的解决方案，还能够推动团队内部的创新文化。团队协作有助于整合多元思维，将不同领域的专业知识和经验融为一体，形成更具创新力的团队。

创新者在团队中往往能够扮演领导和推动者的角色，激发团队成员的创新潜力。同时，团队协作也能够为创新者提供更广泛的资源和支持，使得创新能够更好地得到实施。因此，创新素质和团队协作相互促进，共同推动个体和团队的职业发展。

创新素质在个体职业发展中扮演着重要的角色。它不仅关乎个体在职业中的成功，更关系着组织的竞争力和社会的创新能力。通过培养创新思维、提升问题解决能力、加强团队协作，个体能够更好地适应职业发展中的各种挑战和机遇，实现个人与组织的共同成长。

第二节　创新能力的构成要素

一、创新思维与问题解决能力

创新思维和问题解决能力是当今社会和职业环境中备受推崇的两项关键素质。这两者相辅相成、相互交织，共同构成个体在面对复杂、不确定的挑战时的核心竞争力。下面将深入探讨创新思维和问题解决能力的定义、重要性，以及它们在个体职业发展中的作用。

（一）创新思维的定义与特征

1. 创新思维的定义

创新思维是指个体在面对问题、挑战或任务时，能够以独特、新颖、前瞻的方式进行思考和观察的能力。这种思维方式不拘泥于传统，勇于挑战常规观念，寻找新的思路和解决方案。

2. 创新思维的特征

（1）发散性思维

创新思维具有发散性，即个体能够产生大量的创意和新观点，广泛地探索问题的各个方面，不局限于单一思维路径。

（2）联想和类比能力

创新思维能够通过联想和类比，将不同领域的知识和经验相结合，产生独特的见解，为问题提供新的视角。

（3）开放性

具有创新思维的个体通常拥有开放的心态，愿意接受不同的观点和意见，能够从他人的想法中获取灵感。

（4）勇于冒险

创新思维需要个体敢于冒险尝试新的方法和想法，对未知和不确定性保持积极态度，不害怕失败。

（5）观察和洞察力

具备敏锐的观察和洞察力，能够捕捉到周围环境中的变化和趋势，从中找到创新的机会。

（二）问题解决能力的定义与特征

1. 问题解决能力的定义

问题解决能力是指个体在面对复杂或不确定的情境时，能够迅速而有效地分析问题、找到问题的根本原因，并提出切实可行的解决方案的能力[1]。

---

[1] 王青迪.大学生创新创业教育与就业指导[M].上海：上海三联书店，2019：105.

2.问题解决能力的特征

（1）系统性思考

具备问题解决能力的个体能够以系统性的方式思考问题，从整体出发，考虑问题的各个方面和相互关系。

（2）逻辑推理

具备清晰的逻辑思维，能够按照一定的推理和分析过程，迅速找到问题的关键点，形成解决问题的思路。

（3）创造性解决方案

问题解决能力不仅是找到常规的解决方法，还包括提出创新性的解决方案，能够超越传统思维框架。

（4）决策能力

具备问题解决能力的个体能够在众多可能的解决方案中做出明智的决策，权衡利弊，选择最适合的方案。

（5）团队协作

问题解决往往需要团队协作，具备良好的团队合作和沟通能力的个体能够更好地与他人合作，共同应对问题，形成协同解决的力量。

（三）创新思维与问题解决能力的关系

创新思维和问题解决能力之间存在密切的关系，它们相辅相成、相互促进，以下是两者关系的几个方面：

1.创新思维促使问题的重新定义

创新思维通常能够帮助个体重新定义问题，提出新的问题表述方式，从而更全面地理解问题的本质。这有助于个体更准确地定位问题，为问题解决提供更切实可行的途径。

2.创新思维推动创造性解决方案的提出

创新思维能够激发个体提出创造性解决方案。通过发散性思维、联想和类比能力，个体能够跳出传统思维的限制，提供更具创新性的问题解决方案，推动问题解决的深度和广度。

3.问题解决能力为创新思维提供实践基础

问题解决能力为创新思维提供实际操作的基础。在解决问题的过程中，个体需要运用逻辑推理、系统性思考等问题解决能力，这些能力为创新思维提供了具体的实践场景，促使创新思维更好地转化为实际成果。

4.创新思维和问题解决能力共同支撑职业发展

在职业发展过程中，创新思维和问题解决能力共同构成个体在面对挑战、迎接机遇时的关键竞争力。能够迅速解决问题并提出创新性方案的个体更容易在职场中脱颖而出，推动个体事业的发展。

（四）创新思维与问题解决能力在职业发展中的作用

1.提升个体职业竞争力

具备创新思维和问题解决能力的个体更容易在职场中脱颖而出，他们能够迅速解决问题、提出创新性的解决方案,从而提升个体在团队中的价值和竞争力。

2.适应快速变化的职场环境

创新思维和问题解决能力使个体更具应变能力,能够适应快速变化的职场环境。在不断面对新的挑战和问题时,他们能够更加从容应对,找到解决方案,保持竞争力。

3.推动个体职业发展

在职业发展的过程中,个体往往需要不断面对各种问题和难题。具备创新思维和问题解决能力的个体能够更好地应对挑战,不断推动个体的职业发展。

4.促进团队协作

创新思维和问题解决能力在团队协作中发挥关键作用。这两者共同推动团队寻找创新解决方案,协同解决问题,形成高效的团队合作。

(五)创新思维与问题解决能力的培养方法

1.创新思维的培养方法

(1)头脑风暴

参与头脑风暴活动,鼓励发散性思维,激发创新灵感。

(2)跨学科学习

广泛涉猎不同领域的知识,培养联想和类比能力。

(3)参与创新项目

积极参与创新项目,将创新思维付诸实践,锻炼解决实际问题的能力。

(4)鼓励冒险精神

鼓励尝试新的方法,勇于冒险,不害怕失败。

2.问题解决能力的培养方法

(1)逻辑思维训练

进行逻辑思维训练,提高问题分析和推理能力。

(2)系统性思考

在解决问题时,注重系统性思考,考虑问题的整体结构和相互关系。

(3)案例学习

学习成功的问题解决案例,分析其中的解决思路和方法。

(4)团队协作培训

参与团队协作培训,提高与他人合作解决问题的能力。

创新思维和问题解决能力是当今职场中至关重要的素质。它们相辅相成、相互促进,共同构成个体在职业发展中的核心竞争力。通过创新思维,个体能够更好地应对复杂、不确定的问题,为自己和团队找到创新的机会。问题解决能力则为创新思维提供了实践的基础,使得创新不再停留在理论层面,而能够得以实际应用。在职业发展过程中,这两者的相互作用为个体带来了许多机遇和成功的可能性。

创新思维和问题解决能力的培养是一个持续的过程,需要个体在工作和学习中不断地进行实践和提升。通过参与创新项目、团队协作、不断挑战自己的思维方式,个体可以逐渐培养和强化这两项能力。同时,保持对新知识的开放接受态度,持续学习和思考,也是培养创新思维和问题解决能力的有效途径。

在职场中,创新思维和问题解决能力的具备将使个体更具竞争力,更容易应对各种挑战,实现自身的职业目标。这两者不仅是个体职业成功的关键,同时也是组织推动创新、应对变革的核心动力。因此,鼓励并支持个体在创新思维和问题解决能力上的培养,对于个体和组织的共同繁荣具有重要意义。

二、团队协作与沟通能力

在现代职场中,团队协作与沟通能力成为衡量个体绩效和组织成功的关键指标之一。随着工作环境的不断变化,团队协作和沟通已经成为推动创新、解决问题以及提高工作效率不可或缺的要素。下面将深入探讨团队协作和沟通能力的定义、特征,以及它们在个体职业发展和团队成功中的作用。

(一)团队协作能力的定义与特征

1. 团队协作能力的定义

团队协作能力是指个体在团队中与他人合作、共同努力,以实现共同目标的能力。这种能力涵盖了协调、合作、分享资源、共同解决问题等方面,是团队有效运作的基石[①]。

2. 团队协作能力的特征

(1)互信与尊重

成功的团队协作建立在团队成员之间的互信和尊重的基础上。团队成员应该相互信任,尊重彼此的意见和贡献。

(2)分工合作

团队协作要求成员根据各自的优势和专业领域进行分工,合理分配任务,形成高效的工作协同机制。

(3)有效沟通

成功的团队协作离不开有效的沟通。团队成员需要清晰地表达自己的想法,倾听他人的观点,并能够就共同目标进行有效协商。

(4)灵活应变

在团队协作中,灵活应变是一种关键的能力。团队成员需要适应不同的工作情境,及时调整策略,以保证团队能够有效应对变化。

(5)共同目标意识

团队协作的核心在于共同的目标。团队成员应该明确团队的使命和目标,并在工作中保持对这一共同目标的关注。

(二)沟通能力的定义与特征

1. 沟通能力的定义

沟通能力是指个体通过语言、文字、非语言等方式,清晰、准确地传达信息,同时能

---

① 王青迪.大学生创新创业教育与就业指导[M].上海:上海三联书店,2019:137.

够理解和解读他人的信息的能力①。在团队协作中，良好的沟通能力是顺利合作的关键。

2. 沟通能力的特征

（1）清晰表达

有良好沟通能力的个体能够清晰地表达自己的思想，避免信息传递中的歧义和混淆。

（2）倾听技巧

沟通不仅仅是表达，还包括倾听。具备良好沟通能力的个体懂得倾听他人，关注对方的意见和感受。

（3）适应受众

有效的沟通需要考虑到不同受众的特点和需求。有良好沟通能力的个体能够灵活调整沟通方式，以适应不同的受众。

（4）情绪管理

在沟通过程中，个体需要具备情绪管理能力。能够冷静、理性地表达自己的情感，同时理解和处理他人的情感。

（5）反馈能力

沟通是一个双向的过程。有良好沟通能力的个体能够主动寻求和接受反馈，不断改进自己的沟通方式。

（三）团队协作与沟通能力的关系

团队协作与沟通能力之间存在着密切的关系，它们相互支持、相互促进，以下是两者关系的几个方面：

1. 沟通是团队协作的桥梁

沟通是团队协作的桥梁，是信息传递和理解的媒介。只有通过清晰、有效的沟通，团队成员才能了解彼此的期望、任务分工，形成共识，推动团队协作顺利进行。

2. 团队协作需要良好的沟通氛围

在团队协作中，良好的沟通氛围是必不可少的。团队成员应该能够开放地交流意见，互相分享信息，通过沟通建立起信任和合作的基础。

3. 沟通促进问题的及时解决

团队协作中难免会遇到问题和挑战。通过良好的沟通，团队成员能够及时发现问题，分享信息，共同探讨解决方案，迅速应对挑战。

4. 沟通能力提升团队协作效率

有效的沟通能力有助于提升团队协作的效率。团队成员能够更迅速地理解任务和目标，避免信息传递中的误解和偏差，减少沟通的阻碍，从而更加高效地协同工作。

（四）团队协作与沟通能力在个体职业发展中的作用

1. 提升职业竞争力

在职业发展中，具备良好的团队协作和沟通能力使个体更具竞争力。企业越来越重视团队合作和沟通，因此具备这两项能力的个体更容易在职场中脱颖而出，赢得更多的机会。

---

① 王青迪.大学生创新创业教育与就业指导[M].上海：上海三联书店，2019：72.

2.适应多元化工作环境

随着全球化的发展，工作环境变得越来越多元化。良好的团队协作和沟通能力使个体更能适应不同文化、背景的团队，更好地融入多元团队中，提高工作效率。

3.促进个体学习和成长

团队协作和沟通不仅是工作中的技能，也是促使个体学习和成长的关键因素。通过与他人合作，个体可以从团队成员中学到不同的经验和知识，提升自己的综合素质。

4.建立良好的人际关系

团队协作和沟通是建立良好人际关系的有效途径。在工作中，良好的人际关系有助于形成良好的工作氛围，提高工作满意度，对个体的职业发展产生积极影响。

（五）团队协作与沟通能力在团队成功中的作用

1.促进信息共享与协同工作

团队协作和沟通是信息共享和协同工作的关键。通过良好的团队协作，团队成员能够充分分享信息，共同制定工作计划，协同解决问题，提高团队整体绩效。

2.增强团队凝聚力

有效的团队协作和沟通能力有助于增强团队的凝聚力。成员之间通过沟通建立起更深层次的关系，共同追求团队目标，形成更加紧密的团队群体。

3.降低团队冲突

良好的沟通和团队协作有助于降低团队内部的冲突。通过及时的沟通，团队成员能够更好地理解彼此的立场和期望，避免误解和分歧的发生。

4.提高团队创新能力

团队协作和沟通是团队创新的基础。在一个开放、互动的团队氛围中，成员能够更自由地分享创新思想，激发团队的创造力和创新能力。

（六）团队协作与沟通能力的培养方法

1.团队协作能力的培养方法

（1）团队建设活动

参与团队建设活动，通过团队游戏、训练等方式增进团队成员之间的默契和协同意识。

（2）项目合作经验

积累项目合作经验，参与跨部门或跨团队的项目，学会在合作中协调资源、分工合作。

（3）团队训练课程

参加团队协作的专业培训课程，学习团队协作的理论知识和实际技巧。

（4）领导力培养

提升领导力，具备一定的领导才能能够更好地引导团队，推动团队协作。

2.沟通能力的培养方法

（1）演讲和表达训练

参与演讲和表达训练，提高清晰表达的能力，培养在公共场合表达观点的信心。

（2）冲突解决技巧

学习冲突解决技巧，培养在团队中处理冲突的能力，避免冲突升级影响团队氛围。

（3）沟通技能培训

参加沟通技能培训，学习有效的沟通技巧，包括倾听、反馈、问问题等方面的技能。

（4）跨文化沟通经验

参与跨文化团队，积累跨文化沟通的经验，提高与不同文化背景成员交流的能力。

团队协作与沟通能力是个体职业发展和团队成功的重要保障。在一个充满竞争与合作的职场环境中，具备良好的团队协作和沟通能力是个体脱颖而出的关键因素。通过参与团队建设活动、项目合作经验以及专业培训，个体可以逐步提升团队协作和沟通水平。这不仅有助于个体更好地适应职场的变化，还为个体在团队中发挥领导力、促进团队创新、提高工作效率等方面提供了有力支持。

三、创意表达与创新实践能力

在当今快速变化和竞争激烈的社会环境中，创意表达与创新实践能力成为个体和组织不可或缺的核心竞争力。创意表达是指个体通过各种方式将创意思想清晰、生动地呈现出来的能力，而创新实践能力是指个体在解决问题、应对挑战时能够提出创新性解决方案并将其付诸实践的能力。下面将深入探讨创意表达与创新实践能力的定义、特征，以及它们在个体职业发展和组织创新中的作用。

（一）创意表达能力的定义与特征

1. 创意表达能力的定义

创意表达是指个体通过语言、图像、音频等多种媒介形式，将自己的创意、想法以生动、富有表现力的方式呈现出来的能力。这种能力涵盖了对创意的有效沟通和传递，使得创意能够被他人理解和共鸣。

2. 创意表达能力的特征

（1）清晰而生动

有效的创意表达需要语言清晰、形象生动，能够让观众迅速理解创意的核心思想。

（2）多媒体运用

具备创意表达能力的个体能够灵活运用文字、图片、音频、视频等多种媒介，选择最适合表达的方式。

（3）情感共鸣

创意表达不仅要传递信息，更要引起观众的情感共鸣，激发共鸣者对创意的兴趣和认同。

（4）独特个性

个体的创意表达应该具有独特的个性，凸显个体独特的思考方式和创意视角。

（二）创新实践能力的定义与特征

1. 创新实践能力的定义

创新实践能力是指个体在解决问题、面对挑战时，能够提出创新性解决方案并将其付诸实践的能力。这种能力涉及创意的产生、策划、实施和评估的全过程，强调实际行动和实际成果。

2. 创新实践能力的特征

（1）问题发现与定义

具备创新实践能力的个体能够敏锐地发现问题，清晰地定义问题的核心，为创新提供明确的方向。

（2）创意产生

能够在解决问题的过程中产生独特、富有创意的解决方案，突破传统思维，提供新颖的观点。

（3）实施能力

具备将创意转化为实际行动的能力，能够有效组织资源、规划实施步骤，将创意付诸实践。

（4）反馈与调整

能够及时获取实践过程中的反馈信息，根据反馈结果调整创新实践的方向和方法，不断优化实践过程。

（三）创意表达与创新实践能力的关系

创意表达与创新实践能力之间存在密切的关系，它们相互促进、相互支持。以下是两者关系的几个方面：

1. 创意表达是创新启动的第一步

创意表达是创新过程的启动阶段，通过清晰、生动的表达，个体能够将自己的创意传递给他人，形成共识，激发团队或组织进一步的创新实践。

2. 创新实践需要有效的创意传递

在创新实践中，创意需要得到有效的传递和表达，以便团队成员理解和参与。良好的创意表达能力有助于将创意更快速、准确地传递给实施团队，推动创新实践的顺利进行。

3. 创新实践促进创意的进一步完善

创新实践是对创意的实际验证和完善过程。在实践中，个体能够通过实际操作发现创意的可行性、优劣之处，并对创意进行调整和优化。这种反馈将促进创意的进一步发展。

4. 创意表达与创新实践形成正向循环

创意表达与创新实践形成了一个正向循环。创意表达启动创新实践，而创新实践的反馈和实际成果又为创意表达提供新的素材和动力，推动创意表达不断发展。

（四）创意表达与创新实践能力在个体职业发展中的作用

1. 个体职业发展中的作用

（1）提升职业竞争力

创意表达与创新实践能力的发展可以显著提升个体在职场中的竞争力。能够清晰、生动地表达创意，同时能够将创意实际付诸实践，展示实际成果，对个体的职业形象产生积极影响。

（2）适应变化与挑战

在职业发展过程中，个体可能会面临各种变化和挑战。具备创意表达与创新实践能力的个体更能够适应变革，通过创新的思维和实践能力应对各种挑战，更容易在动荡的职场环境中立于不败之地。

（3）增强自我品牌

通过创意表达，个体能够在职场中建立起自己独特的品牌形象。创新实践则为自己的品牌注入实际成果和影响力，从而在行业内树立良好的声誉。

（4）提高职业满意度

创意表达与创新实践能力的发展使个体在工作中更能够发挥创造性，实现自我价值。这对提高职业满意度、激发工作热情具有重要作用。

2. 组织创新中的作用

（1）推动团队创新

具备创意表达与创新实践能力的个体能够在团队中充当创新的推动者。他们能够通过生动的表达将创意传递给团队成员，并带领团队将创意付诸实践，推动团队不断创新。

（2）构建创新文化

组织需要创新文化来推动持续创新。创意表达与创新实践能力的发展可以在组织中培养创新文化，使员工更愿意提出新思想，勇于实践，并乐于分享和交流。

（3）提高团队协同效能

创意表达与创新实践需要团队成员之间具备良好的协同效能。在具备这两种能力的团队中，成员更能够通过创意表达和实践协同工作，充分发挥团队的协同效应。

（4）增加组织竞争力

组织中充满具备创意表达与创新实践能力的个体，将增加组织的竞争力。这些个体能够为组织带来创新的思想和实际成果，使组织更具创新能力和适应力。

（五）创意表达与创新实践能力的培养方法

1. 创意表达能力的培养方法

（1）参与创意培训

参与专业的创意培训，学习创意产生、表达技巧，提高创意表达的水平。

（2）多媒体表达实践

多媒体是创意表达的重要手段，个体可以通过写作、绘画、摄影等方式进行实践，提高多媒体表达能力。

（3）观摩优秀案例

学习观摩成功案例，了解成功的创意表达是如何进行的，汲取经验和灵感。

（4）定期反馈和改进

定期向他人展示自己的创意表达作品，接受他人的反馈，并不断改进和提高。

2. 创新实践能力的培养方法

（1）解决实际问题

通过参与实际项目，解决实际问题，锻炼创新实践能力。

（2）团队合作项目

参与团队合作项目，学会与团队成员协同工作，共同推动创新实践。

（3）学习创新方法论

学习创新的方法论和流程，了解创新实践的基本步骤和要点。

（4）参与创业项目

参与创业项目是锻炼创新实践能力的有效途径。个体可以通过创业实践深入体验创新全过程。

创意表达与创新实践能力是当今职场中不可或缺的核心素质，对于个体职业发展和组织创新能力的提升至关重要。通过培养这两种能力，个体能够在快速变化的职场中更好地适应挑战，展现出色的竞争力。在组织层面，拥有创意表达与创新实践能力的团队将更具创新力和执行力，为组织的长远发展提供有力支持。总的来说，创意表达与创新实践能力是推动个体和组织持续进步的关键要素。

第三节　创新教育理念与模式

一、创新教育的基本理念

随着社会的发展和科技的进步，创新能力日益成为个体和社会成功的关键要素。为了培养具备创新思维和实践能力的新一代人才，创新教育应运而生。创新教育的基本理念是以培养学生的创新能力为核心，注重激发学生的创造性思维、实践能力和解决问题的能力。本节将深入探讨创新教育的基本理念，包括其定义、特征以及在教育体系中的重要性[①]。

（一）创新教育的定义

创新教育是一种以培养创新能力为目标的教育方式，强调培养学生的创造性思维、实践能力和解决问题的能力。创新教育不仅仅关注知识的传授，更注重学生创新潜能的激发和发展。它通过提供开放的学习环境，鼓励跨学科的学习，引导学生进行实际项目和问题解决，培养学生在面对未知情境时的创新思维和应对能力。

（二）创新教育的基本理念

1. 培养创新思维

创新教育的基本理念之一是培养创新思维。创新思维强调打破传统思维定式，鼓励学生跳出思维的框架，寻找新的解决问题的方式。培养创新思维包括鼓励学生提出新的观点、挑战现有观念、勇于尝试和接受失败，使其具备勇于创新的勇气和决心。

2. 强调实践能力

创新教育注重培养学生的实践能力。实践能力是指学生能够将理论知识应用到实际问

---

① 高健，南亚娟，倪慧玲.大学生就业指导与创业教育[M].天津：天津科学技术出版社，2018：18.

题中,并通过实际操作获取经验的能力。创新教育通过项目驱动、实践性任务和实地实习等方式,使学生能够在真实场景中应用所学知识,培养解决实际问题的实践能力。

3. 鼓励团队协作

创新教育倡导团队协作的理念。在创新的过程中,团队协作能够激发多元思维、集思广益。创新教育通过组织团队项目、合作实验等方式,培养学生团队协作的能力,使其能够在团队中充分发挥个体优势,形成合力推动创新。

4. 注重跨学科学习

创新教育强调跨学科学习的重要性。跨学科学习是指将不同学科的知识、方法和思维方式相结合,形成综合性的学科体系。创新往往涉及多学科的知识和技能,因此创新教育通过设计跨学科的学习项目,培养学生的综合性思维和能力。

5. 培养解决问题的能力

创新教育的另一个基本理念是培养学生解决问题的能力。解决问题的能力是创新的核心,它要求学生能够面对各种挑战,找到问题的关键,提出创新性的解决方案。创新教育通过引导学生参与真实的问题解决过程,培养他们主动探究、分析问题的能力,并激发寻找新途径解决问题的创造性思维。

(三)创新教育的特征

1. 学生参与度高

创新教育的特征之一是学生参与度高。相比传统的教育模式,创新教育更加强调学生的主动参与,注重通过项目、实践等方式让学生亲身经历和实践,激发他们的学习兴趣和主动性。

2. 课程设计灵活

创新教育的课程设计更加灵活。它不拘泥于传统的学科分类和教学内容,更注重跨学科的融合,以解决实际问题为导向,使学生能够在实际项目中应用所学知识,培养综合性的能力。

3. 强调实践和体验

实践和体验是创新教育的重要特征。创新教育通过组织实践项目、实地考察、实习等方式,使学生在真实场景中应用所学,通过实际操作获取经验,提高解决问题的实际能力。

4. 鼓励自主学习

创新教育鼓励自主学习。它培养学生的主动学习意识,引导他们通过自主学习和独立思考解决问题,注重培养学生的学习能力和自我管理能力。

5. 注重创造性评价

创新教育注重创造性评价。传统的评价方式主要以考试为主,而创新教育更注重学生创新思维和实践能力的发展,因此评价方式更加注重学生创新性思考和实际项目成果的评估。

(四)创新教育在教育体系中的重要性

1. 培养未来社会需要的人才

随着社会的不断发展和变革,未来社会对人才的需求也在发生变化。传统教育模式已无法满足未来社会对具备创新能力的人才的需求。创新教育通过培养学生的创造性思维、实践能力和解决问题的能力，更能够满足未来社会对多才多艺、具备创新精神的人才的需求。

2. 促进终身学习

创新教育培养的是学生的学习能力和自主学习的动力。在创新教育中，学生习得的不仅仅是知识，更是学习的方法和态度。这使得学生在面对未知领域时更具有勇气和动力，形成了终身学习的习惯。

3. 增强国家创新竞争力

国家的创新竞争力在很大程度上取决于人才的创新能力。创新教育通过培养学生的创新思维、实践能力，能够培养更多有创新意识、创新能力的人才，从而增强国家的创新竞争力。

4. 适应社会发展需求

社会的发展对人才提出了更高的要求，需要更具创新能力的人才来推动社会的不断进步。创新教育更能够适应社会发展的需求，使学生具备更强的创新精神，更能够适应社会的变革。

（五）创新教育的挑战与未来发展趋势

1. 挑战

（1）传统教育观念的阻碍

传统的教育观念可能成为创新教育发展的阻碍。在传统观念下，学习更注重知识的灌输和考试成绩，而创新教育强调学生的主动参与、实践和解决问题的能力，这需要教育者和家长转变教育观念。

（2）教育资源不均衡

在一些地区，教育资源不均衡成为创新教育的阻碍。一些学校缺乏先进的实践设备、创新教育的专业师资，这将影响学生接触创新教育的机会。

2. 未来发展趋势

（1）教育科技的融合

未来发展中，教育科技的融合将成为创新教育的重要趋势。通过引入虚拟现实、人工智能等先进技术，创新教育可以提供更丰富、更个性化的学习体验。在线学习平台、教育APP等工具将为学生提供更灵活、便捷的创新教育资源。

（2）制度与政策的支持

为了促进创新教育的发展，制度与政策的支持至关重要。政府、学校和教育机构需要制定相关政策，推动创新教育的融入教育体系。对于教育者和学生的创新能力培养，也需要建立相应的评价和激励机制。

（3）跨界合作与实践项目

创新教育将更加强调跨界合作与实践项目。与企业、科研机构等合作，给学生提供更多参与实际项目的机会，培养学生的实际解决问题的能力。这种实际项目经验将成为学生发展创新思维和实践能力的重要途径。

（4）注重全人教育

未来创新教育将更加注重全人教育，培养学生的综合素养。不仅关注学科知识的传授，更关注学生的创新精神、沟通能力、团队协作等综合素质的培养。全人教育将使学生更好地应对未来社会的挑战。

创新教育作为应对社会发展变革、培养未来社会需求的人才的一种教育方式，其基本理念在教育领域引起了广泛关注。通过培养学生的创新思维、实践能力和解决问题的能力，创新教育致力于培养具备创新能力的新一代人才。创新教育的基本理念包括培养创新思维、强调实践能力、鼓励团队协作、跨学科学习和培养解决问题的能力。

创新教育的特征主要体现在学生参与度高、课程设计灵活、强调实践和体验、鼓励自主学习以及注重创造性评价等方面。在教育体系中，创新教育的重要性体现在培养未来社会需要的人才、促进终身学习、增强国家创新竞争力和适应社会发展需求等方面。

面对挑战，创新教育未来发展的趋势包括教育科技的融合、制度与政策的支持、跨界合作与实践项目以及注重全人教育。这些趋势将有助于创新教育更好地适应社会发展的需求，培养更具创新能力的学生，推动教育领域朝着更为综合、灵活、实践导向的方向发展。通过不断的探索和实践，创新教育将为培养未来社会所需的创新型人才做出更大的贡献。

二、创新教育的教学模式

创新教育作为一种注重培养学生创新能力的教育方式，对教学模式提出了更高的要求。传统的教育模式以知识传授和考试为主，而创新教育更强调学生的主动参与、实践能力和解决问题的能力。本节将深入探讨创新教育的教学模式，包括其定义、特征、实施策略以及在不同学科领域的应用。

（一）创新教育的教学模式定义

创新教育的教学模式是指在教学过程中，通过改变教育的方式和手段，强调培养学生的创新思维、实践能力和解决问题的能力。与传统的教学模式相比，创新教育更加注重学生的主动参与、跨学科学习、团队协作以及实际项目经验。

创新教育的教学模式不是一成不变的固定形式，而是可以根据不同的学科、学段和学生特点进行灵活调整和创新。下面将详细探讨创新教育的教学模式的特征和实施策略。

（二）创新教育的教学模式特征

1. 学生主动参与

创新教育的教学模式特征之一是学生主动参与。与传统的教学模式强调教师的讲解和学生的被动接受不同，创新教育鼓励学生在学习过程中主动提出问题、探究知识、参与实践项目，培养学生的自主学习和解决问题的能力。

2. 跨学科学习

创新教育注重跨学科学习的特征。创新往往涉及多学科的知识和技能，因此创新教育通过设计跨学科的学习项目，能够使学生整合不同学科的知识，形成综合性的学科体系，培养学生的综合思维和解决问题的能力。

3. 团队协作

团队协作是创新教育教学模式的重要特征。在创新的过程中，团队协作能够激发多元思维、集思广益。创新教育通过组织团队项目、合作实验等方式，培养学生团队协作的能力，使其能够在团队中充分发挥个体优势，形成合力推动创新。

4. 实际项目经验

实际项目经验是创新教育的教学模式特征之一。创新教育通过引入实际项目、实践性任务，使学生能够在真实场景中应用所学知识，通过实际操作获取经验，提高解决问题的实际能力。实际项目经验使学生能够更好地理解和应用所学知识，培养创新的实际能力。

5. 创造性评价

创新教育强调创造性评价的特征。传统的评价方式主要以考试为主，而创新教育更注重学生创新思维和实践能力的发展，因此评价方式更加注重学生创新性思考和实际项目成果的评估。创新教育的评价方法包括项目评估、实际表现评价、创新思维评价等。

（三）创新教育的教学模式实施策略

1. 设计具体实践项目

在实施创新教育的教学模式时，首先需要设计具体的实践项目。这些项目可以基于真实场景，要求学生在项目中运用所学知识，解决实际问题。通过实践项目，学生能够获取实际经验，培养创新的实际能力。

2. 提供跨学科的学习机会

为了实现跨学科学习的目标，教育者可以在课程设置中提供跨学科的学习机会。引入多学科的知识内容，组织跨学科的实践项目，让学生能够在不同学科领域学习，形成综合性的学科体系。

3. 建立团队协作机制

团队协作是创新教育的重要特征，因此需要建立团队协作的机制。可以通过设立团队项目、组织团队合作实验等方式，培养学生团队协作的能力。教育者还可以提供团队培训，引导学生学会有效的团队沟通和合作。

4. 引入实践性任务

除了实际项目经验外，引入实践性任务也是创新教育的教学模式实施策略之一。实践性任务可以是小组作业、实验报告、调研项目等，通过这些任务，学生能够在实际操作中应用所学知识，培养解决问题的实际能力。实践性任务的设计需要紧密结合课程内容和实际应用场景，使学生能够在任务中体现创新思维。

5. 培养创新思维的评价体系

创新教育的目标之一是培养学生的创新思维，因此需要建立相应的评价体系。传统的评价方式难以全面评估学生的创新思维，可以采用开放性题目、创意作品展示、思维导图等方式，更全面地评价学生的创新思维水平。教育者需要根据创新思维的不同维度设计评价标准，如问题定义能力、解决问题的方法、创新性的观点等。

6. 创设开放性学习环境

为了促使学生主动参与和发挥创造性，需要创设开放性的学习环境。教室不仅仅是知识的传递场所，更是学生展示创意、分享思想的空间。教育者可以引入互动式的教学工具，倡导学生提出问题、探究知识，并鼓励他们在课堂上分享和讨论。

7. 整合教育科技

教育科技的整合是创新教育的重要手段。通过引入虚拟现实、在线学习平台、教育APP等先进技术，可以丰富教学资源，提供更灵活、便捷的学习体验。利用教育科技，可以实现跨地域、跨学科的合作，扩大学生的学习空间，促进创新教育的跨界融合。

（四）创新教育的教学模式在不同学科中的应用

1. 科学与工程学科

在科学与工程学科中，创新教育的教学模式可以通过实验设计、工程项目等方式进行实施。学生可以参与真实的科研项目，进行实验和实际操作，培养实际解决问题的能力。通过团队协作，学生可以在模拟的工程项目中合作，体验项目管理和团队合作的过程。

2. 文学与艺术学科

在文学与艺术学科中，创新教育的教学模式可以通过开展创意写作、艺术设计等活动来实施。学生可以在开放的学习环境中发挥创意，通过写作、绘画等方式表达自己的观点和想法。教育者可以设计跨学科的学习项目，将文学与艺术相结合，促进学生全面发展。

3. 经济与管理学科

在经济与管理学科中，创新教育的教学模式可以通过商业模拟、团队项目等方式实施。学生可以参与商业模拟游戏，模拟真实商业环境中的管理决策过程。通过团队项目，学生可以在团队中分工合作，解决实际管理问题，培养团队协作和实践能力。

4. 社会科学学科

在社会科学学科中，创新教育的教学模式可以通过社会调查、实地考察等方式进行实施。学生可以参与社会问题的调查研究，了解社会现象背后的原因和影响。实地考察可以使学生更深入地了解社会现实，培养学生的实际分析和解决问题的能力。

（五）创新教育的教学模式面临的挑战和未来发展趋势

1. 挑战

（1）传统评价体系的制约

传统评价体系主要以考试为主，难以全面评价学生的创新能力。当前的评价制度可能成为创新教育教学模式发展的制约因素，需要改革评价机制，更好地体现学生的创新思维和实践能力。

（2）教育资源不均衡

在一些地区，教育资源不均衡成为创新教育的挑战。一些学校缺乏先进的实践设备、创新教育的专业师资，这将影响学生接触创新教育的机会。需要加大对教育资源的投入，缩小不同地区、学校之间的差距。

2. 未来发展趋势

（1）引入人工智能技术

未来，人工智能技术将成为创新教育的重要支持。通过引入人工智能技术，可以为学生提供个性化、定制化的学习体验。智能教育平台可以根据学生的学习兴趣、水平和学科特点，提供个性化的学习资源和任务，进一步促进学生的创新能力发展。

（2）加强跨界合作

未来创新教育的发展趋势将更加强调跨界合作。学校、企业、科研机构等可以加强合作，共同推动创新教育的发展。实施跨界合作项目，将学生置身于实际工作和科研场景中，培养更具实际应用价值的创新能力。

（3）推动全球化教育

全球化教育将成为未来创新教育的发展方向之一。通过推动全球化教育，学生可以更广泛地接触国际化的学科知识和文化，拓展视野，培养跨文化沟通与合作的能力。全球化教育也有助于学生更好地适应全球化背景下的创新需求。

（4）强化创新思维培养

未来创新教育的发展将更加注重创新思维的培养。除了注重实际项目经验和实践能力的培养外，将更加强调创新思维的培养，包括培养学生的问题解决能力、批判性思维、创造性思维等。这有助于学生更好地应对未来社会的复杂挑战。

（5）加强教育者的培训

为了更好地实施创新教育的教学模式，未来需要加强教育者的培训。教育者需要具备跨学科知识，熟悉创新教育的理念和方法，能够灵活运用创新教育的教学模式。培训教育者，提升其专业水平，将更有利于创新教育的深入推进。

创新教育的教学模式是一个不断发展和完善的过程。通过学生主动参与、跨学科学习、团队协作、实际项目经验和创造性评价等，创新教育的教学模式致力于培养学生更全面的创新能力。在实施创新教育的教学模式时，需要设计具体实践项目、提供跨学科的学习机会、建立团队协作机制、引入实践性任务和培养创新思维的评价体系等实施策略。

面对传统评价体系的制约和教育资源不均衡的挑战，未来创新教育的发展趋势将包括引入人工智能技术、加强跨界合作、推动全球化教育、强化创新思维培养以及加强教育者的培训。这些趋势将有助于创新教育更好地适应社会发展的需求，为学生提供更丰富、更实用的创新教育体验。通过不断的实践和探索，创新教育的教学模式将为培养未来社会所需的创新型人才做出更大的贡献。

三、跨学科与综合性创新教育

随着社会的发展和科技的进步，传统的学科边界逐渐模糊，社会问题日益复杂多样。为了培养适应未来社会需求的创新型人才，教育领域逐渐引入了跨学科和综合性创新教育的理念。本节将深入探讨跨学科与综合性创新教育的概念、特征、意义以及实施策略。

（一）跨学科创新教育的概念

1. 跨学科教育的定义

跨学科教育是指超越传统学科边界，将不同学科的知识、方法和技能整合在一起，通过跨越学科的组合与交叉，实现对问题的全面理解和解决。跨学科教育旨在培养学生具备全面素质和创新能力，使其能够更好地应对现实生活和工作中的复杂挑战。

2. 综合性创新教育的定义

综合性创新教育是一种综合运用多学科知识，强调跨学科整合和综合应用的教育方式。

综合性创新教育不仅注重学科知识的传授，更关注学生的创新思维、实践能力、团队协作等方面的培养。通过整合不同领域的知识，培养学生具备处理复杂问题的能力。

（二）跨学科与综合性创新教育的特征

1. 跨学科整合

跨学科与综合性创新教育的最显著特征之一是跨学科整合。它突破了传统学科的界限，将不同学科的知识有机地结合在一起。学生在学习的过程中不仅仅接触到单一学科的知识，还能够理解和应用多学科的综合知识，提高问题解决的综合能力。

2. 实践导向

跨学科与综合性创新教育强调实践导向，注重学生在实际问题中的应用能力。通过实际项目、实验、实地考察等方式，学生能够将理论知识转化为实际应对问题的能力。这种实践导向的特征有助于培养学生的实际解决问题的能力。

3. 创新思维培养

创新思维是跨学科与综合性创新教育的核心。教育过程中强调培养学生的创新思维，包括批判性思维、创造性思维、问题解决能力等。学生在综合性学习的过程中不仅仅获取了知识，更培养了面对未知情境时主动思考、寻找解决方案的能力。

4. 团队协作

跨学科与综合性创新教育倡导团队协作。复杂的问题往往需要多方面的知识和技能，通过团队合作，学生可以共享不同学科领域的专业知识，形成协同工作的能力。团队协作的特征有助于培养学生的沟通、合作和领导力。

（三）跨学科与综合性创新教育的意义

1. 适应复杂社会需求

跨学科与综合性创新教育能够培养学生更全面、更综合的能力，使其能够更好地适应复杂多变的社会需求。现实生活中的问题往往是跨学科的，需要多学科的知识和技能来解决。通过培养学生的跨学科思维，可以更好地满足社会对综合性人才的需求。

2. 提高问题解决能力

跨学科与综合性创新教育注重学生在实际问题中的应用能力，培养其问题解决的能力。学生通过综合运用不同学科的知识，能够更全面、更深入地分析和解决问题。这有助于提高学生面对复杂问题时的分析与解决水平。

3. 培养创新领导者

跨学科与综合性创新教育培养的学生不仅仅是单一学科的专家，更是具备领导力的创新者。通过团队协作、创新思维的培养，学生在未来能够更好地领导团队，提出创新性的想法，推动组织的发展。

4. 拓宽职业发展路径

综合性创新教育使学生具备更广泛的知识面和技能，为其未来职业发展提供了更多的选择。现代职场对跨学科综合能力的需求越来越高，具备这种综合素质的人才更容易在职业发展中脱颖而出，走上领导岗位或创业。

5. 培养全面发展的个体

跨学科与综合性创新教育注重学生的全面发展，旨在培养既有专业素养又具备广泛知识的个体。这有助于学生更好地理解世界、关注社会问题，不仅有深厚的专业底蕴，还能够以更全面的视野思考问题。

（四）跨学科与综合性创新教育的实施策略

1. 课程设计与整合

实施跨学科与综合性创新教育首先需要进行有效的课程设计与整合。通过设计具有跨学科特色的课程，将不同学科的知识有机整合，形成有机的知识体系。整合不同学科的教学资源，构建跨学科的学习环境。

2. 实践性项目与案例分析

引入实践性项目和案例分析是促使学生将理论知识应用到实际问题中的有效途径。通过组织实践性项目，学生可以在实际操作中应用多学科知识，培养实际解决问题的能力。案例分析则帮助学生理解不同学科领域的实际应用场景，提高综合分析能力。

3. 跨学科团队教学

采用跨学科团队教学模式，鼓励不同学科的教师共同参与教学。通过教师之间的协作，可以更好地整合不同学科的资源，提供学生更广泛的学科视野。同时，跨学科团队教学也为学生提供了更丰富的学科体验。

4. 引入新型评价方式

跨学科与综合性创新教育需要创新评价方式，超越传统的考试和分数评价。可以采用项目评估、实际表现评价、综合能力测试等方式，更全面、更客观地评价学生的跨学科与综合性能力。这有助于激发学生的学习积极性和创新动力。

5. 联合企业和社会资源

与企业和社会资源的联合是跨学科与综合性创新教育的重要策略。通过与企业合作，学生能够接触到实际工作中的跨学科问题，了解不同学科在职场中的应用。社会资源的引入也可以提供更广泛的学科视野，拓展学生的思维。

（五）面临的挑战与未来发展趋势

1. 面临的挑战

（1）学科壁垒与体制约束

传统学科的划分在一定程度上形成了学科壁垒，学科之间的体制约束也存在。跨学科与综合性创新教育在面对学科壁垒和体制约束时可能面临一些阻力，需要深入改革教育体制，突破学科壁垒。

（2）师资和课程设计的难度

实施跨学科与综合性创新教育需要具备跨学科素养的教育者，而这在目前师资队伍中可能存在一定的短缺。此外，设计合适的跨学科课程也是一项具有挑战性的任务，需要投入大量时间和精力。

2. 未来发展趋势

（1）跨学科研究的推动

未来，跨学科研究将成为推动跨学科与综合性创新教育的重要动力。学术界和教育界将更加注重不同学科领域之间的交叉与融合，通过开展跨学科研究项目，促进学科之间的交流，为创新教育提供更丰富的理论支持和实践经验。

（2）技术支持的加强

随着科技的发展，教育技术将为跨学科与综合性创新教育提供更多支持。虚拟现实、人工智能等技术将被更广泛地应用于教学实践，为学生提供更丰富的学科体验和实践机会。在线学习平台也将为学生提供更灵活的学习途径。

（3）国际化合作

未来跨学科与综合性创新教育的发展将更加注重国际化合作。不同国家和地区的教育资源和经验将得到更好的共享，学生将更容易参与国际性的学术和实践项目。这有助于培养具备国际竞争力的创新型人才。

（4）社会各界的参与

社会各界的积极参与将成为推动创新教育的力量。企业、非营利组织、政府等各方面的资源和支持都将为创新教育提供更多的机会和平台。社会各界的参与也有助于更好地将创新教育与实际社会需求对接。

（5）评价体系的完善

为了更好地评价跨学科与综合性创新教育的效果，未来需要不断完善相应的评价体系。除了学科知识的考核外，还需要引入更多的实际项目评估、综合素质评价等，全面客观地评价学生的跨学科与综合性能力。

跨学科与综合性创新教育是应对当前社会发展需求的一种重要教育模式。它突破学科边界、整合多学科知识、注重实践导向和培养创新思维，这种教育模式旨在培养具备全面素质和创新能力的人才。

实施跨学科与综合性创新教育需要在课程设计、实践项目、团队协作、评价体系等方面进行创新。同时，面对传统学科壁垒和体制约束的挑战，教育界需要不断努力，推动教育体制的改革，促使跨学科与综合性创新教育能够更好地落地生根。

在未来，随着科技的不断发展、国际合作的加强以及社会各界的积极参与，跨学科与综合性创新教育有望取得更大的发展。这将为培养更具创新能力、适应未来社会需求的人才提供更为有效的途径。

第四节　创新素质培养的方法与手段

一、课程设计与创新教材开发

课程设计和教材开发是教育领域中至关重要的组成部分，它们直接关系到教学质量和学生学习效果。随着社会的不断发展和教育理念的更新,课程设计和教材开发也面临着新的挑战和机遇。本节将深入探讨课程设计与创新教材开发的概念、重要性以及实施策略。

(一)课程设计的概念与重要性

1. 课程设计的定义

课程设计是指按照一定的教育目标和教学原则,有计划地组织和安排学科知识、教学方法、教学手段等教育要素,形成具有一定系统性和整体性的教学过程的过程。它是一种有目的的、组织化的、系统的教学活动规划。

2. 课程设计的重要性

(1)适应社会需求

通过合理的课程设计,可以更好地使教育内容与社会需求相契合,培养学生适应社会发展的能力。

(2)促进学科整合

课程设计有助于跨学科的整合,使学生能够更全面地理解问题,具备更广泛的知识视野。

(3)提高学生学习兴趣

合理的课程设计能够激发学生的学习兴趣,使他们更加主动地参与学习过程。

(4)引导教学方向

课程设计为教学提供了明确的方向,使教师能够更好地组织教学活动,达到预期的教育目标。

(二)创新教材开发的概念与重要性

1. 创新教材开发的定义

创新教材开发是指在传统教材的基础上,通过引入新颖的教学理念、方法、案例等元素,设计和制作适应时代发展和学科进展的教材。创新教材旨在提高学生的学习效果,使教育更具有前瞻性和实践性。

2. 创新教材开发的重要性

(1)紧跟时代发展

创新教材可以更好地反映社会、科技等方面的最新发展,使学生接触到最新的知识和信息。

(2)个性化学习支持

创新教材的开发可以更好地满足学生个性化学习的需求,提供更灵活、多样的学习资源。

(3)激发学生创新能力

通过创新教材的引入,学生更容易培养创新思维,解决问题的能力得到提升。

(4)提高教学质量

创新教材的使用可以使教学更具有活力和吸引力,从而提高整体教学质量。

（三）课程设计与创新教材开发的关系

课程设计与创新教材开发是相辅相成的，两者之间存在着密切的关系。一个优秀的课程设计需要有贴合时代潮流的创新教材支撑，而创新教材的开发也需要有清晰的课程设计方向。

1. 课程设计引领教材开发

良好的课程设计能够明确教育目标、学科内容和教学方法，为创新教材的开发提供方向。教材开发团队可以根据课程设计的要求，有针对性地引入新颖的案例、实例和教学活动，使教材更具实用性和前瞻性。

2. 创新教材支持课程设计

创新教材的引入可以为课程设计提供更广泛的教学资源和案例。教师在课程设计中可以更灵活地运用创新教材，使学生在学习过程中更易于理解和应用抽象的概念，提高学习效果。

3. 共同促进学生发展

课程设计与创新教材开发的最终目标都是促进学生全面发展。通过有机结合，可以使学生在学科知识、实践能力、创新思维等方面得到更全面的培养，更好地适应未来社会的需求。

（四）课程设计与创新教材开发的实施策略

1. 制定明确的教育目标

在进行课程设计和创新教材开发之前，需要制定明确的教育目标。教育目标的明确性有助于为课程设计提供指导，确定创新教材的内容和形式，使之更贴合实际需求和学生的发展方向。

2. 结合实际案例与问题解决

课程设计和创新教材开发应注重结合实际案例和问题解决。通过引入真实的案例，让学生在课程学习中面对实际问题，培养他们解决问题的能力。创新教材可以通过案例的呈现更生动地展现实际问题的复杂性，促使学生进行深入思考。

3. 引入跨学科元素

跨学科教育是当前教育的一个重要趋势，课程设计和创新教材开发也应引入跨学科元素。通过整合不同学科的知识和方法，培养学生的跨学科思维和综合素质。创新教材可以设计具有跨学科背景的案例，激发学生对多学科关联性的兴趣。

4. 采用多元化的教学方法

在课程设计和创新教材开发中，应采用多元化的教学方法。通过多样化的教学手段，如小组讨论、实验、项目实践等，激发学生的学习兴趣，提高他们的参与度。创新教材的设计也应考虑学生的不同学习风格，提供多样的学习资源。

5. 注重学生反馈与评估

在实施课程设计和创新教材开发的过程中，应注重获取学生的反馈意见，并及时进行调整。学生的反馈有助于评估教学效果，发现问题并进行改进。创新教材的开发团队也可以通过学生的反馈了解教材的实际应用情况，进行优化和更新。

6. 提倡教师团队协作

教师团队协作是推动课程设计和创新教材开发的关键因素。不同学科领域的教师可以携手合作，共同设计跨学科的课程，并共享创新教材的开发成果。团队协作有助于充分发挥各教师的专业优势，提高整体教学质量。

（五）面临的挑战与未来发展趋势

1. 面临的挑战

（1）资源不足

课程设计和创新教材开发需要投入大量的人力、物力和财力。一些学校和机构可能面临资源不足的挑战，限制了教育创新的实施。

（2）传统观念难以改变

部分教育者和学生对于传统教学观念的固守，对于创新教材的接受有一定障碍。改变传统观念需要时间和努力。

2. 未来发展趋势

（1）数字化教育工具的应用

随着数字化技术的发展，未来课程设计和创新教材开发将更多地应用数字化教育工具。在线教育平台、虚拟实验室等数字化手段将为教育带来更多可能性。

（2）个性化学习的推动

未来的发展趋势将更加注重个性化学习，课程设计和创新教材开发将更加关注满足学生个体差异的需求。个性化学习平台和教材将得到更广泛的应用。

（3）国际合作与资源共享

未来的发展将更加强调国际合作与资源共享。通过国际间的合作，可以融合不同文化和教育理念，为课程设计和教材开发提供更广阔的视野和更丰富的资源。

（4）教育评估体系的创新

未来的教育评估体系将更加注重学生的实际能力和创新潜力。课程设计和创新教材开发将更紧密地与教育评估相结合，全面了解学生的学习状况。

课程设计与创新教材开发是教育领域中不可或缺的双子星。它们相互促进，共同推动着教育的创新与发展。通过制订明确的教育目标、注重实际案例与问题解决、引入跨学科元素、采用多元化的教学方法、注重学生反馈与评估以及提倡教师团队协作，可以更有效地实施课程设计和创新教材开发。

二、创新能力评估与反馈机制

随着社会的不断变革和发展，创新能力在个人和组织发展中变得越来越重要。为了培养和发掘创新能力，评估与反馈机制成为一个关键的环节。以下将探讨创新能力的评估方法、设计有效的反馈机制，以及如何在不同层面和环境中促进创新能力的发展。

（一）创新能力的评估方法

1. 定义创新能力

在讨论创新能力的评估方法之前，首先需要明确创新能力的定义。创新能力是指个体或组织在面对新问题、新挑战时，能够提出新颖、独特的解决方案，并将这些解决方案付诸实践的能力。

2. 评估创新能力的维度

创新能力是一个复杂的多维度概念，其评估应该包括多个方面：

（1）创意思维

评估个体是否具备开放、灵活、独立思考的创意思维能力。

（2）问题解决能力

考察个体在面对问题时是否能够迅速、有效地提出解决方案。

（3）团队协作

考量在团队中个体的合作与协调能力，以及共同创造的能力。

（4）风险承受能力

评估个体是否具备冒险、尝试新事物的勇气和胆识。

（5）学习能力

观察个体在新知识面前是否能够快速学习并应用。

3. 量化创新能力的指标

为了更具体地进行评估，可以考虑引入一些量化的指标：

（1）创新项目数量

个体或团队过去参与的创新项目数量，反映其创新活动的频率。

（2）创新成果影响力

衡量创新成果对组织或社会的实际影响，如市场份额增长、社会问题解决等。

（3）专利申请数量

对于科技和工程领域，专利申请数量是一个重要的创新能力指标。

（4）创新活动参与度

个体在创新活动中的积极程度和参与度。

（二）设计有效的创新能力反馈机制

1. 及时性反馈

及时性是有效反馈的关键。创新是一个动态的过程，及时的反馈可以帮助个体或团队更好地调整方向、纠正错误。通过定期的评估和反馈机制，可以在创新过程中实现不断优化。

2. 多元化反馈形式

创新能力的评估不应仅限于定量数据，还应包括定性评估。多元化的反馈形式包括口头反馈、书面评价、360度评估等，能够更全面地了解个体或团队的创新表现。

3. 设计个性化反馈

不同个体或团队在创新能力方面存在差异，因此反馈机制需要具有一定的个性化。根据个体的优势和劣势，提供有针对性的反馈建议，帮助其更好地发展创新能力。

4. 鼓励自我评估

自我评估是创新能力发展中的重要环节。通过鼓励个体或团队进行自我评估，可以帮助他们更深入地认识自己的创新能力水平，并主动提出改进计划。

5. 创造积极的反馈文化

积极的反馈文化能够激励个体或团队更积极地参与创新活动。领导者和同事的认可与支持是推动创新能力提升的动力源，因此创造一种积极的反馈文化至关重要。

（三）不同层面的创新能力评估与反馈

1. 个体层面

在个体层面，创新能力评估和反馈需要关注个体在创新项目中的表现。可以通过定期的个人绩效评估、项目负责人评价、同事评价等方式，全面了解个体的创新能力。

2. 团队层面

团队是创新的主要实践单元，因此在团队层面进行评估和反馈尤为重要。可以通过团队协作效果、创新项目成果、团队成员间的合作态度等多个方面进行评估。

3. 组织层面

在组织层面，创新能力的评估与反馈需要关注整体创新文化和氛围。可以通过员工创新调查、组织内部的创新项目数量和成功率、员工的创新意愿等来综合评估组织的创新能力。

4. 跨组织层面

在跨组织层面，评估和反馈主要关注行业或领域内组织的协同创新能力。可以通过参与行业联盟、合作项目的数量和效果、组织对行业创新发展的贡献等来进行评估。

（四）创新能力评估与反馈的挑战及应对策略

1. 主观性与客观性的平衡

评估和反馈往往面临主观性的挑战，即评估者的主观看法可能影响评估结果。为了解决这一问题，可以引入多维度的评估指标，同时采用客观数据支持评估结论。

2. 量化与定性的结合

创新能力很难完全通过定量数据来表达，因为其中涉及创造性和灵活性等难以量化的特质。因此，评估和反馈机制需要兼顾定量和定性，以全面了解创新能力。

3. 自我认知与他人评价的对比

个体在自我评价时可能存在主观性，与他人评价有时存在偏差。为了解决这一问题，可以通过引入360度评估，即通过多方面的评价来获得更全面的反馈，包括领导、同事、下属等多个角度。

4. 鼓励性与改进性的结合

评估和反馈既要有鼓励性，激发个体或团队的积极性，也要有改进性，指出存在的问题并提供改进建议。平衡两者，既激发积极性，又推动创新能力的提升。

（五）未来发展趋势

1. 数据驱动的评估

随着大数据和人工智能技术的发展，未来创新能力的评估将更加基于数据驱动。通过分析大量的实时数据，可以更客观、全面地评估个体、团队和组织的创新能力。

2. 跨学科的评估方法

创新通常涉及跨学科的合作，未来的评估方法将更加跨学科化。不同学科领域的专家将参与到创新能力评估中，以确保评估的全面性和准确性。

3. 全球化的合作与评估

随着全球化的推进，创新能力的评估将更多地涉及跨国合作。全球范围内的专业机构和组织将共同参与创新能力的评估，为全球范围内的创新提供支持。

4. 创新能力发展的全生命周期管理

未来的创新能力评估与反馈将更注重全生命周期的管理。从个体的创新教育开始，到团队和组织层面的创新发展，形成一个贯穿整个生涯的创新能力发展路径。

创新能力评估与反馈机制是培养和发展创新能力不可或缺的环节。通过明确创新能力的定义，设计多维度、多层次的评估指标，以及制定及时、多元化的反馈机制，可以更好地促进创新能力的发展。在面对挑战时，需要不断探索平衡主观与客观、量化与定性、鼓励与改进的方法，以实现创新能力评估与反馈的有效性。

第五节　高校创新素质培养实践

一、高校创新教育课程实施

高校创新教育是培养学生创新精神、创新思维和创新能力的关键环节。为了有效地实施创新教育，高校需要设计和推行创新教育课程。本节将探讨高校创新教育课程的实施，包括设计原则、实施策略、关键问题等方面，以期为高校提供指导和借鉴。

（一）创新教育课程设计原则

1. 学生参与度

创新教育课程的设计应注重激发学生的兴趣和主动参与。通过设计生动有趣、与实际问题相关的内容，吸引学生积极参与，培养其在学习中的主动性。

2. 跨学科整合

创新往往涉及多学科的知识和方法，因此创新教育课程应该具有跨学科整合的特点。通过整合不同学科的内容，培养学生的多元思维和综合应用能力。

3. 实践导向

创新能力的培养需要实践的支持。课程设计应强调实践性，通过项目、实验、实地考察等形式，让学生将理论知识应用于实际问题，提升他们的创新实践能力。

4. 鼓励团队协作

创新往往是团队合作的结果，因此创新教育课程应鼓励学生进行团队协作。通过项目团队合作、小组研讨等方式，培养学生的团队协作和沟通能力。

5. 反思与迭代

创新是一个不断试错、反思和迭代的过程。课程设计应鼓励学生在实践中不断反思，接受失败并进行改进，培养其持续创新意识。

（二）创新教育课程实施策略

1. 教师培训与支持

创新教育课程的实施需要教师具备相应的创新教育理念和方法。高校应通过培训、研讨会等方式提高教师的创新教育水平，同时提供必要的支持和资源。

2. 引入实践项目

实践项目是创新教育的重要组成部分。高校可以与企业、社会机构合作，引入实际项目作为课程的一部分，让学生通过实际问题的解决来锻炼创新能力。

3. 创新空间和资源

为了支持创新教育课程的实施，高校应提供创新空间和资源。例如，设立创客空间、实验室，购置先进的技术设备，以提供学生更好的学习和实践条件。

4. 开设创新导师制度

引入创新导师制度有助于提供个性化的指导和支持。每位学生可以在创新导师的指导下进行项目或研究，获得更深入的创新培养。

5. 跨学科合作

促进跨学科合作是创新教育课程实施的关键。高校可以建立跨学科的创新团队，将不同学科的教师汇聚在一起，共同设计和实施跨学科的创新教育课程。这样的合作有助于整合不同领域的知识和经验，为学生提供更全面的创新学习体验。

6. 开设创新竞赛和活动

高校可以定期开展创新竞赛和活动，为学生提供展示和实践创新成果的机会。这不仅能够激发学生的创新激情，还能够推动创新教育课程的实施，形成有力的创新氛围。

（三）关键问题与挑战

1. 评估体系建设

创新教育课程的评估需要建立科学、全面的体系。如何量化和定性地评估学生在创新教育中的表现，制订合理的评价标准，是一个需要认真思考的问题。

2. 学科平衡与综合素养

在跨学科合作的同时，如何保持对各学科的平衡，确保学生既有深厚的专业知识，又具备跨学科的综合素养，是一个需要谨慎考虑的问题。

3. 师资队伍建设

高校的师资队伍需要具备创新教育的理念和方法，同时需要具备跨学科合作的能力。如何吸引和培养具有创新意识的教师，以及激发教师的创新热情，是一个亟待解决的问题。

4. 学生参与度与自主性

如何保持学生在创新教育课程中的高参与度，以及如何培养他们的自主学习和自主创新能力，是实施过程中需要面对的挑战。课程设计和实施需要注重激发学生的学习兴趣和主动性，避免形成一种被动接受的状态。

5. 课程内容的更新与适应性

创新教育涉及快速发展的科技和社会变革，课程内容需要具有更新和适应的能力。高校需要建立灵活的课程体系，及时调整课程内容，确保其与时俱进。

（四）创新教育课程的未来发展趋势

1. 融合数字化技术

未来，数字化技术将更加深入地融入创新教育课程。虚拟实验室、在线创客工坊等数字化工具将为学生提供更丰富的实践体验，促进创新教育的深化。

2. 强调可持续发展

创新教育课程将更加强调可持续发展的理念。学生将更多地接触到与环境、社会、经济可持续发展相关的创新问题，培养他们解决全球性挑战的创新能力。

3. 注重跨文化交流

全球化的背景下，未来创新教育课程将更加注重跨文化交流。学生将有机会与来自不同文化背景的同学合作，共同探讨全球性问题，拓展视野，培养跨文化合作的能力。

4. 引入人工智能和大数据

随着人工智能和大数据技术的飞速发展，未来创新教育课程可能引入更多相关内容。学生将学习如何应用人工智能和大数据分析工具解决问题，培养数据思维和创新应用的能力。

5. 强化创业教育元素

创新教育与创业教育有着密切关联，未来的发展趋势将更加强化创业教育元素。学生将有机会学习创业流程、商业模式设计等，培养创业精神和实际运作的能力。

6. 推动社会责任教育

创新教育课程将更加注重社会责任教育。学生在创新实践中将考虑社会、环境等方面的影响，培养社会责任感和可持续发展的观念。

高校创新教育课程的实施是培养创新人才、推动社会进步的关键举措。通过遵循设计原则、实施策略，解决关键问题和挑战，高校可以有效推动创新教育的深化和发展。未来，随着科技、社会和经济的不断变化，创新教育课程将不断调整与更新，更好地适应时代需求，为学生提供更丰富、更有挑战性的学习体验，培养具备创新精神和综合素养的优秀人才。

二、学生创新项目与成果展示

学生创新项目与成果展示是高校创新教育的重要环节，旨在培养学生的创新能力、实践能力和团队协作能力。通过开展创新项目，学生可以在实际问题中应用所学知识，通过展示成果，展现他们的创造力和实际解决问题的能力。以下将探讨学生创新项目与成果展示的意义、设计原则、展示形式以及展示过程中的关键要素。

(一)学生创新项目与成果展示的意义

1. 创新能力培养

学生创新项目是培养学生创新能力的有效途径。通过自主设计和实施项目,学生能够锻炼创新思维,培养解决实际问题的能力。

2. 实践能力提升

创新项目的实施过程是学生将理论知识转化为实际能力的关键时期。学生在实践中不仅能够加深对知识的理解,还能够提升实践操作和解决问题的技能。

3. 团队协作与沟通能力

学生创新项目通常需要团队协作,这有助于培养学生的团队协作和沟通能力。学生需要在团队中充分发挥自己的优势,与团队成员协同合作,完成项目的各个阶段。

4. 展示与交流机会

通过成果展示,学生有机会向师生及其他观众展示他们的创新成果。这不仅能够提高学生的自信心,还有助于学生与他人交流分享,获得更多反馈和启发。

(二)学生创新项目与成果展示的设计原则

1. 学科整合

创新项目的设计应该尽量涵盖多学科知识,促使学生进行跨学科整合。这有助于培养学生的综合素养,拓展他们的知识面。

2. 实际问题导向

创新项目的选题应该紧密结合实际问题,使学生在解决问题的过程中能够更好地理解和应用所学知识。实际问题导向有助于培养学生的解决实际问题的能力。

3. 自主性和创造性

学生创新项目应该鼓励其具有自主性和创造性。项目的设计应该给予学生足够的自由度,让他们能够根据兴趣和创意进行独立设计和实施。

4. 可持续性发展

创新项目的设计应考虑到可持续性发展,使得学生的成果能够在项目结束后继续发展和应用。这有助于培养学生对项目的长期关注和管理能力。

(三)学生创新项目与成果展示的展示形式

1. 学术论文和报告

学生可以通过学术论文和报告的形式展示他们的创新项目。这种形式适合对项目进行深入的研究和系统的整理,能够展现学生对问题的深度理解。

2. 产品和原型展示

对于涉及产品设计或工程项目的学生,可以通过展示产品或原型来呈现他们的成果。这种形式直观生动,能够让观众更直接地了解项目的实际效果。

3. 演示和演讲

通过演示和演讲,学生可以向观众展示项目的关键过程和成果。这种形式要求学生具备清晰的表达能力和良好的沟通能力。

4. 海报展示

海报展示是一种简洁直观的展示形式。学生可以通过设计精美的海报，用图片和文字展示项目的目标、方法和成果，吸引观众的注意。

5. 演艺和文艺表演

某些创新项目可能涉及演艺或文艺方面，学生可以通过表演、舞蹈、音乐等形式展示他们的创意和成果。这种形式能够激发观众的兴趣，展现项目的独特性。

（四）学生创新项目与成果展示的关键要素

1. 项目介绍

在展示过程中，学生需要清晰地介绍项目的背景、目标和意义。观众需要了解项目所解决的问题以及学生的创新动机。

2. 方法和过程

学生应该详细描述他们采取的方法和实施的过程。这包括研究方法、实验步骤、设计过程等。清晰地呈现项目的实施过程可以让观众更好地理解学生的努力和付出。

3. 成果展示

无论是产品、原型还是其他实质性的成果，都学生需要生动地展示出来。这可能涉及展示实际的产品或通过演示软件展示项目的功能和效果。

4. 创新亮点

学生需要强调项目的创新亮点，即使是小的创新也值得突出。这有助于吸引观众的关注，并展现学生在解决问题时的独特见解和创意。

5. 团队合作

如果项目是团队协作完成的，那么学生需要强调团队合作的重要性。展示中可以分享团队成员的分工合作，以及团队协作对项目成功的贡献。

6. 成果影响

学生应该展示项目成果对实际问题的解决和社会的影响。这可以包括对特定领域的贡献、解决实际需求、改善社会状况等方面。

7. 互动与答疑

在展示过程中，学生需要与观众进行互动，并回答观众的提问。这有助于展示学生对项目的深刻理解，同时也能够让观众更全面地了解项目。

（五）学生创新项目与成果展示的实施过程

1. 项目立项

学生创新项目的实施首先需要进行项目立项。在项目立项阶段，学生明确项目的目标、问题、方法和计划，并经过导师或指导教师的审核。

2. 团队组建

若项目涉及团队协作，学生需要在团队组建阶段明确团队成员的分工和协作计划。团队成员应具备互补的能力，以确保项目的全面推进。

3. 实施与测试

项目实施阶段是学生付诸实际行动的阶段。学生按照项目计划进行实施，并在实践中不断测试和调整方案，确保项目朝着预定目标前进。

4. 成果整理与准备展示

在项目实施后，学生需要整理项目成果，并准备展示所需的材料和工具。这可能包括学术论文、演示文稿、产品展示材料等。

5. 展示活动

展示活动是学生将项目成果展示给他人的关键环节。学生需要按照展示形式展示他们的项目，同时与观众进行互动，回答提问，分享项目经验。

6. 反馈与总结

在展示活动结束后，学生可以收集观众的反馈，并对项目进行总结。这有助于学生更深入地理解项目的优势和改进空间，为未来的创新项目提供经验借鉴。

（六）展示过程中的挑战与应对策略

1. 沟通能力挑战

学生可能面临沟通能力的挑战，特别是在面对观众提问时。为应对这一挑战，学生可以提前准备常见问题的答案，并在展示前进行模拟练习。

2. 时间管理挑战

展示时间通常是有限的，学生需要在规定时间内展示项目的亮点和重要内容。为避免时间管理挑战失败，学生可以事先制定详细的展示计划，并进行多次实际演练。

3. 团队协作问题

若项目涉及团队协作，团队成员之间可能存在沟通和协作问题。为应对这一挑战，学生可以在团队组建初期明确分工和沟通渠道，并定期召开团队会议解决问题。

4. 展示形式选择问题

学生在选择展示形式时可能存在犹豫或迷茫。为应对这一挑战，学生可以在项目立项阶段就明确展示形式，并在导师或指导教师的建议下做出决策。

（七）未来发展趋势

1. 融合虚拟展示技术

未来，虚拟展示技术可能会更多地融入学生创新项目的展示中。通过虚拟现实（VR）或增强现实（AR）技术，学生可以创造更具沉浸感的展示体验。

2. 创新展示平台的发展

随着数字化时代的到来，创新展示平台将更加多样化和智能化。学生可以借助各种在线平台，如创新大赛网站、社交媒体等，进行项目的在线展示，实现更广泛的影响力。

3. 社会与产业合作的加强

未来学生创新项目与成果展示可能更加注重与社会和产业的深度合作。学生项目可以更紧密地与实际产业需求相结合，通过展示吸引潜在合作伙伴的关注。

4. 全球化展示与交流

随着全球化的推进，学生创新项目与成果展示将更加强调国际化与跨文化交流。学生有望通过国际性的创新大赛、交流活动等平台，与来自不同国家和地区的同学分享创新成果。

5. 创新项目数据库建设

为了更好地记录和分享学生的创新项目,未来可能会建设更完善的创新项目数据库。这将为学生提供更多的机会,让他们的项目能够在更广泛的范围内被了解和借鉴。

6. 着重实际解决社会问题

未来的创新项目与成果展示可能更加着重解决社会和环境问题。学生的创新项目将更加关注可持续发展、社会责任等方面,体现社会价值和科技创新的结合。

学生创新项目与成果展示是高校创新教育的核心环节,对培养学生的创新能力和实践能力具有重要意义。通过项目的设计、实施和展示过程,学生能够在实际问题中应用知识,培养解决问题的能力,并向他人展示其创造力和实际成果。未来,随着科技和社会的发展,创新项目与成果展示将更加注重国际化、数字化和社会责任,为学生提供更广阔的发展空间。高校应不断优化展示平台、加强与社会产业的合作,推动学生创新项目与成果展示走向更加多元化和深度化的发展道路。

第三章 高校创新素质培养的实施现状

第一节 高校创新素质培养体系

一、体系框架与构建原则

在信息化、数字化的时代背景下，各种组织和系统的建设需要一个清晰而稳固的体系框架作为支撑。体系框架是一个组织或系统的基础结构，它为各个组成部分的关系、功能和流程提供了有序的结构。构建一个合理的体系框架对于组织的高效运作和系统的良好运行至关重要。本节将探讨体系框架的概念、设计原则以及构建过程中的关键要素[①]。

（一）体系框架的概念

1. 体系框架定义

体系框架是指一个有机的整体结构，它包括各个组成部分之间的关系、层次结构、功能划分等。体系框架为组织或系统提供了一个清晰的结构图，使其各个部分能够协同工作，达到整体效能的最大化。

2. 体系框架的作用

（1）指导性作用

体系框架为组织或系统的建设提供了指导和方向，明确了各个组成部分的位置和功能，使得整体目标更容易实现。

（2）组织结构

体系框架定义了组织或系统的结构，包括层次结构、职责划分等，有助于建立清晰的组织结构，使得各部门和人员之间的关系更加明确。

（3）流程优化

通过体系框架，可以更好地理解各个流程之间的关系，有助于优化业务流程，提高工作效率。

（4）决策支持

体系框架为决策提供了依据，决策者可以根据体系框架来判断各个部分的重要性和紧急性，做出更明智的决策。

---

① 郭冬娥，安身健.大学生职业规划与就业指导[M].武汉：武汉理工大学出版社，2014：141.

（二）体系框架的设计原则

1. 清晰性原则

体系框架的设计应当追求清晰，使任何人都能够容易理解组织或系统的结构和运作方式。清晰的体系框架有助于沟通和协作，减少信息传递的误差。

2. 简洁性原则

体系框架的设计应当追求简洁，避免复杂和繁琐的结构。简洁的体系框架更容易被理解和接受，也更易于维护和管理。

3. 灵活性原则

体系框架应当具有一定的灵活性，能够适应外部环境和内部变化。灵活的体系框架能够更好地适应组织或系统的发展和变革。

4. 一致性原则

体系框架中各个部分之间应当保持一致性，避免出现不同部分之间的冲突和矛盾。一致的体系框架有助于形成统一的组织文化和价值观。

5. 可扩展性原则

体系框架应当具有一定的可扩展性，能够容纳新的部分和功能。可扩展的体系框架有助于组织或系统的持续发展和创新。

（三）体系框架的构建过程

1. 明确目标和需求

在构建体系框架之前，需要明确组织或系统的目标和需求。这包括明确组织的使命、愿景、业务目标等，以及系统的功能需求和性能需求。

2. 分析业务流程

分析业务流程是构建体系框架的关键步骤。通过深入了解组织或系统的业务流程，可以确定各个部分之间的关系和相互依赖，为体系框架的设计提供基础。

3. 划分层次结构

根据业务流程和组织结构，将体系框架划分为不同的层次结构。可以包括战略层、管理层、执行层等，每个层次负责不同的职能和任务。

4. 确定职责和权限

在体系框架中，明确各个部门和岗位的职责和权限，确保每个部分都能够清晰地知道自己的责任范围和工作任务。

5. 建立沟通机制

体系框架的构建过程中需要建立有效的沟通机制，确保各个部门之间和层次之间能够及时、有效地进行信息传递和协作。

6. 定期评估和调整

体系框架的构建并非一成而功essen事立，组织或系统在运行过程中会面临不断的变化和挑战。因此，定期评估和调整体系框架是必不可少的步骤。通过定期的评估，可以发现体系框架中存在的问题和不足，及时进行调整和优化。

7. 技术支持和工具应用

在体系框架的构建过程中，可以借助各种技术支持和工具应用。例如，信息系统可以帮助管理业务流程和数据流动，提高组织的信息化水平。项目管理工具可以协助确定职责和权限，实现任务的分配和追踪。

8. 培训与文化建设

体系框架的成功实施不仅仅依赖于结构的设计，还需要组织内部的培训和文化建设。培训可以确保组织成员对体系框架的理解和操作，文化建设则有助于形成一种共同的价值观和行为准则。

（四）体系框架的关键要素

1. 组织结构

组织结构是体系框架的基础，它包括各个部门的设置、层次结构、领导和下属之间的关系等。合理的组织结构有助于实现组织的目标和任务。

2. 流程设计

业务流程是组织运作的关键，体系框架需要清晰地反映出各个业务流程之间的关系和相互依赖。流程的设计需要符合组织的战略目标和客户需求。

3. 信息系统

信息系统在现代组织中扮演着重要的角色，它可以支持业务流程的顺畅进行，提高信息的共享和利用效率。信息系统的建设需要与体系框架相互协调。

4. 人员组织

人员组织是体系框架的重要组成部分，包括员工的招聘、培训、评价和激励机制等。合理的人员组织有助于发挥每个员工的最大潜力，推动组织的健康发展。

5. 技术支持

技术支持涉及组织或系统所需的技术设备、工具和软件。合适的技术支持可以提高工作效率，使组织能够更好地适应外部环境的变化。

6. 沟通机制

良好的沟通机制是体系框架中必不可少的要素。沟通机制包括内部沟通和外部沟通，它能够确保各个部门之间和层次之间能够及时、有效地进行信息传递和协作。

7. 监控与评估

监控与评估是体系框架中的反馈和改进机制。通过监控和评估，组织可以了解体系框架的运行情况，及时发现问题并进行调整和改进。

（五）体系框架的发展趋势

1. 数字化与智能化

随着数字化时代的到来，体系框架的发展趋势将更加数字化与智能化。信息技术的应用将更加广泛，智能化系统将帮助组织更好地进行决策和管理。

2. 网络化与协同化

未来体系框架的建设将更加强调网络化与协同化。各个部门之间、组织与外部环境之间将更加紧密地连接，实现信息的共享和协同工作。

3. 灵活性与可持续性

体系框架的设计将更加注重灵活性与可持续性。组织需要具备应对外部变化的能力,体系框架的设计需要具备足够的灵活性,能够适应未来的挑战。

4. 环境友好与社会责任

未来体系框架的发展将更加注重环境友好和社会责任。组织需要在体系框架的设计中考虑到可持续发展的因素,履行社会责任,推动绿色、可持续的发展。

5. 数据安全与隐私保护

随着信息化的深入,数据安全和隐私保护将成为体系框架设计中的重要考虑因素。组织需要建立健全的信息安全体系,保护用户和组织的数据安全和隐私。

体系框架作为组织或系统的基础结构,对于组织的高效运作和系统的稳定运行至关重要。在设计和构建体系框架时,需要遵循清晰性、简洁性、灵活性、一致性和可扩展性等设计原则,结合明确的目标和需求,分析业务流程,建立沟通机制,确保人员组织和技术支持的合理性与协调性。体系框架的构建过程需要关注组织结构、业务流程、信息系统、人员组织、技术支持、沟通机制以及监控与评估等关键要素。

二、不同学科领域的培养重点

不同学科领域具有各自独特的性质、方法论和知识体系,因此,在高等教育中,针对不同学科领域的培养也需要有针对性地制定培养重点。以下将围绕文、理、工、医、管等不同学科领域,分析并总结各学科领域的培养重点,以期为高校提供更科学合理的教育指导。

(一)文学与语言学科

1. 培养目标

文学与语言学科的培养目标主要包括培养学生的文学鉴赏能力、文学批评能力、创作能力,以及语言表达和翻译能力。同时,也要培养学生对文学和语言学科研究方法的掌握。

2. 培养重点

(1)文学鉴赏与批评

培养学生对各种文学作品的深刻理解和批评能力,使其能够准确把握文学作品的主题、结构、语言表达等要素。

(2)文学创作

提高学生的创作水平,培养其在文学创作方面的独立思考和创新能力,使其具备一定的文学创作潜力。

(3)语言表达

强调学生的语言表达能力,包括口头表达和书面表达,使其能够清晰、准确、得体地表达自己的观点。

(4)翻译能力

培养学生的翻译能力,使其能够熟练进行中英文之间的翻译,并理解不同语境下的语言差异。

（5）学科研究方法

培养学生对文学和语言学科研究方法的了解与掌握，使其具备进行学术研究的基本能力。

（二）理学科

1. 培养目标

理学科的培养目标主要包括培养学生的科学思维、实验技能、数学建模能力，以及创新意识和解决实际问题的能力。

2. 培养重点

（1）科学思维

强调培养学生的科学思维方式，包括逻辑思维、实证思维、系统思维等，使其能够辨别问题、提出假设并进行科学分析。

（2）实验技能

重点培养学生的实验设计和实验操作能力，使其能够独立进行实验工作，获取科学数据，并分析实验结果。

（3）数学建模

强调培养学生运用数学工具解决实际问题的能力，使其能够将数学方法应用于自然科学和工程技术领域。

（4）创新意识

培养学生的创新意识，使其具备发现问题、提出新思路和解决复杂问题的能力。

（5）实践能力

重视学生的实际动手能力，使其能够将理论知识应用于实际工程和科研项目。

（三）工学科

1. 培养目标

工学科的培养目标主要包括培养学生的工程实践能力、设计能力、团队协作能力，以及解决实际工程问题的能力。

2. 培养重点

（1）工程实践

重视培养学生在实际工程项目中的实践能力，使其能够熟练应用专业知识解决实际问题。

（2）设计能力

强调培养学生的设计能力，包括产品设计、系统设计、工艺设计等，使其能够提出创新性的设计方案，并能够将设计方案转化为可行的工程实施。

（3）团队协作

重点培养学生的团队协作和沟通能力，使其能够在团队中发挥协同作用，共同完成复杂的工程项目。

（4）实际问题解决

强调培养学生解决实际工程问题的能力，使其能够在面对复杂、多变的实际情境中做出明智的决策。

（5）工程伦理与社会责任

关注培养学生的工程伦理观念和社会责任感，使其具备对工程活动的社会影响和伦理道德的深刻认识。

（四）医学与生命科学

1. 培养目标

医学与生命科学的培养目标主要包括培养学生的医学专业知识、临床技能、科学研究能力，以及医患沟通和团队协作能力。

2. 培养重点

（1）医学专业知识

强调培养学生对医学领域的专业知识，包括解剖学、生理学、药理学等，为其成为合格的医学专业人才打下坚实基础。

（2）临床技能

重视培养学生的临床技能，包括病史采集、体格检查、医学影像解读等，使其能够胜任医学临床工作。

（3）科学研究

注重培养学生的科学研究能力，使其能够参与医学科研项目，提高医学科研水平。

（4）医患沟通

重点培养学生的医患沟通能力，使其能够与患者建立良好的沟通关系，增强医患信任。

（5）团队协作

强调培养学生在医疗团队中的协作能力，使其能够与医护人员、管理人员等协同工作，提高整体医疗水平。

（五）管理与经济学科

1. 培养目标

管理与经济学科的培养目标主要包括培养学生的管理能力、经济分析能力、创新意识和团队协作能力。

2. 培养重点

（1）管理能力

强调培养学生的领导力和管理技能，使其能够胜任组织管理、团队领导等职业角色。

（2）经济分析

注重培养学生的经济学分析能力，使其能够深刻理解市场经济规律，为企业决策提供经济学支持。

（3）创新意识

重点培养学生的创新意识和创业能力，使其能够在不断变化的市场环境中寻找创新机会。

（4）团队协作

强调培养学生在团队中的协作能力，使其能够与团队成员协同工作，完成组织任务。

（5）跨文化沟通

注重培养学生的跨文化沟通能力，使其能够在国际化环境中有效沟通和协作。

不同学科领域的培养目标和培养重点各有侧重，但都致力于培养学生全面发展的能力。文学与语言学科注重文学鉴赏、创作和语言表达；理学科关注科学思维、实验技能和数学建模；工学科强调工程实践、设计和团队协作；医学与生命科学注重医学专业知识、临床技能和医患沟通；管理与经济学科侧重管理能力、经济分析和创新意识。

高校在培养学生时，应根据各学科的特点，制定有针对性的培养计划，注重实践能力的培养、团队协作的培养和创新意识的培养。同时，培养学生的跨学科能力，使其在不同学科领域都能够有所建树。

三、创新素质培养与综合素质评价

随着社会的不断发展和变化，创新已成为当代教育的重要目标之一。创新素质的培养不仅关乎个体的综合素质提升，也直接关系到社会和国家的发展。以下将探讨创新素质的培养和综合素质评价的关系，分析创新素质培养的策略和方法，并提出对综合素质评价的思考。

（一）创新素质的内涵与重要性

1. 创新素质的内涵

创新素质是指个体在思维、能力、态度等方面具备创新能力的一种素质[①]。它包括但不限于：

（1）创造力

具备独立思考、富有想象力和创造性思维的能力。

（2）解决问题的能力

能够面对各种问题，寻找创新性解决方案的能力。

（3）团队协作

能够有效地与他人合作，共同推动创新项目的进展。

（4）适应力

能够适应不断变化的环境，灵活应对新情境。

（5）学习能力

具备快速学习新知识和技能的能力。

2. 创新素质的重要性

创新素质的培养对于个体和社会都具有重要意义：

（1）社会发展

创新是社会发展的引擎，有创新素质的人才能够推动科技、经济、文化等多个领域的不断进步。

（2）职业竞争力

在职场中，拥有创新素质的个体更容易脱颖而出，适应职业发展的需要。

---

① 张涛轩，杨学慧，阎妍.高校学生思想政治教育与创业指导[M].北京：中国商务出版社，2019：45.

（3）问题解决

创新素质使个体更有能力解决复杂问题，应对各种挑战。

（二）创新素质的培养策略和方法

1. 引导问题意识

创新的出发点常常是对问题的敏感和深刻理解。教育者可以通过引导学生关注身边的问题，激发他们的问题意识。例如，开展课程项目、实践活动，让学生在解决实际问题的过程中培养创新思维。

2. 提倡跨学科学习

创新往往涉及多个领域的知识，跨学科学习可以帮助学生建立更为全面的知识体系。学校可以设计跨学科的课程，鼓励学生在不同学科领域进行学习和思考，培养他们的综合素养。

3. 提供实践机会

创新不仅仅是理论层面的活动，更需要在实践中得以验证和应用。学校可以通过实习、实验、项目等方式，为学生提供实际操作的机会，锻炼他们的实际动手能力和解决实际问题的能力。

4. 鼓励自主学习

创新需要个体具备自主学习的能力，学校可以通过鼓励学生参与科研项目、自主阅读、自主学习计划等方式，培养他们主动获取知识的习惯和能力。

5. 培养团队协作精神

创新往往是团队协作的产物，培养团队协作精神是创新素质培养的重要方面。学校可以通过小组项目、团队竞赛等方式，锻炼学生在团队中合作、沟通和协调的能力。

（三）综合素质评价的构建与实践

1. 综合素质评价的理念

综合素质评价强调对学生全面发展的评价，包括认知、情感、社会技能等方面。在创新素质培养中，综合素质评价应凸显创新能力的各个方面，不仅关注学科知识水平，还要注重学生的创新思维、实践能力和团队协作等。

2. 评价体系的建构

构建综合素质评价体系时，应考虑以下几个方面：

（1）学科知识水平

评价学生在各个学科领域的知识掌握程度。

（2）创新思维

评价学生的创新思维能力，包括问题解决、创造性思考等。

（3）实践能力

评价学生在实际操作中的技能和应用能力。

（4）团队协作

评价学生在团队协作中的表现，包括沟通、协调、合作等。

3. 评价方法与工具

为了全面评价学生的综合素质，可以采用多样化的评价方法和工具：

（1）考试与测验

传统的考试和测验可以用于评价学科知识水平。

（2）项目评估

对学生参与的项目进行评估，包括项目设计、执行过程和成果。

（3）实践成绩

对实践活动的成绩进行评估，如实习报告、实验报告等。

（4）口头报告与演讲

要求学生进行口头报告或演讲，评估其表达能力和思维深度。

（5）综合素养考核

制定专门的综合素养考核项目，评价学生的人文素养、社会责任感等方面的素养。

4.培养与评价的协同

创新素质的培养和综合素质的评价应该是协同进行的。培养过程中，教育者要关注学生的创新能力培养，强调实践、团队协作等环节。评价过程中，要综合考察学生在各个方面的表现，注重综合素质的评估。培养和评价的协同可以帮助学生更全面地发展，也有助于发现和引导潜在的创新人才。

（四）面临的挑战与应对策略

1.评价标准的主观性与应对策略

由于综合素质评价涉及多个方面，评价标准相对较为主观，可能存在评价不公平的情况。

（1）建立明确的评价标准

制定清晰的评价标准，明确各个方面的要求，减少主观判断的空间。

（2）多元评价体系

使用多种评价方法和工具，综合考察学生的表现，减缓主观因素的影响。

（3）专业培训与研讨

为评价人员提供专业培训，组织评价研讨会，促使评价者形成共识，提高评价的客观性。

2.评价工具的多样性与应对策略

综合素质评价需要使用多样化的评价工具，增加了评价的复杂性。

（1）工具协同使用

合理整合不同的评价工具，确保它们之间的协同使用，形成更全面的评价。

（2）信息技术支持

利用信息技术，建立电子化评价平台，提高评价效率和准确性。

（3）定期评估与调整

定期对评价工具进行评估，根据实际效果进行调整和优化。

创新素质培养与综合素质评价是当代教育的关键任务之一。通过引导问题意识、跨学科学习、提供实践机会、鼓励自主学习和培养团队协作等策略，学校可以有效培养学生的创新素质。同时，在综合素质评价方面，建构评价体系、使用多元评价工具、应对主观性和多样性的挑战等策略都是十分重要的。通过培养与评价的协同，可以更好地推动学生全面素质的提升，为其未来职业发展和社会责任担当打下坚实基础。

第二节　课程设置与教学方法

一、创新课程设计与实施

随着社会的不断变革和科技的飞速发展，教育领域也在不断寻求创新。创新课程设计作为教育创新的一种手段，旨在更好地适应学生的学习需求、培养创新思维和实践能力。本节将探讨创新课程设计的概念、原则以及实施过程中可能面临的挑战，并提出一些应对策略。

（一）创新课程设计概述

1. 创新课程的定义

创新课程是指在教学内容、教学方法、评价方式等方面引入新思想、新理念，通过培养学生创新意识、实践能力，达到提高学生综合素质的目的[①]。创新课程旨在打破传统教学的束缚，激发学生的学习兴趣，培养学生的创新精神。

2. 创新课程设计的原则

（1）学生参与

强调学生在课程设计中的参与度，激发他们的兴趣和主动性。

（2）问题导向

以问题为导向，让学生在解决实际问题的过程中学到知识和技能。

（3）跨学科融合

促使不同学科之间的知识相互融合，培养学生的综合素养。

（4）实践导向

将理论知识与实际应用相结合，培养学生的实践能力。

（5）反思与评估

鼓励学生对学习过程进行反思，并通过多元评估方式全面了解他们的学习状况。

（二）创新课程设计的步骤与方法

1. 步骤

（1）需求分析

了解学生的兴趣、学科背景和学习需求，确定课程的目标和重点。

（2）目标设定

设定明确的课程目标，明确学生在课程结束时应具备的能力和知识。

（3）内容设计

设计丰富多彩、贴近实际的教学内容，结合学科知识和实践应用。

---

① 郭冬娥，安身健.大学生职业规划与就业指导[M].武汉：武汉理工大学出版社，2014：77.

（4）教学方法选择

选择符合课程目标和内容的教学方法，包括案例分析、小组讨论、实验等。

（5）资源准备

确保所需教学资源的充足，包括教材、实验器材、电子资料等。

（6）实施与反馈

进行课程实施，并及时获取学生的反馈，根据反馈对课程进行调整。

（7）评估与总结

制定科学合理的评估方式，对学生进行全面评价，同时总结课程的经验和不足。

2.方法

（1）项目驱动式教学

通过实际项目的设计和实施，让学生在解决实际问题的过程中学习知识和技能。

（2）合作学习

引入合作学习，通过小组合作让学生共同完成任务，培养团队协作和沟通能力。

（3）翻转课堂

将课堂的知识传递移到课外，利用课堂时间进行问题解答、讨论和实践操作。

（4）实践导向

注重实践操作，通过实际的案例分析、实验等活动，帮助学生将理论知识应用到实际中去。

（5）个性化学习

采用个性化学习的方式，根据学生的兴趣和水平差异，设置不同的学习路径和任务。

（6）信息技术融合

利用信息技术手段，如在线资源、教学平台等，增强课程的互动性和创新性。

（7）案例教学

通过真实的案例教学，引导学生进行问题分析和解决，培养其实际应用能力。

（三）创新课程设计的挑战与应对策略

1.师资水平和态度不一致的挑战与应对策略

教师的师资水平和对创新课程的态度不一致，可能导致课程设计和实施的差异。

（1）专业培训

为教师提供专业培训，提高其对创新课程设计的认知和能力。

（2）共建共享

建立教师共建共享的平台，促使教师之间的交流和合作，共同提升创新课程水平。

（3）导师制度

设立导师制度，由有经验的老师指导新手教师，分享经验和教训。

2.评价方式的困难的挑战与应对策略

传统的评价方式难以全面评估学生在创新课程中的表现，如何科学地评价成为一个挑战。

（1）多元评估

结合考试、实践项目、课堂表现等多个方面进行评估，形成全面的评价。

（2）自评与互评

鼓励学生进行自我评价，并引入同学互评机制，促使学生更深入地参与评价过程。

（3）开放性评价

引入开放性的评价方式，如学术报告、展示、作品展等，更好地展现学生的创新能力。

3.资源支持不足的挑战与应对策略

创新课程设计可能需要更多的教学资源和实践条件，而学校资源支持不足是一个普遍存在的问题。

（1）合理规划

在课程设计前，对所需资源进行充分规划，合理利用已有资源。

（2）合作共建

学校可以与企业、科研机构等合作，共同建设实践基地，提供更多资源支持。

（3）信息技术应用

充分利用信息技术，开发在线教学资源，减轻对实体资源的依赖。

创新课程设计是推动教育创新的关键手段之一。在设计和实施创新课程时，学校和教师需要充分考虑学生的需求，灵活运用创新的教学方法和手段，同时在面对挑战时采取相应的策略，保障课程的质量和效果。

二、跨学科课程与综合能力培养

随着社会的不断发展和科技的进步，传统学科之间的界限变得越来越模糊。跨学科课程的兴起为培养学生的综合能力提供了新的途径。以下将探讨跨学科课程的概念、设计原则，以及如何通过跨学科课程培养学生的综合能力。

（一）跨学科课程概述

1.跨学科的定义

跨学科是指超越传统学科边界，将不同学科的知识、方法和理念整合在一起，以解决复杂问题或研究复杂现象的一种学术和研究方式。跨学科强调学科之间的互动与融合，旨在创造新的知识和理解。

2.跨学科课程的特点

（1）整合性

跨学科课程旨在整合多个学科的内容，使学生能够从不同角度理解和解决问题。

（2）问题导向

以实际问题或挑战为导向，通过跨学科的合作来寻找解决方案。

（3）综合能力培养

通过涉足多个学科领域，培养学生的创新思维、批判性思维和综合能力。

（4）实践导向

注重将理论知识应用于实际情境，促进学生的实践能力和问题解决能力。

（二）跨学科课程设计原则

1. 学科整合原则

跨学科课程设计的首要原则是学科整合，即将不同学科的知识和方法融合在一起。这要求教师在课程设计中能够深刻理解各学科的核心概念和关键技能，找到它们之间的联系与交叉点，创造性地设计整合性的学习活动。

2. 问题驱动原则

跨学科课程的设计应以实际问题或挑战为出发点，让学生在解决问题的过程中学到知识和技能。通过问题驱动，学生能够更好地理解学科知识的实际应用，培养解决复杂问题的能力。

3. 综合评估原则

跨学科课程的综合性要求在评估上得到体现。教师应设计多元化的评估方式，包括项目评估、小组讨论、实践操作等，全面考察学生的综合能力。综合评估原则有助于鼓励学生在不同方面展现其学科知识和综合素养。

4. 学生参与原则

学生参与是跨学科课程成功的关键。课程设计应鼓励学生参与到问题的讨论和解决过程中，培养其团队协作、沟通和领导能力。学生参与原则也包括激发学生的兴趣，使其在学习过程中更具动力。

（三）跨学科课程与综合能力培养

1. 创新思维的培养

跨学科课程注重问题导向，鼓励学生跳出传统学科的框架，从多个角度思考问题。通过参与真实的问题解决过程，学生逐渐培养出创新思维，能够提出新颖的观点、方法和解决方案。

2. 批判性思维的培养

跨学科课程设计注重学科整合，学生在课程中接触到来自不同学科的信息和观点。这有助于培养学生的批判性思维，能够审视和评估不同学科的知识，形成独立的见解。

3. 团队协作能力的培养

问题驱动和学生参与是跨学科课程设计的特点，学生通常需要在小组中共同解决问题。这促使学生培养团队协作和沟通能力，学会倾听和尊重他人的观点，形成协同工作的能力。

4. 实践能力的培养

跨学科课程的实践导向使学生更容易将理论知识应用于实际情境中。通过实际项目、实验和实地考察等活动，学生有机会在真实的情境中应用多学科的知识，培养实践操作的能力，提高问题解决的实际效果。

5. 综合能力的全面发展

综合能力的培养不仅仅包括创新思维、批判性思维、团队协作和实践能力，还涉及综合素养的提升。跨学科课程设计的特点使学生在多个层面得到全面的发展，从而更好地适应未来社会和职业的需求。

（四）跨学科课程设计实施过程中的关键问题

1. 教师的专业素养

跨学科课程设计对教师的专业素养提出了更高的要求。教师需要具备跨学科整合的能力，深入理解不同学科的知识和方法，能够创造性地将它们有机地融合在一起。教师的专业素养直接关系到跨学科课程的设计质量。

2. 课程内容的设计

跨学科课程设计需要仔细考虑课程内容的设计，确保各学科的知识点有机地连接起来。课程内容的选择和整合需要综合考虑学科的核心概念和学生的实际需求，避免内容的重复或过于繁杂。

3. 学生的学科基础

学生在参与跨学科课程时可能面临学科基础的不足。不同学科的知识水平存在差异，一些学生可能在某些学科领域较为薄弱。因此，教师需要关注学生的学科基础，提供适当的辅导和支持，确保学生能够跨足多个学科领域。

4. 评估体系的建立

跨学科课程的评估需要考虑多个方面的表现，传统的评估方式可能不再适用。建立科学合理的评估体系，包括项目评估、综合考核、反思报告等多种方式，能够更全面地了解学生的学科知识和综合能力。

（五）跨学科课程的未来发展方向

1. 教育科技的应用

教育科技的发展为跨学科课程的实施提供了更多可能性。在线教育平台、虚拟实验室、远程合作工具等技术手段可以帮助教师更好地组织跨学科课程，拓展学生的学科视野。

2. 国际化合作

跨学科课程的设计可以借鉴不同国家和地区的经验，通过国际化合作，吸收全球范围内的先进理念和方法。这有助于打破学科壁垒，促使跨学科课程更好地适应国际化背景下的人才培养需求。

3. 社会实践的深化

强调问题导向和实践导向的跨学科课程应更深度地融入社会实践。与企业、社区、科研机构等合作，将学科知识应用于实际问题的解决，为学生提供更多实践机会，促使其在实践中培养综合能力。

跨学科课程设计为培养学生的综合能力提供了一种创新的途径。通过学科整合、问题导向、学生参与等设计原则，跨学科课程能够有效培养学生的创新思维、批判性思维、团队协作和实践能力。在实施过程中，教师需要关注自身的专业素养，精心设计课程内容，考虑学生的学科基础，建立科学的评估体系。未来，跨学科课程将面临更多挑战和机遇，教育科技的应用、国际化合作和社会实践的深化将成为其发展的重要方向。

第三节 创新实践与实习机会

一、创新实践基地建设

创新实践基地作为高校教育的一项重要组成部分,扮演着培养学生实际操作能力、促进创新思维发展的关键角色。随着社会的不断发展和产业的不断变革,创新实践基地的建设显得愈加重要。本节将探讨创新实践基地的概念、建设原则、实施步骤以及其在学生培养和产业发展中的作用。

(一)创新实践基地概述

1. 创新实践基地的定义

创新实践基地是指为学生提供实际操作、实践体验和创新活动场所的地方。它可以包括实验室、创客空间、产业合作基地等多种形式,旨在通过与实际问题的接触,促进学生的创新思维和实践能力的培养。

2. 创新实践基地的特点

(1)实际操作性

创新实践基地强调学生的实际动手能力,提供实际项目、实验和实践机会。

(2)开放性

基地通常是开放的空间,鼓励学生和企业、科研机构等合作,促进跨界合作。

(3)创新导向

基地的设施和活动注重创新,通过项目驱动等方式培养学生的创新意识。

(4)综合性

创新实践基地不仅仅局限于某一个学科领域,更注重多学科融合,促使学生全面发展。

(二)创新实践基地建设原则

1. 学科整合原则

创新实践基地的建设应当遵循学科整合的原则,将不同学科的知识和技能融合在一起。这有助于培养学生的综合素质,提高他们在跨学科环境中解决问题的能力。

2. 产学研结合原则

创新实践基地应当倡导产学研结合,即与产业界、高校教育和科研紧密结合。与企业合作,提供学生实际项目和实践机会,使他们更好地融入产业发展的实际需求。

3. 实践导向原则

建设创新实践基地的过程应当注重实践导向,强调学生的实际操作和实践能力的培养。基地的设施和活动应当围绕实际问题展开,通过实践项目推动学生的学科知识应用。

4. 全员参与原则

创新实践基地的建设需要全员参与，包括学校领导、教师团队、学生以及企业合作伙伴等。全员参与能够集思广益，形成合力，推动基地建设和运营的顺利进行。

（三）创新实践基地建设步骤

1. 需求分析与定位

在建设创新实践基地之前，需要进行需求分析，了解学校和学生的需求，明确基地的定位。确定基地的定位有助于更好地满足实际需求，确保基地建设与学校整体发展方向一致。

2. 设施规划与投资

根据需求分析的结果，制定创新实践基地的设施规划和投资计划。设施规划需要充分考虑实际操作和实践活动的需求，包括实验室设备、创客空间、办公区域等。

3. 产业合作与资源整合

建设创新实践基地需要积极与产业界进行合作，吸引企业资源参与。通过与企业、科研机构等资源的整合，基地能够更好地提供实际项目和实践机会，促进基地的健康发展。

4. 团队组建与培训

建设创新实践基地需要组建专业的团队，包括基地管理人员、导师和技术支持人员等。团队的组建需要注重各成员的专业素养和团队协作能力。同时，进行相关培训，提高团队成员对创新实践基地建设和运营的认知和能力。

5. 创新活动与项目推动

基地建设完成后，需要通过举办创新活动和推动实际项目的方式，激发学生的创新兴趣。这包括组织创客比赛、实验项目、实际调研等，让学生在实际操作中提升实践能力。

6. 效果评估与调整

创新实践基地建设完成后，需要进行效果评估。通过定期的评估和反馈机制，了解基地的运营情况和学生的参与情况，及时调整和优化基地的设施和活动，确保基地的持续发展。

（四）创新实践基地的作用

1. 学生能力培养

创新实践基地为学生提供了实际动手的机会，能够培养其实际操作和实践能力。通过参与创新活动和项目，学生能够更好地理解学科知识的应用，锻炼解决实际问题的能力。

2. 创新思维培养

基地的创新导向有助于培养学生的创新思维。在开放的环境中，学生有更多的机会接触新颖的问题和挑战，激发创新意识，形成敢于尝试、勇于创新的思维方式。

3. 产学研结合

创新实践基地与产业的紧密结合促使学生更好地融入实际产业发展。通过与企业的合作，学生可以接触到真实的产业问题，增强实践经验，提高与产业对接的能力。

4. 学校声誉提升

创新实践基地的建设和运营能够提升学校的声誉。一个具有优质基地的学校能够更好地吸引学生、企业等资源，形成良好的品牌形象，推动学校整体发展。

5. 产业创新支持

创新实践基地不仅服务于学生的能力培养，同时也为产业提供了创新支持。通过与企业合作，基地可以为企业提供创新思路、实验数据等支持，推动产业创新。

（五）创新实践基地的挑战与应对策略

1. 资金和资源

（1）挑战

创新实践基地的建设和运营需要大量资金和资源，包括设备购置、团队培训、活动组织等。

（2）应对策略

争取政府资助、校内支持，同时通过与企业的合作，吸引外部资源的投入。灵活运用校内资源，如实验室设备、师资力量等，降低建设成本。

2. 团队建设

（1）挑战

建设创新实践基地需要组建专业团队，包括管理人员、导师、技术支持等。

（2）应对策略

通过培训和引进人才，建立专业团队。可以考虑与企业合作，邀请相关领域的专业人士担任导师或提供技术支持，共同推动基地的建设和发展。

3. 教育体制和机制

（1）挑战

传统的教育体制和机制可能对创新实践基地的建设存在一定制约，如课程设置、评价标准等。

（2）应对策略

积极争取学校领导的支持，推动教育体制和机制的改革。建立与基地建设相适应的课程体系，制定灵活的评价标准，为创新实践提供更多的空间。

4. 产学研融合

（1）挑战

将创新实践基地与产业进行有效融合，使之真正服务于产业发展，需要克服信息不对称、合作机制不畅等问题。

（2）应对策略

建立良好的产学研合作机制，加强与企业的沟通和合作。可以设立产业联络员，负责搭建学校与企业之间的桥梁，促进信息流通，提高合作效率。

5. 持续运营与发展

（1）挑战

创新实践基地的持续运营和发展需要不断的投入和管理，如何保持活力和创新性是一个重要问题。

（2）应对策略

建立健全的管理体系，制定长期规划和发展策略。同时，积极与各方合作，寻找可持续的运营模式，如开展产学研合作项目、吸引社会资本等。

（六）创新实践基地的未来发展趋势

1. 以学生为中心

未来的创新实践基地将更加注重以学生为中心，关注学生的需求和成长。通过量身定制的创新活动和项目，激发学生的兴趣和创新潜能，培养更多具有实际操作能力的创新人才。

2. 多元化合作

创新实践基地将更加倾向于多元化的合作，不仅与企业合作，还将积极与其他高校、科研机构、社会组织等建立合作关系。多方合作将为基地提供更广泛的资源支持，推动基地的全面发展。

3. 强化科技创新

随着科技的不断发展，创新实践基地将更加强化科技创新。引入先进的科技设备和工具，鼓励学生参与科技创新项目，推动创新实践基地成为科技创新的重要平台。

4. 建设数字化平台

未来的创新实践基地将更加注重数字化建设，建设在线平台，为学生提供远程实践机会，拓展创新实践的空间。数字化平台将有助于促进创新实践的全球化交流。

创新实践基地作为高校创新教育的一个重要组成部分，对学生能力培养和产业发展都具有重要意义。在建设过程中，遵循学科整合、产学研结合、实践导向、全员参与的原则，通过需求分析、设施规划、产业合作等步骤，努力解决资金、团队建设、教育体制等方面的挑战。未来，创新实践基地将更加关注学生需求，加强多元化合作，强化科技创新，建设数字化平台，为培养更多创新人才和推动产业创新做出更大的贡献。

二、实习机会与产学研合作

实习机会和产学研合作是高校培养学生实际能力、提升产业创新水平的重要途径。通过为学生提供实习机会，使其在真实的工作环境中应用所学知识，培养实际操作能力。产学研合作则强调高校、产业界和科研机构之间的紧密合作，共同推动科研成果的转化和产业的发展。以下将深入探讨实习机会与产学研合作的重要性、建设原则、实施步骤以及未来发展趋势。

（一）实习机会的重要性

1. 学生实际能力培养

实习机会为学生提供了在实际工作场景中锻炼自己的机会，使其更好地应用所学知识，培养实际操作能力。通过实习，学生能够更深刻地理解专业知识，并提高解决实际问题的能力。

2. 拓宽职业视野

实习使学生能够接触到真实的职业环境，了解行业内的运作机制和职业要求，从而拓宽职业视野。这有助于学生更明晰自己的职业规划,并提前适应未来的工作生活。

3. 提高就业力

实习经历是学生简历上的一大亮点,能够吸引用人单位的关注。通过实习,学生能够积累工作经验,提高自己的就业力,增加就业竞争力。

(二)产学研合作的重要性

1. 科研成果转化

产学研合作是将科研成果转化为实际产品和服务的桥梁。高校的科研机构通过与产业界的合作,能够更好地将研究成果应用于实际生产中,推动科技创新的快速转化。

2. 提升产业创新水平

通过与高校的产学研合作,企业能够借助高校的科研力量,不断推动产业的创新水平的提高。高校的专业知识和研究能力为企业提供了更多的创新思路和技术支持。

3. 人才培养与输送

产学研合作促进了产业对高素质人才的需求,通过与高校合作培养定制化的人才。高校为企业输送具备实际经验和科研能力的毕业生,满足产业对高端人才的需求。

(三)实习机会与产学研合作的建设原则

1. 产学研深度融合

实习机会和产学研合作的建设应深度融合,形成紧密的合作关系。高校、产业界和科研机构应该建立长期稳定的合作框架,促使双方资源优势互补,形成合力。

2. 针对性实习设计

实习机会的设计应具有针对性,结合学生专业和职业兴趣,提供符合实际职业需求的实习机会。实习项目的设计要贴合行业发展趋势,使学生在实习中能够接触到最新的行业动态。

3. 共建共享机制

建设实习机会和产学研合作平台时,应建立共建共享的机制。高校、企业和科研机构可以共同投入资源,共同分享成果,形成互利共赢的合作模式。

4. 健全评估体系

建设实习机会和产学研合作平台需要建立健全的评估体系。通过评估,能够及时了解实习效果和合作成果,为后续合作提供数据支持,确保合作的持续发展。

(四)实习机会与产学研合作的实施步骤

1. 需求调研与合作洽谈

在建设实习机会和产学研合作平台之前,进行需求调研,了解高校、企业和科研机构的实际需求。在此基础上,进行合作洽谈,明确合作目标和内容。

2. 制定合作协议和计划

在洽谈的基础上,双方应制定详细的合作协议和计划。协议中应明确合作的内容、资源投入、责任分工等,为合作奠定清晰的基础。

3. 设立实习管理和合作团队

建设实习机会和产学研合作平台需要设立专门的实习管理和合作团队。该团队负责实习机会的开发与管理、产学研合作项目的推进与协调,确保合作的顺利进行。

4. 实施实习项目和合作研究

根据制定的合作计划,开始实施实习项目和合作研究。实习项目需要提供给学生实际操作的机会,产学研合作项目需要推动科研成果的转化和产业的发展。

5. 监测与评估

实施过程中需要建立监测和评估机制,及时了解实习和合作项目的进展情况。监测与评估结果可用于优化实习机会和产学研合作平台的设计,确保合作的有效性。

6. 结果分享与总结

实施完实习项目和合作研究后,进行结果分享与总结。双方可通过分享成果、总结经验,进一步加深合作伙伴关系,为未来的合作打下基础。

(五)实习机会与产学研合作的未来发展趋势

1. 跨领域融合

未来,实习机会与产学研合作将更加强调跨领域融合。不同领域的知识和技能交叉结合,将为学生提供更丰富的实践机会,推动不同领域的产学研合作。

2. 数字化平台建设

数字化平台将成为未来实习机会和产学研合作的重要形式。通过建设在线平台,学生可以更便捷地获取实习机会,高校和企业也能更好地进行合作和交流。

3. 强化社会责任

未来的实习机会和产学研合作将更加强化社会责任。高校和企业在合作中将注重社会效益,推动科技创新对社会的积极影响,更加关注可持续发展的目标。

4. 产业智能化发展

未来,随着产业的智能化发展,实习机会和产学研合作也将更多涉及智能化领域。高校将更加注重培养学生在人工智能、大数据等领域的实际应用能力。

实习机会和产学研合作是高校与产业界、科研机构之间密切合作的重要方式,对于学生的实际能力培养和产业创新水平的提升具有重要作用。在建设实习机会和产学研合作平台时,需要深度融合,制定合适的合作协议和计划,设立专业的管理和合作团队,注重监测与评估。未来,实习机会和产学研合作将更加跨领域融合,数字化平台建设将成为主流,强化社会责任和涉及智能化领域的发展趋势将更为明显。通过不断创新与发展,实习机会和产学研合作将为高校、企业和社会创造更多的价值。

第四节 学科交叉与综合能力培养

一、学科交叉的课程设计

学科交叉是指不同学科之间相互融合、互相渗透,通过共同合作解决实际问题的过程。

学科交叉的课程设计旨在打破传统学科的界限，促使学生在综合应用多学科知识的同时培养创新思维和解决问题的能力。下面将深入探讨学科交叉的课程设计的意义、原则、实施步骤以及未来发展趋势。

（一）学科交叉的课程设计意义

1. 培养综合素质

学科交叉的课程设计能够培养学生的综合素质。在解决实际问题的过程中，学生需要综合运用不同学科的知识和技能，提高他们的学科综合应用能力。

2. 拓宽知识视野

传统学科往往在某一领域深耕，而学科交叉能够使学生接触到不同学科的知识，拓宽他们的知识视野，增强对多学科关联性的认识。

3. 培养创新思维

学科交叉的课程设计注重问题的整体性和复杂性，能够培养学生的跨学科思维，激发创新潜力。通过学科交叉，学生更容易形成独特的视角，提出新颖的观点和解决方案。

（二）学科交叉课程设计的原则

1. 融合性原则

学科交叉课程设计要求各学科的知识在课程中能够融合起来，形成有机的整体。融合性原则强调课程内容的整合性和协同性，避免简单地将不同学科的知识拼凑在一起。

2. 实践性原则

学科交叉课程设计应强调实践性原则，注重学生的实际操作和应用能力培养。通过实际项目的设计和实施，学生能够更好地理解和应用学科知识。

3. 团队合作原则

学科交叉往往需要不同学科背景的专业人才协同合作。团队合作原则强调学生在跨学科的背景下，培养团队协作和沟通能力。

4. 解决实际问题原则

学科交叉课程设计应以解决实际问题为导向。通过面向实际问题的设计，学生能够更好地理解问题的复杂性，提高解决问题的能力。

（三）学科交叉课程设计的实施步骤

1. 需求分析与团队组建

首先，进行需求分析，确定需要解决的实际问题。然后，组建跨学科的团队，确保团队中涵盖不同学科背景的成员。

2. 课程设计与计划制定

在明确问题和团队后，制定学科交叉课程设计的具体计划，包括课程内容、学科整合方式、教学方法等。设计过程中要注重融合性原则，确保各学科之间的知识能够有机整合。

3. 教学资源整合与共享

在实施过程中，需要整合各学科的教学资源。这包括教材、实验设备、实习机会等。同时，建立共享机制，使得各学科间的资源能够得到充分利用。

4. 实际项目设计与实施

学科交叉的课程设计注重实际项目的设计和实施。通过学生参与实际项目，能够更好地培养他们的实际操作能力和解决问题的经验。

5. 教学评估与反馈

在课程实施的过程中，进行教学评估与反馈。通过评估学生的学科整合能力、实际问题解决能力等，及时了解课程效果，为后续的课程设计提供经验和改进方向。

（四）学科交叉课程设计的未来发展趋势

1. 技术与人文融合

未来学科交叉的课程设计将更加注重技术与人文的融合。不仅关注技术问题，还要考虑人文因素，培养学生在跨学科背景下更全面的思考能力。

2. 跨界合作与国际交流

学科交叉将更加强调跨界合作与国际交流。通过与国际上的学术机构、企业等建立合作关系，引入不同国家、文化的视角，促进学科交叉的深度和广度。

3. 数字化教学与在线平台

随着技术的发展，学科交叉的课程设计将更多地借助数字化教学和在线平台。通过在线平台，学生可以跨越地域限制，参与不同学科领域的交叉课程。数字化教学还可以提供更多实时的数据和资源支持，促进学科交叉的深入发展。

4. 跨学科研究中心的建设

未来，学科交叉的课程设计可能会更加侧重于跨学科研究中心的建设。这样的中心可以会聚不同学科的专业人才，推动学科交叉的研究和应用，形成更具影响力的跨学科研究成果。

5. 社会问题导向

学科交叉的课程设计将加强社会问题导向。通过解决社会现实问题，促使学生在学科交叉中发挥创新力，更好地服务社会发展。

学科交叉的课程设计是推动学科整合与创新的有效途径。通过培养学生的跨学科思维和实际操作能力，学科交叉能够更好地满足社会对综合素质人才的需求。在实施学科交叉课程设计时，需要遵循融合性、实践性、团队合作和解决实际问题的原则。未来，学科交叉将更加注重技术与人文的融合、跨界合作与国际交流、数字化教学与在线平台的应用，以及跨学科研究中心的建设。通过不断创新与发展，学科交叉的课程设计将为培养具有创新精神和解决实际问题能力的复合型人才做出更大贡献。

二、综合能力培养的实践活动

综合能力培养是高校教育的核心任务之一，旨在培养学生具备跨学科、创新思维和实际问题解决的能力。为了有效实现综合能力培养目标，各高校广泛开展各类实践活动。下面将深入探讨综合能力培养的实践活动的意义、种类、设计原则以及未来发展趋势。

（一）综合能力培养实践活动的意义

1. 提升学生的综合素质

综合能力培养实践活动通过组织学生参与各类项目、实践、实习等活动，使其在实际操作中锻炼专业知识，培养解决实际问题的综合能力，提升学生的综合素质。

2. 培养创新思维

实践活动注重学生的实际动手能力，通过参与项目、解决问题，培养学生的创新思维。这有助于学生在未来的职业生涯中更好地适应和推动创新。

3. 增强团队协作能力

实践活动通常以团队形式进行，促使学生学会在协作中发挥各自优势，提高团队协作能力。这对于培养学生的团队协作和沟通技能至关重要。

4. 拓宽就业视野

通过参与实践活动，学生能够更全面地了解不同行业的工作特点，拓宽就业视野，有助于更好地规划职业发展方向。

（二）综合能力培养实践活动的种类

1. 项目实践

项目实践是一种常见的综合能力培养实践活动，学生在导师的指导下，参与项目的设计、实施、总结等全过程。这有助于学生在实际操作中学习并应用专业知识，提高解决实际问题的能力。

2. 实习实践

实习实践是通过在企事业单位进行实地实习，让学生亲身感受职业环境，了解实际工作需求，培养实际操作技能，提升职业素养。

3. 社会服务

社会服务活动旨在让学生通过参与社区服务、志愿者活动等，服务社会、服务他人。通过社会服务，学生能够培养责任感和团队协作精神。

4. 创业实践

创业实践活动鼓励学生参与创业项目，锻炼创业思维和创业能力。这有助于培养学生的创新创业精神，提高实际问题解决的能力。

5. 学科竞赛

学科竞赛是一种通过比赛形式进行的实践活动，学生在竞赛中展示和运用所学知识，锻炼应变能力和团队协作精神。

（三）综合能力培养实践活动的设计原则

1. 针对性原则

综合能力培养实践活动的设计应具有针对性，结合学生的专业和个人兴趣，提供符合实际职业需求的活动。活动设计要贴合行业发展趋势，使学生在实践中能够接触到最新的行业动态。

2. 融合性原则

设计实践活动时，应强调融合性原则。活动内容应能够融合不同学科的知识，使学生能够在跨学科的背景下培养全面的能力。

3. 实践性原则

实践活动应强调实践性原则，注重学生的实际操作和应用能力培养。通过实际项目的设计和实施，学生能够更好地理解和应用所学知识。

4. 团队合作原则

设计实践活动时，应注重团队合作原则。活动组织形式可以是团队项目，强调学生在团队中相互合作、共同解决问题。

（四）综合能力培养实践活动的未来发展趋势

1. 创新技术的应用

未来，综合能力培养实践活动将更多地应用创新技术，如人工智能、大数据等。通过引入新技术，活动将更贴近实际职业需求，培养学生在科技发展潮流中的适应能力。

2. 跨学科融合

综合能力培养实践活动将更加强调跨学科融合。未来的活动设计将更多地涵盖不同学科的知识和技能，以培养学生更全面的综合素质。通过跨学科的设计，学生能够更好地理解问题的多层次性和复杂性。

3. 全球化视野

未来的综合能力培养实践活动将更注重全球化视野。通过国际性的项目合作、实习机会，学生将有机会接触不同国家、文化的实际问题，提升跨文化交流和合作的能力。

4. 强化社会责任

实践活动将更加强化社会责任。未来的设计将更关注学生参与社会服务、解决社会问题的机会，培养学生的社会责任感和公民意识。

5. 数字化平台的发展

随着数字化技术的发展，综合能力培养实践活动将更多地借助数字化平台。在线实践、虚拟实境等技术将为学生提供更灵活、便捷的参与方式，促进实践活动的全面发展。

综合能力培养的实践活动是高校教育的重要组成部分，对培养学生的实际操作能力、综合素质和创新思维起着关键作用。设计这些活动时，应注重针对性、融合性、实践性和团队合作原则。未来，随着创新技术的应用、全球化视野的强化、社会责任的加强以及数字化平台的发展，综合能力培养实践活动将迎来更广阔的发展空间。通过不断创新与改进，高校能够更好地推动学生的全面素质发展，使其更好地适应未来社会的需求。

三、学科专业与综合素质的协调

在当今社会，高等教育的目标不仅是培养学生在特定学科领域的专业知识，更重要的是培养他们具备全面的综合素质，能够在多领域中灵活应对复杂问题。因此，学科专业与综合素质之间的协调成为高校教育的关键问题。下面将深入探讨学科专业与综合素质的协调，包括其意义、挑战、协调机制和未来发展方向。

（一）学科专业与综合素质协调的意义

1. 适应复杂多变的社会需求

随着社会的不断发展，对人才的需求也在不断变化。仅仅具备专业知识已经不能满足社会对人才的全面要求。学科专业与综合素质的协调可以使学生更好地适应社会的复杂多变，具备更强的适应力和竞争力。

2. 培养创新与解决问题的能力

综合素质强调跨学科的思维和能力，而创新和解决问题往往需要综合运用不同领域的知识。学科专业与综合素质的协调有助于培养学生的创新思维和解决实际问题的能力。

3. 塑造全面发展的个体

通过学科专业与综合素质的协调，可以培养更具全面发展的个体。这包括不仅在专业领域有深厚的知识，同时在语言表达、团队协作、领导力等方面也能够表现出色的个体。

（二）学科专业与综合素质协调的挑战

1. 专业主义与通识教育的平衡

在高校教育中，专业主义和通识教育之间存在平衡的难题。专业主义强调在特定领域的深造，而通识教育更注重学科间的综合性。如何在专业主义和通识教育之间找到平衡，是协调的一大挑战。

2. 教育资源分配的问题

学科专业与综合素质的协调需要更丰富的教育资源，包括人力、物力、财力等。然而，教育资源的有限性可能导致在专业教育和综合素质培养之间的投入不均衡。

3. 教学体制与评价机制的改革

传统的教学体制和评价机制更偏向于对专业知识的考核，而对综合素质的培养却相对较弱。协调需要教育体制和评价机制的改革，以更好地激励学生全面素质的发展。

（三）学科专业与综合素质协调的机制

1. 跨学科课程设置

学科专业与综合素质的协调可以通过跨学科课程的设置实现。这些课程旨在涵盖多个学科领域，使学生能够在不同领域获取知识，培养跨学科的思维方式。

2. 综合实践项目

通过开展综合实践项目，学生可以将专业知识应用于实际问题的解决中。这种项目既能够培养学生的专业实践能力，同时也需要他们具备跨学科、综合素质的能力。

3. 个性化学习计划

为学生提供个性化学习计划，使其在专业学习的同时，有机会选择符合个人兴趣和发展方向的跨学科课程。这样的学习计划有助于学生更全面地发展自己的能力。

4. 导师制度的优化

导师在学生发展中起着重要作用。优化导师制度，使导师能够更全面地指导学生，不仅关注其专业发展，同时关注其综合素质的培养。

（四）未来发展方向

1. 创新课程体系

未来学科专业与综合素质的协调将更加注重创新课程体系的构建。这包括更多跨学科、跨专业的课程，以及注重实践和项目驱动的课程。

2. 强化实际操作和实践能力培养

未来的发展方向将更加强调学生的实际操作和实践能力培养。这可以通过更多的实习机会、实际项目参与等方式实现，使学生在实践中更好地发展综合素质。

3. 教学评价体系的创新

未来的教学评价体系将更加注重对学生综合素质的全面评价。传统的考试评价方式可能难以全面反映学生的综合能力，因此需要创新评价方式，包括项目评估、实际操作考核、综合能力测评等多维度的评价手段。

4. 个性化发展规划

未来的学科专业与综合素质的协调将更加强调个性化发展规划。每位学生在入学时可以根据自身兴趣、特长和职业规划制定个性化的学习计划，以更好地实现专业知识和综合素质的协调发展。

5. 产业界与学术界的深度合作

未来学科专业与综合素质的协调需要更深度的产业界与学术界合作。学校可以与企业、研究机构建立紧密的合作关系，通过实际项目合作、产学研结合等方式，使学生更好地融入实际工作场景，培养实际问题解决能力。

学科专业与综合素质的协调是高等教育的重要任务，旨在培养更具综合素质的人才。协调的意义体现在适应社会需求、培养创新能力和实现全面发展个体等方面。然而，协调过程中存在着专业主义与通识教育的平衡、教育资源分配、教学体制和评价机制的改革等挑战。

为了更好地协调学科专业与综合素质，可以通过跨学科课程设置、综合实践项目、个性化学习计划和导师制度的优化等机制来实现。未来的发展方向包括创新课程体系、强化实际操作和实践能力培养、教学评价体系的创新、个性化发展规划以及产业界与学术界的深度合作。

通过不断的改革与创新，高校可以更好地实现学科专业与综合素质的协调，为学生提供更全面、更实用的教育，培养更具竞争力的人才。这也符合高等教育的使命，推动社会进步与发展。

第五节　创新团队与项目管理

一、学生创新团队的组建与管理

学生创新团队是高校中培养创新思维和实践能力的关键组织形式。通过组建和管理学生创新团队，可以激发学生的创造力、团队协作精神，培养解决实际问题的能力。下面将深入探讨学生创新团队的组建与管理，包括团队建设、领导力培养、项目管理等方面的关键要点。

（一）学生创新团队的意义

1. 培养创新思维

学生创新团队为学生提供了一个自由、开放的环境，激发了他们的创新思维。通过参与创新团队，学生能够更好地理解问题、提出解决方案，并在实践中培养创新的能力。

2. 提高团队协作能力

学生创新团队是一个由学生组成的协作团队，通过共同参与项目，学生可以提高团队协作能力。团队协作是现代社会中非常重要的素质之一，学生通过创新团队可以更好地锻炼这一能力。

3. 实践专业知识

创新团队通常会涉及特定领域的项目，通过实际项目的参与，学生可以将课堂上学到的专业知识应用于实践中，加深对知识的理解和掌握。

（二）学生创新团队的组建

1. 确定团队目标与方向

在组建学生创新团队之前，首先需要明确团队的目标和方向。这包括确定团队要解决的问题、实现的目标，以及团队在学校创新体系中的定位。

2. 招募成员

在确定了团队目标后，需要进行成员的招募。成员的招募应该注重团队成员之间的互补性，包括专业背景、兴趣爱好等方面。拥有不同专业知识和技能的成员有助于团队更全面地解决问题。

3. 设立组织结构

学生创新团队需要有清晰的组织结构，包括团队负责人、项目负责人等角色的设立。明确各个成员的责任和任务，有利于建立起高效的沟通和决策机制。

4. 制定团队规章制度

为了确保团队的正常运作，需要制定团队的规章制度，包括团队的会议制度、项目执行流程、成员义务等。规章制度的建立有助于提高团队的执行力和凝聚力。

（三）学生创新团队的管理

1. 团队建设与培养团队文化

团队建设是学生创新团队管理的重要一环。通过举办团队建设活动、培养良好的团队文化，可以增强团队成员之间的凝聚力和合作意识。团队文化应该注重创新、尊重和分享的价值观。

2. 领导力培养

学生创新团队需要有具有领导力的团队负责人，同时也需要培养团队中的其他成员具备一定的领导力。领导力培养可以通过培训、导师制度等方式进行，提高团队的执行效率和项目的推进速度。

3. 项目管理与执行

项目管理是学生创新团队管理的核心。通过建立清晰的项目管理流程，包括项目计划、任务分工、进度监控等，可以确保团队的项目能够按时高质量完成。

4. 沟通与协作

良好的沟通与协作是学生创新团队成功的关键。团队成员之间需要保持开放的沟通渠道，解决问题时能够有效协作。团队管理需要注重建立高效的沟通机制，包括定期会议、在线平台等。

（四）学生创新团队的挑战与应对策略

1. 团队成员的流动

团队成员的流动是学生创新团队常面临的挑战之一。为了应对这一问题，团队管理者需要建立持续的成员培养机制，包括新成员的快速融入计划和知识传承。

2. 项目推进的困难

由于学生创新团队通常缺乏经验，项目推进可能会遇到各种困难。为了应对这一挑战，团队管理者需要加强对项目管理知识的培训，引入导师或行业专家的指导，提高团队成员的项目管理水平。

3. 资金和资源不足

学生创新团队在初始阶段可能会面临资金和资源不足的问题。为了应对这一挑战，团队管理者可以积极争取学校或企业的支持，同时寻找合适的创业基金或项目赞助。

4. 团队成员动机不足

团队成员动机不足可能会影响团队的凝聚力和执行力。为了应对这一挑战，团队管理者需要注重激励机制的建立，包括项目成果的认可、团队成员的晋升机会等，提高团队成员的积极性和主动性。

（五）学生创新团队的未来发展方向

1. 强化跨学科合作

未来学生创新团队的发展将更加强调跨学科合作。通过邀请不同专业的学生加入团队，可以实现知识的融合，提高团队解决问题的综合能力。

2. 创新教育与实践结合

学生创新团队的未来发展将更加注重创新教育与实践的结合。团队项目不仅仅是实践性的任务，更是学生在实践中学到的知识和技能的展示平台。将创新教育与实践有机结合，有利于提高学生的创新素质。

3. 建立更广泛的合作网络

学生创新团队未来的发展方向之一是建立更广泛的合作网络。通过与其他学校、企业、研究机构等建立合作关系，共享资源和经验，有利于促进学生创新团队的全面发展。

4. 推动成果转化与创业

未来学生创新团队将更加注重项目成果的转化与创业。鼓励团队成员将项目成果转化为实际产品或服务，提供创业支持，有利于培养更多的创业人才。

学生创新团队的组建与管理是高校创新体系中的重要组成部分，对于培养学生的创新思维和实践能力起着关键作用。通过明确团队目标、招募成员、建立组织结构和制定规章制度，可以有效组建学生创新团队。团队管理包括团队建设、领导力培养、项目管理、沟通与协作等多个方面，需要注重培养学生的团队协作和创新能力。

在面对挑战时，团队管理者需要制定相应的应对策略，包括成员流动、项目推进困难、资金和资源不足以及团队成员动机不足等方面的问题。未来学生创新团队的发展方向包括强化跨学科合作、创新教育与实践结合、建立更广泛的合作网络以及推动成果转化与创业。通过不断的创新和改进，学生创新团队将更好地为学生的全面发展和创新能力的培养做出贡献。

二、创新项目的规划与实施

创新项目是推动科技进步和社会发展的关键驱动力之一。在高校、企业和研究机构等组织中，创新项目的规划与实施对于培养创新能力、推动科研成果的转化以及促进经济发展都具有重要意义。下面将深入探讨创新项目的规划与实施过程，包括项目确定、团队组建、计划制定、执行阶段、成果转化等方面的关键要点。

（一）创新项目的确定

1. 确定项目目标与方向

创新项目的第一步是明确项目的目标和方向。这包括明确项目要解决的问题、实现的目标，以及项目在组织整体战略中的定位。明确的项目目标有助于指导后续的规划和实施。

2. 进行项目可行性分析

在确定项目之前，进行项目可行性分析是必要的。这包括对项目的技术可行性、经济可行性、市场可行性等方面进行综合评估，确保项目的实施是可行的、合理的。

3. 制定项目计划

在项目确定阶段，需要制定详细的项目计划。项目计划包括项目的时间安排、预算分配、任务分工等内容，确保整个项目能够有序、高效地进行。

（二）创新项目团队的组建

1. 确定团队组成与角色

创新项目团队的组建是项目成功的关键。确定团队的组成，包括技术人员、管理人员、市场人员等，同时明确每个成员的角色和责任，有助于提高团队的执行力。

2. 促进团队协作

团队协作是创新项目成功的基础。通过团队建设活动、培训课程等方式，促进团队成员之间的沟通与协作，建立积极向上的团队氛围。

3. 搭建跨学科团队

在创新项目中，跨学科团队的建设往往能够带来更多的创新力量。搭建具有不同专业背景的团队，能够在问题解决和创新思维上获得更全面的优势。

（三）创新项目计划的制定

1. 制定详细的项目计划

项目计划是创新项目实施的路线图。详细的项目计划应包括项目的时间节点、任务分解、资源调配等，以便全面掌握项目的进展情况。

2. 风险管理与应对策略

在项目计划制定阶段，需要进行风险管理，识别潜在的风险因素，并制定相应的应对策略。这有助于提前预防和解决问题，确保项目的稳定进行。

3. 制定预算与资源计划

制定项目预算是项目计划的一部分，需要明确项目所需的经费和资源。同时，进行资源计划，确保项目所需的人力、物力、财力等资源得到充分保障。

（四）创新项目的执行阶段

1. 按计划执行

在项目的执行阶段，需要按照制定的计划有序推进。及时进行进度监控，确保项目在规定的时间内完成各项任务。

2. 高效的团队协作

项目执行阶段团队协作更加重要。通过高效的沟通、协调和信息共享，确保团队成员能够紧密合作，克服项目中的各种挑战。

3. 问题解决与调整

在项目执行过程中，可能会面临各种问题和挑战。团队需要及时进行问题解决和调整，灵活应对各种变化，确保项目的顺利进行。

（五）创新项目的成果转化

1. 评估项目成果

在创新项目完成后，需要对项目成果进行全面的评估，包括技术创新性、市场竞争力、经济效益等方面的评估，为项目的后续发展提供参考。

2. 推动成果转化

成果转化是创新项目的重要环节。通过将项目成果转化为实际应用或产品，实现项目的社会价值和经济效益。推动成果转化需要建立合理的转化机制，包括专利申请、技术转让、产业化合作等方式，确保项目的创新价值能够得到充分发挥。

3. 推广与营销

成功的创新项目需要进行有效的推广与营销。建立全面的推广计划，包括媒体宣传、行业展示、参与专业会议等方式，提高项目的知名度和市场份额。

4. 持续监测与优化

项目成果转化并非终点，而是一个持续的过程。持续监测项目成果的运行状况，收集用户反馈和市场需求，进行优化和升级，确保项目能够在市场中持续竞争。

（六）创新项目的挑战与应对策略

1. 技术难题

在创新项目中，可能会遇到技术难题，需要团队具备强大的技术研发能力。应对策略包括引入专业技术人才、合作研究机构、利用开源社区等方式，共同攻克技术难题。

2. 资金压力

创新项目通常需要大量的资金支持，资金压力是常见的挑战。解决策略包括积极争取政府、企业或投资机构的支持，寻找创业基金和众筹等多元化资金来源。

3. 市场不确定性

市场环境的不确定性可能影响创新项目的市场表现。团队需要建立灵活的市场应对策略，随时调整产品定位、市场推广策略，以适应市场变化。

4. 团队协作问题

团队协作是创新项目成功的关键，但团队协作问题可能导致项目进展缓慢。建立良好的团队文化，加强沟通与协作培训，及时解决团队内部问题，确保团队的高效运转。

（七）创新项目的未来发展趋势

1. 人工智能和大数据应用

未来，人工智能和大数据技术将成为创新项目的重要推动力。在项目规划与实施中，可以更多地利用人工智能算法和大数据分析，提高项目的智能化水平。

2. 生物技术与医疗创新

生物技术和医疗创新领域将成为创新项目的热点。在项目确定阶段，可以加大对生物医药、基因编辑等前沿领域的投入，推动医学科技的发展。

3. 环保与可持续发展

环保与可持续发展是未来创新项目的重要方向。在项目目标确定和计划制定中，更多地考虑项目对环境的影响，推动绿色、可持续的发展方向。

4. 跨界合作与国际化

未来创新项目将更加注重跨界合作与国际化。通过建立全球化的团队合作，吸引国际一流的人才和资源，提升项目的创新水平。

创新项目的规划与实施是科技创新和社会发展的关键环节。通过项目确定、团队组建、计划制定、执行、成果转化等多个阶段的有机衔接，确保项目能够有序、高效地进行。面对各种挑战，团队需要灵活应对，通过合理的战略和管理，确保项目最终取得成功。未来，创新项目将更多地聚焦于人工智能、大数据、生物技术、环保与可持续发展等领域,通过跨界合作与国际化,推动科技创新不断突破。

三、创新团队的成果与效果评估

创新团队在科研、企业和教育等领域中发挥着重要作用,其成果和效果评估是确保团队可持续发展和提高创新水平的关键环节。下面将深入探讨创新团队的成果与效果评估,包括评估的目的、方法、指标体系以及影响因素等方面的关键要点。

(一)评估的目的

1. 确定团队绩效

创新团队的成果与效果评估的首要目的是确定团队的绩效。通过对团队在一定时期内的工作成果进行量化和分析,可以客观地评估团队的整体表现,为进一步提高团队绩效提供依据。

2. 优化资源分配

评估成果与效果有助于更加合理地分配资源。通过了解团队在不同方面的表现,管理者可以调整资源的分配,提高团队在关键领域的投入,从而最大限度地发挥资源效益。

3. 促进团队学习

评估成果与效果的过程中,团队成员将对自身工作进行反思和总结,促使团队形成学习型组织。这有助于发现问题、改进工作方式,推动团队不断提升创新能力。

(二)评估的方法

1. 定性与定量相结合

成果与效果评估应综合运用定性和定量方法。定性方法如深度访谈、案例分析可以深入了解团队内部的工作氛围和创新文化;定量方法如科研产出、专利申请、项目实施等数据可以客观地衡量团队的创新绩效。

2. 综合评估和单项评估相结合

在评估中,既可以对整体绩效进行综合评估,也可以对团队的不同方面进行单项评估。这有助于全面了解团队的整体水平和不同领域的亮点与不足。

3. 多角度、多层次的评估

成果与效果评估需要从多个角度、多个层次进行,包括团队内部的协作、项目实施效果,以及团队对外的社会影响等多个方面,全面地考量团队的绩效。

(三)评估的指标体系

1. 科研产出

科研产出是创新团队评估的重要指标之一,包括论文发表、专利申请、科研项目获批等,都是团队在学术和科研领域的重要贡献。

2. 创新项目实施效果

创新项目实施效果是直接反映团队创新能力的指标,包括项目的完成情况、技术创新性、实际应用效果等,可以客观评估团队在实际项目中的表现。

3. 团队协作与沟通

团队协作与沟通是评估团队内部运作的关键指标。通过团队成员之间的协作效果、沟通频率和沟通质量等方面的评估，了解团队的内部协作情况。

4. 社会影响力

团队的社会影响力是评估团队在行业和社会中的地位的重要指标，包括团队的知名度、社会声誉、合作伙伴关系等，反映了团队在社会中的实际影响。

（四）影响评估的因素

1. 领导力

团队领导力对成果与效果评估有着重要的影响。团队领导者的领导风格、团队激励机制、对创新的引领作用等都会直接影响团队的创新绩效。

2. 团队文化

团队文化是塑造团队氛围和协作方式的关键因素。创新团队是否具有积极向上的文化，是否鼓励创新思维和实验精神，都会影响团队的创新成果。

3. 成员素质

团队成员的素质和能力是影响评估的重要因素，团队成员的专业水平、创新思维能力、团队协作能力等都会直接影响团队的创新绩效。

4. 外部环境

外部环境也是影响团队成果与效果评估的因素之一，包括政策法规、行业竞争态势、市场需求等外部因素都会对团队的创新活动产生一定的影响。

（五）成果与效果评估的实施步骤

1. 制定评估计划

在进行成果与效果评估之前，团队需要制定评估计划。该计划应明确评估的目标、评估的时间周期、采用的评估方法和指标体系等内容。评估计划的制定是评估工作的基础，有助于确保评估的全面性和系统性。

2. 数据收集与整理

数据收集是评估的关键步骤之一。团队可以通过收集科研成果、项目实施情况、团队协作记录、社会影响力等方面的数据，建立起全面的评估数据集。同时，数据收集与整理可以确保数据的准确性和可靠性。

3. 分析与解读数据

收集到数据后，团队需要对数据进行分析与解读。通过统计分析、比较分析等手段，识别团队在不同方面的亮点和问题，并对数据背后的原因进行深入解读。这有助于形成对团队绩效的全面认识。

4. 制定改进措施

在数据分析的基础上，团队需要制定相应的改进措施。针对评估中发现的问题，制定有针对性的改进计划，以提高团队在科研、项目实施和团队协作等方面的绩效水平。

5. 沟通与反馈

评估的结果应及时向团队成员进行沟通与反馈。透明的评估结果有助于激发团队成员的积极性和创新动力。同时，通过沟通与反馈，团队成员也能够更好地理解评估的目的和意义。

6. 持续改进

成果与效果评估是一个持续循环的过程。团队应建立起持续改进的机制，不断根据评估结果进行调整和优化。这有助于团队保持良好的创新状态，适应外部环境的变化。

（六）挑战与应对策略

1. 主观性评估

主观性评估是评估过程中可能面临的挑战之一。为了减少主观因素的影响，团队在制定评估计划时应注重客观性，采用多种数据来源进行综合评估，增加评估的客观性和可信度。

2. 数据获取难度

有时候，获取一些关键数据可能会面临难度。为了解决这一问题，团队可以与相关机构、合作伙伴建立合作关系，共享数据资源。同时，利用现代科技手段，如大数据分析，提高数据获取的效率。

3. 评估指标设置难题

制定科学合理的评估指标是一项复杂的工作。团队在制定指标时，可以充分借鉴行业标准、领先团队的经验，并通过专业的咨询或外部专家的意见进行指标的验证和优化。

4. 评估结果误导

有时候，评估结果可能被错误地解读或误导。为了减少这一风险，团队在沟通评估结果时应加强解读的科学性，明确评估结果的前因后果，避免出现片面或误导性的结论。

（七）未来发展趋势

1. 引入新技术

未来，随着新技术的不断发展，如人工智能、大数据分析等，将更多地应用于成果与效果评估中。这有助于提高评估的科学性和精准性，为团队提供更全面的反馈。

2. 强调社会价值

未来的成果与效果评估将更加注重团队的社会价值。除了科研产出和项目实施效果，还会更多地考量团队对社会的贡献，包括解决社会问题、推动产业发展等方面的影响。

3. 跨界融合评估

未来的评估将更加注重跨界融合。不同领域的团队可能会面临更多的跨界合作，评估方法也将更多地借鉴其他领域的经验，形成更全面、多维度的评估体系。

4. 强调团队氛围

未来的成果与效果评估将更加注重团队内部的文化和氛围。团队协作、创新文化等方面的因素将成为评估的重要内容，以更好地激发团队成员的创新潜力。

创新团队的成果与效果评估是促进团队发展和提高创新水平的关键步骤。通过明确评估的目的、方法、指标体系，综合运用定性与定量相结合、综合评估与单项评估相结合的方法，团队能够全面了解自身的绩效水平。在评估过程中，要注重科研产出、创新项目实施效果、团队协作与沟通、社会影响力等多个方面的指标，形成全面而客观的评估体系。

第四章 高校学生就业指导体系

第一节 就业指导体系构建

一、就业指导机构与职责划分

在当今竞争激烈的就业市场中,为学生提供专业的就业指导服务至关重要。各大学和教育机构普遍设立了就业指导机构,通过专业的团队和服务,帮助学生更好地规划职业发展,提高就业竞争力。下面将深入探讨就业指导机构的设立与职责划分,以及如何更好地服务学生,促进其顺利就业。

(一)就业指导机构的设立与组织结构

1. 就业指导机构的设立背景

随着社会的发展和职业需求的变化,大学毕业生面临着更加严峻的就业挑战。为了更好地帮助学生顺利就业,大多数高校和教育机构都设立了专门的就业指导机构。这些机构的设立旨在为学生提供全方位的职业规划和就业服务,使他们更好地适应职场环境。

2. 就业指导机构的组织结构

就业指导机构的组织结构通常包括以下几个部分:

(1)领导与管理部门

领导与管理部门负责就业指导机构的总体规划、领导和管理工作,制定长期发展战略和年度工作计划,协调各个部门的工作。

(2)职业规划与咨询团队

职业规划与咨询团队主要负责为学生提供职业规划和咨询服务。这包括职业测评、个人发展规划、职业咨询等,帮助学生更好地了解自己的兴趣和优势,制定明确的职业发展目标。

(3)招聘与企业合作团队

负责与企业建立合作关系,了解市场需求,开展校企合作,组织招聘会和企业讲座,提供实习和就业机会,促进学生与企业的对接。

(4)就业培训团队

致力于提供就业培训服务,包括求职技能培训、面试技巧培训、职场礼仪培训等,提高学生的就业竞争力,使其更好地适应职业发展的挑战。

（5）数据统计与评估团队

负责收集、整理和分析就业市场的数据，评估学生就业情况，为机构提供科学依据，指导机构的决策和调整服务策略。

（二）就业指导机构的职责划分

1. 职业规划与咨询服务

（1）职业测评与规划

就业指导机构通过职业测评工具，帮助学生了解自己的职业兴趣、价值观和能力，制定个性化的职业规划，并提供相应的职业建议。

（2）个人发展咨询

为学生提供个人发展咨询服务，包括学业规划、课程选择、综合素质提升等方面的建议，帮助学生更好地发展自己的潜力。

（3）职业咨询与解答

解答学生在职业发展过程中遇到的问题，提供职业咨询服务，包括行业发展趋势、职业选择建议等，帮助学生做出明智的决策。

2. 招聘与企业合作服务

（1）招聘服务

组织校园招聘会、企业宣讲会，搭建学生与企业之间的桥梁，为学生提供更多的就业机会，促进双方的深度合作。

（2）校企合作

与企业建立合作关系，推动校企合作项目的开展，提供实习、实训和就业岗位，使学生更好地融入职场。

（3）就业推荐与对接

根据学生的专业背景和就业意愿，向学生推荐适合的岗位，并提供对接服务，协助学生与用人单位建立联系。

3. 就业培训服务

（1）求职技能培训

开展求职技能培训，包括简历写作、面试技巧、职业素养等方面的培训课程，提高学生在求职过程中的竞争力。

（2）实用技能培训

根据市场需求，进行实用技能培训，提高学生的实际工作能力。这可能包括行业特定的技能培训、软件应用培训等，使学生更好地适应职场的技术要求。

（3）职场适应培训

帮助学生更好地适应职场环境，包括职场沟通、团队协作、职业心理等方面的培训，提高学生在工作中的综合素质。

4. 数据统计与评估服务

（1）就业数据统计

负责收集、整理和统计学生的就业数据，包括就业率、就业行业分布、薪资水平等，为机构提供全面的数据支持。

（2）就业形势评估

对就业市场进行分析和评估，提供有关就业形势的信息，为学生提供科学的职业规划建议。

（3）服务效果评估

定期对机构提供的各项服务进行评估，收集学生反馈，不断优化服务模式，确保服务能够更好地满足学生的需求。

（三）就业指导机构的服务策略

1. 个性化服务

提供个性化的职业规划和咨询服务，根据学生的兴趣、能力和目标，量身定制职业发展计划，使每位学生都得到最适合自己的帮助。

2. 多层次服务

设立多层次的服务体系，包括基础服务、进阶服务和特色服务，满足不同层次、不同需求的学生。这有助于提高服务的覆盖面和深度。

3. 信息透明化

及时向学生提供就业市场信息、招聘信息、培训信息等，确保信息的透明度，让学生更好地了解职场需求，做出明智的职业决策。

4. 与企业深度合作

积极与企业建立深度合作关系，了解企业需求，为学生提供更精准的就业信息和岗位推荐，促进学生与企业的紧密对接。

5. 持续跟踪与反馈

建立学生档案，通过持续跟踪学生的就业状况，及时反馈信息给学生，帮助他们调整职业发展计划，适应市场变化。

6. 教育与培训相结合

将就业指导服务与教育培训相结合，使学生在求学过程中就接触职业发展，提前培养职业素养，增加就业竞争力。

（四）就业指导机构面临的挑战与解决策略

1. 市场变化带来的挑战

（1）挑战

市场需求变化快，就业岗位更新换代。

（2）解决策略

建立灵活的服务机制，不断调整服务内容和形式，紧密关注市场动态，及时调整职业规划建议。

2. 学生个体差异带来的挑战

（1）挑战

学生个体差异大，服务需求各异。

（2）解决策略

实行个性化服务，建立学生档案，定期与学生进行沟通，深入了解个体差异，提供量身定制的服务。

3. 信息传递不畅带来的挑战
（1）挑战
学生与就业指导机构之间信息传递不畅，学生未能充分了解服务。
（2）解决策略
建立多渠道信息传递体系，通过线上平台、社交媒体、校园活动等多种方式，提高信息的传递效率。

4. 服务效果评估的难题
（1）挑战
如何科学客观地评估服务效果，确保服务质量。
（2）解决策略
建立科学的评估体系，采用定量和定性相结合的方法，包括学生满意度调查、就业率统计、跟踪学生职业发展等多方面的指标，综合评估服务效果。

5. 师资队伍建设的挑战
（1）挑战
就业指导需要具备专业性和敏锐的市场洞察力，师资队伍的建设是关键问题。
（2）解决策略
招聘具有丰富职业经验和行业洞察力的专业人才，开展持续的培训和学术交流，保持师资队伍的专业素养与活力。

6. 校企合作的深化难题
（1）挑战
与企业的深度合作需要解决信息不对称、合作机制不畅等问题。
（2）解决策略
建立校企双向信息沟通机制，积极参与企业的培训和研究项目，提高学校与企业的互信程度，深化合作关系。

（五）未来发展趋势

1. 数据驱动的就业服务
未来，就业指导机构将更加注重数据的应用。通过大数据分析、人工智能等技术手段，深入挖掘学生的就业需求和市场趋势，提供更精准的职业规划和服务建议。

2. 职业发展全程服务
不仅关注学生毕业前的求职过程，更注重职业发展的全程服务。从入学开始，就业指导机构将介入学生的职业规划，通过培训和辅导，提前帮助学生建立正确的职业观念。

3. 多元化服务模式
未来的就业指导将更加注重多元化的服务模式，包括线上线下相结合、平台化服务等。通过互联网技术，实现信息的广泛传递和服务的便捷提供。

4. 职业素养培养
除了职业技能培训，将更加注重职业素养的培养。通过课程设置、实践活动等方式，培养学生的团队协作能力、创新精神、职业责任感等素质。

5. 校企深度融合

未来，校企合作将更加深度融合。学校与企业将建立更紧密的合作关系，共同参与人才培养、科研项目等，形成良性互动的合作模式。

就业指导机构的设立与职责划分对学生的职业发展起到了重要的推动作用。通过个性化服务、多层次服务、信息透明化等策略，能够更好地满足学生的就业需求。面对未来的挑战，就业指导机构需要不断创新服务模式、加强师资队伍建设，更好地适应职业市场的变化，为学生提供更全面、更专业的就业服务。未来，随着科技的发展和社会需求的变化，就业指导机构将发挥更加重要的作用，为学生成才提供有力支持。

二、就业指导服务流程

在当今高度竞争的职业市场中，大学生就业面临着诸多挑战。为了帮助学生更好地规划职业发展、提升就业竞争力，高校和教育机构普遍设立了就业指导服务机构[①]。下面将深入探讨全面的就业指导服务流程，旨在帮助学生顺利实现从校园到职场的平稳过渡。

（一）前期准备阶段

1. 建立个人档案

在学生入学时建立个人档案，记录学生的基本信息、学业成绩、兴趣爱好、实习经历等。个人档案是后续就业指导的基础，有助于更好地了解学生的特长和需求。

2. 定期职业测评

学校定期进行职业测评，通过专业的测评工具分析学生的职业兴趣、性格特点和潜在优势，为后续职业规划提供科学依据。

3. 专业课程与培训

在学生的专业课程中融入职业规划和就业技能培训，提前培养学生的职业意识和实际工作能力。此外，定期开展与企业合作的培训课程，使学生更好地了解职场需求。

（二）职业规划阶段

1. 个性化职业咨询

学生可预约个性化职业咨询服务，由专业的职业规划师根据学生的兴趣、能力和目标，提供一对一的咨询服务。通过深入沟通，制定个性化的职业发展计划。

2. 职业发展讲座与沙龙

学校组织职业发展讲座和沙龙，邀请行业专家、企业人力资源负责人等分享经验和行业动态，帮助学生更全面地了解各行业的发展趋势。

3. 制定职业发展目标

基于个性化的职业规划，学生与职业规划师一起制定短期和长期的职业发展目标。目标既要符合学生的兴趣和能力，也要与市场需求和行业趋势相契合。

---

① 李保城，田治平.大学生职业发展与就业指导：山东科技职业学院[M].成都：电子科技大学出版社，2017：68.

（三）拓展就业渠道阶段

1. 招聘信息发布

学校通过线上平台或校园公告发布各类招聘信息，包括实习、校园招聘会、企业宣讲会等，提供给学生更多的就业机会。

2. 企业合作与实习机会

学校与企业建立紧密的合作关系，提供实习机会。通过校企合作项目，学生有机会在实际工作中积累经验，提高就业竞争力。

3. 职业导师制度

建立职业导师制度，为学生分配一位职场导师，帮助他们了解职业环境、行业发展趋势，并提供实际的求职建议和经验分享。

（四）求职材料准备阶段

1. 简历优化服务

学生可获得简历优化服务，专业人士对学生的简历进行评估和修改。确保简历能够凸显学生的优势和特长，引起用人单位的关注。

2. 面试技能培训

提供面试技能培训课程，包括模拟面试、面试技巧讲座等，帮助学生提高在面试中的表现，增强自信心。

3. 职业素养培训

进行职业素养培训，涵盖职场礼仪、沟通技巧、团队协作等方面，使学生更好地适应职业环境。

（五）实际求职阶段

1. 就业信息推送

通过学校平台或就业指导机构提供的就业信息推送，及时了解市场动态和招聘信息。

2. 个性化求职辅导

在求职阶段，学生可以得到个性化的求职辅导服务。职业规划师可以根据学生的求职方向，提供详细的求职建议，帮助学生应对各种求职挑战。

3. 职业发展培训

提供职业发展培训，包括职业晋升技巧、职业规划调整等方面的课程，使学生在职场中不断成长。

（六）就业跟踪与反馈阶段

1. 就业跟踪服务

学校建立就业跟踪服务机制，定期了解毕业生的就业情况，并对毕业生进行跟踪调查。通过这一服务，学校可以及时了解毕业生的就业状况，为后续服务提供数据支持。

2. 就业效果评估

进行就业效果评估，分析毕业生的就业率、就业质量、薪资水平等指标。通过评估结果,学校可以调整和改进就业指导服务,提升服务质量。

3. 就业反馈机制

建立毕业生就业反馈机制,鼓励毕业生积极反馈就业经验、就业困难等信息。这有助于学校更好地理解学生的需求,及时调整服务策略。

(七)就业指导服务的持续改进

1. 数据分析与服务优化

通过对大量就业数据的分析,可以及时发现服务中存在的问题和不足,进行针对性的优化和改进。数据驱动的服务模式有助于提高服务的精准性。

2. 教师培训与队伍建设

持续进行职业规划师和就业指导教师的培训,使其了解最新的职业市场动态和就业趋势。同时,鼓励教师参与企业实践,提高他们的实际经验。

3. 拓展校企合作

积极拓展校企合作,与更多的企业建立深度合作关系,为学生提供更多的实习和就业机会。加强与企业的联系,更好地对接学校培养的人才与企业需求。

4. 建设线上平台与社交媒体

建设完善的线上就业服务平台,提供在线职业规划、求职指导等服务。同时,通过社交媒体渠道与学生建立更紧密的联系,及时传递就业信息和服务动态。

5. 增设创业指导服务

除了传统的就业指导,加强创业指导服务,为有创业意愿的学生提供创业规划、创业培训等支持,促进创业创新。

综上所述,就业指导服务流程应该是一个系统性、全方位的服务体系,覆盖学生从入学到毕业的整个职业发展过程。通过个性化的服务、拓展就业渠道、求职材料准备、实际求职以及就业跟踪与反馈,学校可以更好地帮助学生实现顺利就业。不仅如此,持续改进的服务机制也将为学生提供更加有效的支持,使其在职场中更好地发展。

三、学生与企业的沟通桥梁

学生与企业之间的有效沟通是构建良好校企合作关系的关键因素之一。在当今竞争激烈的就业环境中,学生需要通过与企业建立积极的沟通渠道,更好地了解职场需求、展示个人优势、获取实习和就业机会。下面将深入探讨学生与企业的沟通桥梁建设,旨在为高校和企业提供有效的合作模式和沟通策略。

(一)校企合作的重要性

1. 联动校园与职场

校企合作是校园与职场之间的联动机制,通过合作可以促进知识与实践的有机结合,提高学生的职业素养和实际工作能力。同时,企业可以借助高校资源培养符合其需求的人才,实现双赢。

2. 实现产学研一体化

校企合作有助于实现产学研一体化,促进产业技术与学术研究的有机结合。学生通过与企业的合作,能够更好地将学到的理论知识应用于实际工作中,提高解决问题的能力。

3. 提升学生的就业竞争力

通过校企合作,学生能够获得更多的实践机会,积累实际工作经验,提升就业竞争力。企业更倾向于招聘具备实际经验的毕业生,而校企合作为学生提供了展示实际能力的平台。

(二)建设学生与企业的沟通桥梁

1. 创设交流平台

(1)就业洽谈会

定期举办就业洽谈会,为学生和企业提供一个直接交流的平台。学生可以通过参与招聘会了解企业的用人需求,而企业则可以通过面对面的与学生沟通,挑选合适的人才。

(2)校企合作研讨会

组织校企合作研讨会,邀请企业代表与学生、教师共同探讨产业发展趋势、人才需求等话题。这样的研讨会可以增进双方的了解,促进更深层次的合作[①]。

2. 学生实习项目

(1)制定实习计划

与企业合作,制定详细的实习计划,明确实习的目标、内容和时间。通过实习,学生可以深入了解企业运作,积累实际工作经验。

(2)实习导师制度

建立实习导师制度,企业为学生分配专业导师,指导学生完成实习任务,提供实际的职场培训。导师制度有助于加强学生与企业之间的交流,提高实习效果。

3. 校企合作项目

(1)产学研项目

推动产学研一体化项目,通过企业提出的实际问题,组织学生参与解决,促进校企深度合作。这种项目既能够满足企业的需求,又能够锻炼学生的实际问题解决能力。

(2)创新创业项目

鼓励学生参与创新创业项目,提供创业培训和支持。企业可以提供资源支持,指导学生实施创新项目,促进校企合作的深度发展。

4. 实施企业导师计划

建立企业导师计划,邀请企业内部资深员工担任学生的导师。导师将为学生提供职业指导、职场心得等方面的支持,帮助学生更好地融入职场。

5. 开设企业导向课程

学校可以开设一些企业导向的课程,邀请企业专业人士担任讲师,分享实际工作经验和行业知识。这样的课程既能够帮助学生更好地了解企业运作,也能够加深学校与企业的合作关系。

---

① 李保城,田治平.大学生职业发展与就业指导:山东科技职业学院[M].成都:电子科技大学出版社,2017:158.

6.构建线上社交平台

建设线上社交平台,为学生和企业搭建一个便捷的交流渠道。通过平台,学生可以了解企业的最新动态、招聘信息,而企业也可以直接与学生进行在线沟通。

(三)沟通桥梁的优势与挑战

1.优势

(1)实现信息互通

通过建设沟通桥梁,学生和企业可以实现信息的互通,及时了解彼此的需求和资源。这有助于提高匹配度,促进更加有针对性的合作。

(2)开阔学生视野

与企业的沟通不仅仅是为了就业,还可以让学生更全面地了解行业发展趋势、创新创业机会,开阔学生的职业视野。

(3)增进双方信任

通过建设沟通桥梁,学生和企业能够建立更为紧密的联系,增进双方的信任。信任是合作关系持续发展的基石,有助于构建长期稳定的合作关系。

2.挑战

(1)沟通成本

沟通过程中可能存在一定的成本,包括组织洽谈会的费用、实施项目的投入等。这需要学校和企业共同努力,寻找更有效率的沟通方式。

(2)理念不匹配

学校和企业在理念、文化等方面可能存在差异,这可能影响双方的合作。需要双方共同努力,找到共同点,实现价值观的契合。

(3)信息不对称

学生可能对企业的真实情况了解不足,企业也可能对学生的实际能力估计不准确。建设沟通桥梁的过程中需要解决信息不对称的问题,提高信息透明度。

(四)有效沟通的策略与方法

1.制定明确的合作目标

在建设沟通桥梁的初期,学校和企业需要共同制定明确的合作目标。明确的目标有助于双方更好地理解合作的方向和期望,减少沟通偏差。

2.定期举办双方会议

定期举办学校与企业的双方会议,进行合作情况的交流和总结。会议是信息沟通的重要渠道,可以及时解决问题,推动合作的深入发展。

3.设立联络人员

双方各设立专门的联络人员,负责协调和推动合作事务。这样的联络人员可以加强学校与企业之间的沟通,促进信息流通。

4.制定双方责任清单

在合作关系中,学校和企业可以制定双方的责任清单,明确各自的任务和责任。清单有助于规范合作流程,提高合作效率。

5. 创新沟通方式

除了传统的面对面沟通方式，可以尝试一些创新的沟通方式，如线上会议、社交媒体互动等。这样可以更灵活地进行沟通，提高沟通效果。

学生与企业沟通桥梁的建设对于促进校企合作、提升学生就业竞争力具有重要意义。通过创设交流平台、推动实习项目、开展校企合作项目等方式，可以使学生更好地了解企业需求，提前融入职场。然而，在建设沟通桥梁的过程中，也面临着一些挑战，如沟通成本、理念不匹配等问题，需要通过明确合作目标、定期举办双方会议、创新沟通方式等策略来解决。

未来，随着社会的发展和就业形势的变化，学校与企业之间的沟通桥梁建设还需要不断创新。可以通过引入先进的技术手段，如人工智能、大数据分析等，提高沟通效率。同时，还可以加强国际化合作，与跨国企业建立更广泛的合作关系，为学生提供更多国际化的职业机会。

综合而言，学生与企业的沟通桥梁建设是一项长期而复杂的工程，需要学校和企业共同努力，不断创新合作模式，促进产学研用的有机结合，为培养更多优秀人才和推动社会发展做出积极贡献。

第二节 职业规划与发展咨询

一、职业规划的理念与方法

（一）职业规划的理念

1. 自我认知

职业规划的首要任务是对自己进行深刻的认知。通过了解个人的兴趣爱好、价值观念以及优势和弱点，可以更好地定位适合自己的职业方向。这有助于建立一个符合个体需求和价值观的职业发展目标。

2. 职业目标明确

确定清晰的职业目标是职业规划的核心。这包括长期和短期目标，确保目标既有挑战性又是可实现的。明确的目标有助于指导个体在职业生涯中的方向，并提供明确的努力方向。

3. 持续学习与发展

职业规划的理念之一是认识到职业生涯是一个动态的过程，需要不断学习和适应变化。通过持续学习和发展，个体可以保持竞争力，适应职业市场的变化。

（二）职业规划的方法

1. 整体规划

开始职业规划的第一步是制定一个整体规划，包括长远目标和中期目标。整体规划应考虑个体的职业愿望、教育背景、技能和兴趣，形成一个有机的发展路径。

2. 拓展职业视野

职业规划并不是僵化的，个体应该积极拓展自己的职业视野，了解不同行业和领域。这有助于发现新的职业机会，并更好地应对职业市场的变化。

3. 实践与经验积累

实践是职业规划的重要方法之一。通过实习、项目参与等方式，个体可以获得实际经验，提升职业素养。这不仅能增加竞争力，还有助于更好地理解职业领域。

4. 寻求指导与反馈

职业规划并不是一个孤立的过程，个体可以寻求职业导师的指导。职业导师可以提供宝贵的建议和反馈，帮助个体更好地制定职业目标和规划路径。

5. 不断调整与适应

职业规划是一个灵活的过程，个体应该随时调整自己的规划，适应外部环境的变化。这包括行业变革、个人兴趣调整等方面，保持对职业生涯的灵活应对。

（三）职业规划的实施

1. 制定可行的行动计划

职业规划需要通过制定切实可行的行动计划来实施。这包括明确每个阶段的任务和所需的资源，确保每一步都朝着职业目标迈进。

2. 持续学习和提升技能

在职业生涯中，持续学习和不断提升技能是至关重要的。这可以通过参加培训课程、获取证书、参与行业活动等方式实现。

3. 建立职业网络

职业网络对于职业发展至关重要。个体应该积极参与行业活动、社交场合，建立与同行、导师和潜在雇主的联系，这有助于获取职业机会和资源。

4. 定期评估与调整

定期评估职业规划的执行情况是保持职业发展方向正确的关键。个体应该定期审视自己的职业目标和规划，根据实际情况调整计划，确保始终朝着成功的方向前进。

通过理解职业规划的理念和采取相应的方法，个体可以更好地规划自己的职业生涯，实现事业和个人目标。这个过程需要不断的努力、学习和适应，但最终将为个体带来更加充实和有意义的职业生涯。

5. 养成自我营销的习惯

在职场中，个体需要学会有效自我推销，展示自己的价值。这包括编写优秀的简历、提升沟通技巧、建立个人品牌等。养成这种自我营销的习惯将有助于在职业发展中脱颖而出。

6. 管理职业生涯中的转折点

职业生涯中难免会遇到转折点和挑战，如失业、职业转换等。个体应该具备应对这些情况的应变能力，善于处理压力，找到解决问题的有效途径。

7. 关注行业趋势和市场需求

职业规划需要与行业和市场同步。个体应该定期关注行业的发展趋势、市场的需求变化，以及新兴领域的机会。这有助于及时调整职业规划，抓住机遇。

8. 寻求职业平衡

职业规划并不仅仅是关于事业成功，也包括追求职业与个人生活的平衡。个体需要考虑工作与生活的关系，保持身心健康，确保长期职业发展的可持续性。

9. 持续建设自己的品牌

个体的个人品牌是职业发展中不可忽视的一部分。通过建设个人品牌，包括在社交媒体上展示专业形象、分享行业见解等，可以提高个体在职场中的影响力和知名度。

10. 培养领导力和团队合作能力

在职业规划中，发展领导力和团队协作能力是至关重要的。领导力可以使个体更好地在组织中发挥作用，而团队协作能力则是在协同工作环境中取得成功的关键。

总体而言，职业规划的理念和方法是多方面的、全面的。它需要个体对自己有深刻的认知，同时灵活应对外部环境的变化。通过制定明确的职业目标、持续学习和实践、建立良好的职业网络以及灵活调整规划，个体可以更好地驾驭自己的职业生涯，实现事业和个人生活的成功平衡。在职业规划的实施过程中，不断追求自我提升和适应变化，将是一个充实而有意义的旅程。

二、职业发展咨询的内容与形式

职业发展咨询是一种为个体提供关于职业生涯规划和发展方向的专业服务。通过与专业的职业发展顾问合作，个体能够更好地理解自己、明确职业目标，并制定实际可行的发展计划。下面将深入探讨职业发展咨询的内容和形式，以帮助个体更好地利用这一服务。

（一）职业发展咨询的内容

1. 职业测评与自我认知

通过性格测评和职业兴趣测试，帮助个体了解自己的性格特点、喜好和职业倾向。这有助于建立对自身的深刻认知，为职业规划提供基础。

2. 职业目标的明确与规划

与职业发展顾问合作，个体可以明确长远和短期的职业目标，并共同制定可行的规划。这包括确定职业方向、所需技能和知识、可能的职业阶段等。

3. 职业市场分析与行业趋势

通过分析职业市场和了解不同行业的发展趋势，帮助个体更好地选择适合自己的职业领域。这有助于避免在职业选择上的盲目性，并把握市场机会。

4. 职业技能和培训建议

个体可以通过与职业发展顾问一起评估自己的现有技能，并获得相关的培训建议。这有助于弥补技能缺口，提高在职场中的竞争力。

5. 职业生涯规划和路径建议

通过制定职业生涯规划图，个体可以清晰地看到自己在未来的职业路径。职业发展顾问将提供路径建议，帮助个体更有针对性地迈进职业生涯。

6. 职业发展中的问题解决

在职业发展中，个体可能会面临各种问题和挑战，如职业瓶颈、职场压力等。职业发展顾问将提供实际的问题解决建议，帮助个体迎接挑战。

（二）职业发展咨询的形式

1. 个体面对面咨询

这是最常见的形式，个体与职业发展顾问面对面交流。在这种私密环境中，个体可以更自由地分享个人经历、疑虑和期望，获得个性化的建议。

2. 远程咨询

针对繁忙的个体或远程工作者，远程咨询提供了一种方便的选择。通过电话或视频会议，个体可以在任何地方与职业发展顾问进行沟通，减少时间和地理上的限制。

3. 职业发展研讨会和培训

一些职业发展顾问组织研讨会和培训课程，集体参与。这样的活动不仅提供了专业的信息，还促进了与其他职业发展者的交流和互动。

4. 在线平台和资源

职业发展顾问可以利用在线平台提供咨询服务，如通过电子邮件、在线聊天等形式。同时，顾问可以提供在线资源和工具，供个体随时查阅。

5. 职业发展指导书籍和资料

职业发展顾问可能推荐一些优秀的职业发展指导书籍和资料，供个体阅读。这样的资源可以在咨询之外，帮助个体更深入地理解职业发展的相关知识。

6. 在线社群和论坛

一些职业发展顾问可能建立在线社群或论坛，个体可以在这里与其他发展者交流经验、分享问题，并获得社群的支持和反馈。

7. 职业发展活动和展会

顾问可能组织或推荐个体参加职业发展活动和展会。这提供了一个了解行业动态、拓展职业网络的机会，同时也为个体与潜在雇主和行业专业人士建立联系的机会。

（三）职业发展咨询的价值与意义

1. 个性化定制

职业发展咨询是一种个性化的服务，能够根据个体的独特需求、经历和目标提供定制的建议。这种定制化的服务有助于更精准地解决个体所面临的职业发展问题。

2. 提供专业知识和经验

职业发展顾问通常具备丰富的职业发展领域知识和实践经验。通过与顾问合作，个体能够受益于专业的建议，避免在职业决策上犯错误。

3. 促进自我认知和职业探索

通过与职业发展顾问的交流，个体有机会深入挖掘自己的兴趣、价值观和潜力。这有助于更全面地认识自己，为职业规划提供更坚实的基础。

4. 解决职业难题和挑战

职业发展顾问可以帮助个体解决在职业生涯中遇到的各种问题和挑战。通过专业的分析和建议，个体能够更好地应对职业上的困扰。

5. 帮助制定可行的职业目标

职业发展咨询的过程中，个体和顾问共同制定可行的职业目标和发展计划。这种协作有助于确保目标的实现，并使规划更加可行和有针对性。

6. 促进职业网络的建立

职业发展顾问可以引导个体建立有益的职业关系和网络。这有助于在职场中更容易获得支持、获取信息，并拓展职业发展的机会。

7. 提供实时的职业市场信息

由于职业发展顾问与行业紧密联系，他们能够提供实时的职业市场信息和行业趋势，帮助个体更好地做出职业决策。

（四）职业发展咨询的适用对象

1. 在校学生和毕业生

在校学生和毕业生通常面临职业选择的压力和迷茫。职业发展咨询可以为他们提供专业的指导，帮助他们更好地规划职业生涯。

2. 职场新人

刚步入职场的个体可能需要适应新的工作环境和规则。职业发展顾问可以提供支持，帮助他们更好地融入职业生活并快速成长。

3. 职业转换者

面对职业转换的个体往往需要重新审视自己的兴趣和能力，重新规划职业发展。职业发展咨询可以为他们提供有针对性的支持，确保转换的顺利进行。

4. 职业发展停滞者

有些个体可能在职业生涯中遇到发展停滞。职业发展咨询可以帮助他们找到突破口，重新激发职业动力，实现更好的发展。

5. 个体寻求职业满足度提升

职业满足度是一个关键的指标，直接关系着个体的幸福感和工作动力。职业发展咨询可以帮助个体找到更符合他们兴趣和价值观的职业方向，提升职业满足度。

（五）职业发展咨询的伦理和道德原则

1. 保护个体隐私

职业发展咨询顾问需要严格遵守隐私和机密性原则，保护个体分享的敏感信息，确保其隐私权益。

2. 避免利益冲突

职业发展咨询顾问应该在服务个体的过程中，避免利益冲突，确保其建议和建议的客观性和真实性。不应该因为个人或组织的利益而影响对个体的专业判断。

3. 提供公正和平等的服务

职业发展咨询顾问应该提供公正和平等的服务，不受个体的性别、种族、宗教、年龄等因素的影响。所有个体都应该有平等获得专业咨询的机会。

4. 尊重个体的选择

职业发展咨询的目的是为了帮助个体更好地了解自己、明确职业目标，并制定合理的发展计划。顾问应该尊重个体的价值观和选择，不强加个人观点，而是提供客观、全面的建议。

5. 持续专业发展

职业发展咨询顾问应该保持对行业发展的敏感性，不断提升自己的专业水平和知识。这有助于顾问更好地为个体提供贴切、实用的职业建议。

6. 公开透明的沟通

职业发展咨询顾问应该提供清晰、透明的沟通，确保个体了解咨询的过程、目的和可能的结果。透明的沟通有助于建立双方之间的信任关系。

（六）职业发展咨询的未来趋势

1. 数字化和在线化

随着技术的发展，职业发展咨询将更加数字化和在线化。远程咨询、在线测试和虚拟现实等技术将为个体提供更便捷的服务。

2. 数据驱动的职业规划

大数据和人工智能的应用将使职业发展咨询更具数据驱动性。通过分析个体的职业历史、学历、技能等信息，提供更精准的职业建议。

3. 跨学科合作

未来的职业发展咨询可能会更多地与心理学、教育学、社会学等领域进行跨学科合作，提供更综合的服务。

4. 职业发展生态系统

未来的发展趋势可能包括建立更为完整的职业发展生态系统，整合各种资源和服务，为个体提供全方位的职业支持。

5. 面向全球的服务

随着全球化的发展，职业发展咨询有望提供更广泛、更国际化的服务，帮助个体在全球范围内规划职业生涯。

职业发展咨询作为一种专业服务，为个体提供了在职业生涯规划和发展方向上的重要支持。通过内容丰富的咨询和多样化的形式，它能够帮助个体更好地了解自己、明确职业目标，并制定实际可行的发展计划。同时，职业发展咨询的未来将面临数字化、跨学科合作、全球服务等多重趋势，为个体提供更全面、更创新的服务。在咨询过程中，保持伦理和道德原则，确保个体的权益和隐私，是提供高质量服务的关键。希望通过职业发展咨询，个体能够在职业生涯中找到更好的方向，实现事业和生活的平衡。

第三节 职业技能培训与提升

一、就业市场需求与技能培训

在当今全球化和科技发展的背景下,就业市场一直处于不断变化的状态。随着经济、科技、社会结构等方面的变革,不同行业对人才的需求也在发生深刻的变化。本书将探讨当前就业市场的需求趋势,以及如何通过技能培训来满足这些需求。

(一)当前就业市场的主要趋势

1. 技术驱动的需求

数字化转型和信息技术的飞速发展使得对 IT 专业人才的需求日益增加,从软件开发到网络安全,各种技术领域的专业人才都备受追捧。

2. 创新和创业的崛起

创业精神和创新能力成为许多企业青睐的素质,创业家和具备创新思维的人才在市场上更具竞争力。

3. 绿色和可持续发展

随着对环保和可持续发展的关注不断增加,相关专业人才,如环境科学家、可持续发展专业人才等,受到更多关注。

4. 人工智能和机器学习

人工智能和机器学习等新兴技术的发展带动了对相关专业人才的极大需求,包括算法工程师、数据科学家等。

5. 人文与社交技能

在高科技社会中,人际关系和沟通能力变得更为重要,企业更加注重拥有良好人际关系技能的员工,能够更好地协同工作。

6. 灵活性和适应能力

由于市场竞争的激烈和经济的不确定性,企业更需要具备适应变革和灵活性的员工,能够在不同的环境中快速调整。

(二)就业市场需求对技能的影响

1. 数字技术和编程能力

数字技术已经渗透到几乎所有行业,因此具备编程和软件开发能力成为市场热门需求。从网页开发到移动应用开发,这些技能能够使个体更有竞争力。

2. 数据分析和大数据技能

随着大数据的广泛应用,数据科学家和分析师的需求迅速增长。能够处理和解读大量数据的技能将成为市场竞争的优势。

3. 项目管理和团队协作

企业越来越注重项目的高效管理和团队的协同工作。具备项目管理和团队协作技能的人才更容易在职场中脱颖而出。

4. 创业和创新思维

企业越发重视员工的创新思维和创业精神。通过相关培训，个体能够培养独立思考、解决问题的能力，提高在创新领域的竞争力。

5. 环保和可持续发展知识

对于环境保护和可持续发展的关注日益增加，相关知识将成为市场上的竞争优势。培训个体的环保意识和可持续发展知识，有助于满足市场需求。

6. 人文与社交技能培养

为了提高沟通和人际关系技能，个体可以通过培训课程学习有效的沟通技巧、团队合作和领导力等方面的知识。

7. 适应变革和灵活性训练

在快速变化的市场环境中，个体需要培养适应变革和灵活性的能力。相关的培训将帮助个体更好地应对不断变化的挑战。

（三）技能培训的形式和途径

1. 在线学习平台

在线学习平台提供了各种与技术、数据科学、创业、环境科学等相关的课程。个体可以根据自身需求选择合适的课程进行学习。

2. 职业培训机构和学校

有许多专业培训机构提供各种职业培训课程，涵盖了从技术领域到创业管理的多个方向。个体可以选择参与实体培训班或研讨会，获得更深入的知识。

3. 公司内部培训

一些公司为员工提供内部培训计划，以满足公司内部的技能需求。个体可以主动参与公司提供的培训，提高自身职业素养。

4. 在职学习和兼职课程

一些大学和学术机构提供了在职学习项目，使在职人员能够在工作的同时继续深造。这为个体提供了更灵活的学习机会。

5. 行业认证和培训课程

一些行业协会和机构提供的认证课程，如项目管理专业认证（PMP）、数据科学家认证等，可以为个体提供在特定领域的权威认证。

6. 创业孵化器和加速器

创业孵化器和加速器提供了一个创新和创业的平台，个体可以在这里接受专业的培训、导师指导，提高创业和创新的能力。

7. 在职培训计划

一些大型企业为员工提供在职培训计划，旨在提高员工的综合素质。通过参与这些计划，个体可以不断提升自身的职业技能。

（四）技能培训的重要性

1. 增加竞争力

随着技术和市场的不断变化，通过不断学习新技能，个体可以保持竞争力，更容易适应市场的需求。

2. 适应职业发展变化

技能培训使个体能够更好地适应职业发展的变化，随着职业市场的需求不断演变，具备新技能的个体更容易找到适应性更强的职业。

3. 实现个人职业目标

通过培训，个体可以更好地了解自己的兴趣和优势，并选择与之相符的职业领域。培训有助于实现个人的职业目标。

4. 提高工作满意度

掌握新技能和知识可以使个体在工作中更加自信，提高工作满意度。满足对职业发展的追求有助于提高个体的整体生活质量。

5. 投资未来职业

技能培训可以被视为对个体未来职业的一种投资。通过提升自身的职业素养，个体将更有可能在职场中获得更好的机会和回报。

就业市场的需求与技能培训紧密相连，个体需要通过不断学习新的技能来适应市场的发展。技能培训不仅能够提高个体在职场上的竞争力，更能够满足不同行业对多样化技能的需求。在选择技能培训时，个体需要根据自身职业规划和市场需求，有针对性地选择适合自己的培训方案。同时，培训过程中要克服各种挑战，保持学习的积极性，将培训成果有效地应用到实际工作中，实现个人职业目标和发展。通过不断提升自身的职业素养，个体将能更好地适应职业市场的变化，实现事业的成功与个人的成长。

二、职业技能提升的课程设置

在当今竞争激烈的职场环境中，个体通过不断提升职业技能来适应市场需求已成为必然趋势。有效的职业技能提升课程设计对于个体的职业发展至关重要。本书将深入探讨职业技能提升课程的设计原则、内容设置以及实施方法。

（一）职业技能提升课程设计原则

1. 需求导向

在设计职业技能提升课程之前，首先需要对当前市场需求进行深入调研。了解不同行业对于特定技能的需求，以确保课程设置与市场实际需求紧密契合。

2. 综合性与专业性结合

职业技能提升课程应该综合考虑通用技能和行业专业技能。综合性技能如沟通、团队协作等对于职业发展至关重要，而专业技能则直接关系到在特定领域的竞争力。

3. 灵活性和更新性

职业技能提升课程需要具备持续更新和灵活调整的能力。职场环境不断变化，课程设计应能及时反映市场的新需求和新趋势，确保培训的实效性。

4. 实践导向

课程设计应该注重实际操作，通过案例分析、项目实践等方式，使学员在学习过程中能够将理论知识转化为实际工作中的解决方案。

5. 个性化学习

不同个体在职业发展阶段和兴趣方向上存在差异，因此职业技能提升课程应该提供一定的个性化选择，以满足不同学员的需求。

（二）职业技能提升课程内容设置

1. 基础技能培养

基础的沟通与表达能力是职业成功的基石。课程内容应包括口头和书面表达、沟通技巧、演讲能力等方面的培训。

2. 团队协作与领导力

（1）团队协作

培养在团队中协调合作的能力，包括团队建设、有效沟通、解决冲突等。

（2）领导力发展

针对有管理潜力的个体，提供领导力发展课程，涵盖团队管理、决策能力、领导风格等内容。

3. 创新与问题解决

（1）创新思维培养

强调创新思维，培养个体在工作中发现问题、提出创新解决方案的能力。

（2）问题解决技能

提供问题解决的方法和工具，使学员能够高效地分析和解决在工作中遇到的问题。

4. 技术和数字化能力

（1）数字化素养

提供数字化素养的培训，包括数据分析、信息管理等，以适应数字化时代的工作环境。

（2）技术应用培训

针对不同行业的技术应用进行培训，保障学员具备行业相关的技术能力。

5. 项目管理与时间管理

（1）项目管理技能

通过项目管理课程，培养学员在项目组织和执行方面的能力。

（2）时间管理

提供时间管理的培训，使学员能够高效利用时间，合理安排工作和学习。

6. 职业规划和自我营销

（1）职业规划

帮助学员制订长远职业规划，明确职业目标和发展路径。

（2）自我营销

提供自我品牌建设和营销策略的培训，使学员能够更好地展示自己的优势。

7. 环境保护和可持续发展

（1）环保意识

强调环保的重要性，培养学员在工作中注重环境保护。

（2）可持续发展

提供可持续发展的知识和方法，使学员能够在职业发展中考虑到可持续性的因素。

（三）职业技能提升课程实施方法

1. 线上学习平台

利用现代科技，提供线上学习平台，让学员可以随时随地进行学习，包括使用在线课程、网络研讨会、虚拟实验等。

2. 实践项目和案例分析

（1）实践项目

设计实践项目，让学员通过实际操作来应用所学的技能，提升实际工作中的能力。

（2）案例分析

利用真实案例进行分析，帮助学员更好地理解理论知识，并将其应用到实际场景中。

3. 导师指导和反馈

（1）分配导师

为学员分配导师，提供个性化指导，帮助他们解决学习中遇到的问题。

（2）定期反馈

设计定期反馈机制，了解学员的学习进度和需求，及时调整课程设计。

4. 小组合作学习

（1）小组项目

安排小组项目，促使学员进行团队合作，培养团队协作和领导力。

（2）小组讨论

利用小组讨论，让学员分享经验、互相学习，促进思维碰撞和共同进步。

5. 职业咨询服务

（1）提供职业咨询

设立职业咨询服务，为学员提供个性化的职业规划建议，帮助他们更好地明确职业目标。

（2）行业导师

邀请有丰富经验的行业导师，为学员提供职业领域的实战经验和指导。

6. 实地考察和交流活动

（1）实地考察

安排实地考察活动，让学员亲身感受不同行业的工作环境和实际运作。

（2）交流活动

组织学员间的交流活动，促使他们建立广泛的社交网络，分享职业经验。

7. 职业技能认证

（1）提供认证机制

设计职业技能认证机制，为学员在职场上获得更多的认可和机会。

（2）与行业合作

与行业相关机构合作，提供行业认可的证书，增加课程的权威性。

（四）课程效果评估与改进

1. 学员绩效评估

设立学员绩效评估机制，通过考试、项目评估、实践表现等，多维度评估学员的学习成果。

2. 满意度调查

在课程结束后进行满意度调查，收集学员对于课程内容、教学方法、导师服务等方面的反馈，为课程改进提供参考。

3. 就业率和职业发展跟踪

持续跟踪学员的就业情况，了解他们在职场上的表现和发展，评估课程对于职业发展的实际帮助。

4. 行业反馈和合作

与相关行业机构建立合作关系，获取行业对于培训课程的反馈，确保课程与实际职场需求保持一致。

5. 持续改进

设立定期的课程评估机制，对课程进行全面评估，识别问题并进行持续改进，以保证课程的质量和有效性。

职业技能提升课程设计旨在通过系统的培训，帮助个体提升在职场中所需的各项技能。合理的课程设计原则、内容设置及实施方法将直接影响到学员的学习效果和职业发展。通过不断地优化和改进，职业技能提升课程能够更好地满足个体的职业发展需求，助力他们在职场中获得更多的机会和成功。

三、技能培训效果评估与反馈

技能培训对于个体和组织的发展至关重要，然而如何评估培训的效果成为一个关键问题。本书将深入探讨技能培训效果评估的原则、方法以及反馈机制，以期帮助个体和组织更全面、科学地了解培训的实际效果，从而进一步提升培训的质量和可持续发展。

（一）技能培训效果评估的原则

1. 目标明确

在进行技能培训前，明确培训的具体目标和期望成果。这有助于建立评估的基准，确保评估的方向与培训目标一致。

2. 多维度评估

采用多种评估手段，包括知识测试、技能测评、实际应用项目、学员满意度调查等，形成全面的评估体系。

3. 可衡量性

设定具体、可衡量的评估指标，以便更精准地了解培训效果。这些指标可以是具体的数字、业绩数据，也可以是学员的实际应用能力。

4. 持续改进

建立评估的持续性机制，使得评估成为一个不断改进的过程。及时根据评估结果调整培训方案，以适应变化的学员需求和市场环境。

5. 对比分析

将培训前后的数据进行对比分析，与基准进行对比，以确保培训的实际效果能够被明显感知。这可以是学员的工作表现、业务成绩等。

（二）技能培训效果评估方法

1. 知识测试

设定定期的知识测试，通过考察学员对培训内容的掌握情况来评估培训效果。测试包括选择题、问答题等形式。

2. 技能测评

制定相关技能测评工具，通过实际操作或模拟场景来测试学员在课程中学到的实际技能。这可以通过案例分析、项目实践等形式进行。

3. 实际应用项目

引入实际应用项目，让学员将所学的知识和技能应用到实际工作中。通过项目的质量和成果评估学员的培训效果。

4. 360 度反馈

建立 360 度反馈机制，包括学员自评、同事评价、直接上级评价等多方位反馈，全面了解学员在团队中的表现。

5. 学员满意度调查

制定学员满意度调查问卷，了解学员对培训内容、教学方式、导师服务等方面的满意度，收集建议和意见。

6. 绩效数据比较

比较培训前后的绩效数据，包括工作成绩、业务指标等，以确定培训对学员绩效的实际提升效果。

7. 毕业生追踪

对已经完成培训的学员进行追踪调查，了解其在职场中的发展情况，以评估培训对于职业发展的长期影响。

（三）技能培训效果反馈机制

1. 定期反馈会议

定期组织反馈会议，邀请学员、培训导师、管理人员等参与，共同讨论培训效果和可能的改进措施。

2. 汇总分析报告

汇总各项评估数据，制作详细的效果汇总报告，对培训的整体效果进行分析，为决策提供数据支持。

3. 部门间交流分享

在组织内部进行部门间经验分享，让不同部门的学员共享培训心得，促进学习和经验交流。这有助于形成更好的学习氛围，促使员工互相学习、借鉴成功经验。

4. 制订改进计划

根据评估结果和反馈意见，制订明确的改进计划。这可能包括对课程内容的调整、教学方法的改进、导师培训的加强等方面。

5. 鼓励开放沟通

设立开放的沟通渠道，让学员能够随时提出建议和问题。建立反馈机制，使得学员的意见能够及时传达给相关负责人。

6. 持续监测和调整

设立长期的监测机制，定期追踪培训效果。在培训周期内，不断收集数据，根据实际情况进行灵活调整，确保培训一直保持高效性。

7. 发布成功案例

将培训成功的案例进行宣传和分享。通过分享成功案例，能够激励其他学员的学习积极性，也为培训的实际效果提供有力的证明。

（四）技能培训效果评估的挑战与解决方案

1. 量化评估的难度

（1）挑战

有些技能难以量化评估，如软技能、沟通能力等。

（2）解决方案

制定明确的评估标准，通过定性分析、案例分析等方式综合考查学员在这些方面的提升情况。

2. 培训前后环境变化

（1）挑战

培训前后环境的变化可能影响评估结果。

（2）解决方案

在评估时考虑到环境变化的因素，通过对比组进行对照，更准确地评估培训的实际效果。

3. 学员主观因素

（1）挑战

学员的主观感受可能影响满意度调查的真实性。

（2）解决方案

结合客观评估指标，如实际应用项目、绩效数据等，形成全面的评估，减少主观因素的影响。

4. 长期效果评估难度

（1）挑战

难以在短时间内全面评估培训的长期效果。

（2）解决方案

设立长期跟踪调查，周期性地了解学员在职业发展中的表现，更全面地评估培训的长期影响。

5. 数据收集和分析难度

（1）挑战

数据收集和分析可能需要较大的人力和物力成本。

（2）解决方案

利用现代科技手段，采用自动化工具进行数据收集和分析，提高效率，降低成本。

技能培训效果评估是一个复杂而关键的过程，对于组织和个体的发展都具有重要意义。通过明确的评估原则、多样化的评估方法以及有效的反馈机制，可以更全面地了解培训的实际效果，并及时调整培训方案，确保培训的实效性和可持续性。技能培训效果评估的不断改进和创新将为组织和个体提供更有力的支持，促使其在职业发展中不断进步。

第四节　实习与实践机会安排

一、实习机会的开拓与推广

实习是学生在校期间获取实践经验、提升职业素养的关键途径之一。实习机会的开拓与推广对学生和企业都具有重要意义。本书将深入探讨如何有效地开拓和推广实习机会，以促进学生更好地融入职场，提高就业竞争力。

（一）实习的重要性

1. 实践经验积累

实习为学生提供了在真实工作环境中应用专业知识的机会，帮助他们将理论转化为实际操作能力。

2. 职业素养培养

实习过程中，学生不仅能够学到专业技能，还能培养职场所需的沟通、团队协作、解决问题的能力，提高综合素养。

3. 拓展人际网络

实习是学生建立职业人际网络的良机，通过与企业内部人员和同事的交往，拓展人脉资源。

4. 提前了解行业

通过实习，学生能够更深入地了解所在行业的运作方式、行业趋势，为未来的职业规划提供宝贵的参考信息。

（二）实习机会的开拓

1. 与企业建立合作关系

学校可以主动与各类企业建立合作关系，包括制造业、服务业、科技企业等，以提供多样化的实习机会。

2. 行业协会与组织

与行业协会合作，获取行业内最新的实习信息，协助学生更好地融入相关行业。

3. 实习岗位信息发布

学校可以建立专门的实习岗位信息发布平台，使企业和学生能够更便捷地获取实习信息。

4. 校友资源开发

学校可以积极开发校友资源，争取校友提供实习机会，同时鼓励校友向学生分享实习经验。

5. 与创新创业园区合作

与当地的创新创业园区合作，为学生提供更多的创业实习机会，培养学生的创新精神和实践能力。

6. 拓展跨学科实习机会

创造跨学科实习的机会，让不同专业的学生有机会合作，拓展实习的广度和深度。

（三）实习机会的推广

1. 学生宣传推广

鼓励学生参与实习机会的推广工作，通过校园宣传、社交媒体等方式分享自己的实习经历，吸引更多同学参与。

2. 导师推荐和引导

导师在学生选课、专业方向上发挥着重要作用，通过导师的推荐和引导，帮助学生找到适合的实习机会。

3. 企业合作推广

鼓励企业在招聘会、行业研讨会等场合，分享与学生合作的成功案例，为实习机会做更直接的推广。

4. 学术论坛和讲座

学校可以组织学术论坛和讲座，邀请业界精英分享实践经验，吸引更多企业关注学生的实习需求。

5. 媒体合作

与媒体合作，通过新闻报道、专题采访等方式宣传学校实习机会的丰富性和学生实习的成功案例。

6. 社会公益活动

学校可以通过参与社会公益活动，提高学校的社会影响力，引起企业的关注和支持。

（四）建立健全的实习体系

1. 实习指导与管理

学校可以建立完善的实习指导与管理体系，确保学生在实习过程中能够得到良好的指导和支持。

2. 实习课程与培训

学校可以开设实习课程，为学生提供必要的实习前培训，包括职场礼仪、沟通技巧、实际操作等方面的培训，以增强其在实习中的适应能力。

3. 实习成果评估

学校可以设计科学的实习成果评估体系，对学生在实习中的表现进行全面评估，从而更好地指导其职业发展。

4. 实习报告与分享

学校可以组织学生在实习结束后进行实习报告与分享，让其他同学了解实际工作情况，提高整体实习水平。

5. 实习证书与荣誉

对表现优秀的学生颁发实习证书和荣誉称号，以鼓励更多学生积极参与实习活动。

6. 建立实习数据库

学校可以建立学生实习数据库，记录学生的实习经历、成果和反馈，为今后的实习提供有力的参考。

7. 面向不同层次的实习

不同年级、不同专业的学生可能有不同的实习需求，学校应该针对不同层次的学生提供多样化的实习机会。

（五）建立校企合作长效机制

1. 双向信息反馈

与企业建立双向信息反馈机制，及时了解企业对学生实习效果的评价，以便学校更好地调整培训计划。

2. 实习岗位定制

学校可以根据企业的实际需求，定制特定的实习岗位，提供更符合企业期望的实习生。

3. 企业导师制度

与企业合作建立导师制度，由企业内部员工担任学生的导师，提供更具个性化、实用性的指导。

4. 职业发展培训

学校可以与企业合作，为学生提供职业发展培训，帮助其更好地融入企业文化和职业生涯规划。

5. 建立实习基地

学校可以与企业签署实习基地协议，建立长期的实习基地，为学生提供更加稳定和可靠的实习机会。

6. 职业沙龙和交流会

定期组织职业沙龙和交流会，邀请企业代表与学生面对面交流，促进校企之间的深度合作。

（六）推动政策和法规的支持

1. 制定实习政策

学校可以制定明确的实习政策，规范实习的程序和要求，为学生提供更清晰的实习指导。

2. 政府支持与激励

学校可以与地方政府合作，争取更多的支持和激励政策，为实习提供更好的政策环境。

3. 法规合规

学校在开拓实习机会时需要确保实习活动符合相关法规，保障学生和企业的合法权益。

4. 行业规范引导

学校可以积极参与行业规范的制定，推动行业对实习的规范管理，为学生提供更有保障的实习环境。

（七）面临的挑战与应对方法

1. 实习资源匮乏

（1）挑战

一些地区或行业的实习资源可能相对匮乏。

（2）应对

寻找多样化的实习资源，通过多种渠道拓展实习机会，包括线上资源和国际实习等。

2. 学生竞争激烈

（1）挑战

部分热门实习岗位竞争激烈，学生难以获得心仪的实习机会。

（2）应对

加强学生职业规划与能力提升，提高整体竞争力，同时提供更多实习机会。

3. 实习与课程冲突

（1）挑战

学生可能面临实习与课程时间冲突的问题，影响正常的学业进度。

（2）应对

学校可以合理安排实习时间，与教学安排协调，避免实习与课程产生冲突，确保学生能够兼顾实习和学业。

4. 企业合作意愿不足

（1）挑战

一些企业可能对与学校合作提供实习机会的意愿不足。

（2）应对

学校可以通过提供合作的各种优势，如人才输送、专业技术支持等，提升企业合作的积极性。

5. 实习过程管理难度
（1）挑战
学校需要面对实习过程中的管理难度，包括学生的实际表现、企业的反馈等。
（2）应对
建立健全的实习管理体系，与企业建立紧密联系，及时解决实习过程中的问题，确保实习的顺利进行。

6. 法规政策不明确
（1）挑战
一些地区的实习法规政策可能不够明确，缺乏明确的指导。
（2）应对
学校可以与地方政府积极沟通，争取更多支持和明确的实习政策，为实习提供更好的法规环境。

实习机会的开拓与推广是学校职业发展服务的重要组成部分，关系到学生的实践能力、职业素养的提升以及就业竞争力的培养。通过与企业的紧密合作、校内外多方资源的整合，以及政府的支持与激励，学校可以建立起完善的实习机会体系，为学生提供更丰富、多样化的实习机会，帮助他们更好地融入职场，实现自身职业发展目标。实习机会的开拓与推广不仅是学校的责任，也需要企业和社会的共同参与，共同为培养优秀人才而努力。通过共同努力，可以实现实习机会的互利共赢，为学生和企业搭建起沟通、合作的桥梁，推动整个社会的人才培养和职业发展。

二、实践项目的设计与管理

实践项目是培养学生实际操作能力、提升综合素养的有效途径。设计和管理实践项目需要考虑多方面因素，包括项目目标、计划制订、团队协作、资源分配等。本书将深入探讨实践项目的设计与管理，以提供指导和建议。

（一）实践项目的重要性

1. 培养实际操作能力
实践项目可以帮助学生将在课堂上学到的理论知识应用于实际操作，提升专业技能水平。

2. 培养团队协作能力
实践项目通常需要团队合作，学生通过项目合作可以培养团队协作、沟通协调的能力。

3. 解决实际问题
通过参与实践项目，学生能够面对真实的问题，培养解决问题的能力，提高实际应对挑战的能力。

4. 综合素养提升
实践项目不仅局限于专业技能，还涵盖团队协作、领导力、创新等方面，全面提升学生的综合素养。

（二）实践项目的设计

1. 明确项目目标

在设计实践项目时，首先要明确项目的学习目标，包括专业知识的应用、团队协作能力的培养等。

2. 结合课程内容

实践项目应与相关课程内容结合，使学生能够将理论知识应用到实践中，深化对课程的理解。

3. 制订项目计划

制订详细的项目计划，包括项目启动、任务分配、阶段性成果提交等，合理安排项目的时间节点。

4. 选择适宜的项目形式

根据学科特点和项目目标，选择适宜的项目形式，如实验研究、社会调查、工程设计等。

5. 制定任务清单

制定清晰的任务清单，明确每个成员的任务和责任，确保项目进展有序。

6. 确定项目导师

为项目确定专业导师，提供学术指导和项目管理支持，确保项目顺利进行。

（三）实践项目的管理

1. 团队建设与管理

建设积极向上的团队文化，提高团队凝聚力，通过团队管理工具进行任务分配和进度跟踪。

2. 沟通与协调

保持团队成员之间的畅通沟通，建立定期的会议制度，解决团队合作中出现的问题。

3. 资源分配

确保项目所需资源的充足，包括实验设备、图书资料、软件工具等，以支持项目的正常进行。

4. 风险管理

在项目管理中，及时识别潜在的风险，制定相应的应对策略，以降低项目实施过程中的风险。

5. 进度监控

建立定期的进度检查机制，确保项目按照计划进行，及时发现和解决可能的延误。

6. 成果评估

在项目结束时进行全面的成果评估，包括学术质量、实用性、创新性等方面，为学生提供有针对性的反馈。

（四）实践项目的展示与分享

1. 展示形式与场合

安排多样化的展示形式，如学术报告、项目展示会、论文发表等，为学生提供展示成果的机会。

2. 邀请专业评审

邀请相关领域的专业人士组成评审团,对项目成果进行评审,提供专业意见和建议。

3. 校内外分享

鼓励学生将项目成果分享到校内外,包括学术期刊、学术会议等,扩大项目的影响力。

4. 提供展示平台

学校可以建立项目展示平台,为学生提供展示成果的在线平台,便于学术交流和分享。

5. 项目经验分享

鼓励学生将参与实践项目的经验分享给其他同学,促进项目经验的传承和共享。

(五)实践项目的改进与优化

1. 收集反馈意见

定期收集学生对实践项目的反馈意见,包括项目组织、导师指导、资源支持等方面的意见。

2. 数据分析与总结

对实践项目的数据进行分析和总结,了解项目的实际效果,为未来项目改进提供依据。

3. 调整项目设计

根据反馈意见和数据分析结果,灵活调整项目设计,优化项目的组织结构和任务设置。

4. 导师培训与提升

对参与项目的导师进行培训,提高其项目管理和指导水平,确保学生能够得到更好的指导。

5. 与行业合作更新项目内容

与行业合作,获取行业最新的实践需求,及时更新项目内容,使之更贴近实际。

6. 引入新技术与方法

不断引入新的技术和方法,保持项目的创新性和前瞻性,提高学生的实际操作水平。

(六)面临的挑战与应对

1. 资源不足

(1)挑战

实践项目可能面临资源不足的问题,包括人力、物力、时间等。

(2)应对

制订合理的资源分配计划,争取学校和企业的支持,寻找外部合作机会,解决资源不足的问题。

2. 学生参与积极性不高

(1)挑战

一些学生可能对实践项目的参与积极性不高。

(2)应对

设计有趣、实用的项目内容,提高项目的吸引力,同时通过宣传推广,激发学生的兴趣。

3. 项目设计难度过高

（1）挑战

项目设计难度过高可能导致学生无法完成，影响学习效果。

（2）应对

根据学生的实际水平，合理设定项目的难度，分阶段进行，确保学生能够逐步完成。

4. 跨学科合作难度

（1）挑战

跨学科合作可能涉及不同专业的知识和技能，难度较大。

（2）应对

加强学科之间的沟通与协调，建立跨学科的合作机制，促使不同专业的学生更好地合作。

5. 项目成果难以衡量

（1）挑战

一些项目成果难以用具体的指标来衡量。

（2）应对

在项目设计阶段明确项目成果的评估标准，通过导师评审、专业评审等方式进行综合评估。

实践项目的设计与管理是学校教学体系中的关键环节，直接影响学生的实际操作能力和综合素养的提升。通过明确项目目标、合理设计计划、有效管理团队、及时反馈与优化，可以提高实践项目的质量和效果。面对挑战，学校可以通过整合资源、激发学生兴趣、与行业合作等方式寻找解决方案，不断推动实践项目的发展与创新。

第五章 创业教育与创新创业活动

第一节 创业教育的必要性与目标

一、创业教育对学生发展的意义

创业教育作为一种新兴的教育模式，对学生的发展具有重要而积极的意义。它不仅有助于培养学生的创新精神和实际操作能力，还能够促进他们在未来职业生涯中更好地适应社会和市场需求。本节将从创业教育的定义、目标、实施方式以及对学生职业发展的影响等多个方面进行探讨，旨在深入分析创业教育对学生发展的意义[①]。

（一）创业教育的定义与目标

1. 创业教育的定义

创业教育是指在教育体系中引入创业理念、培养创新思维、提供实际创业经验的一种教育形式。它不仅仅关注创业者的培养，更强调培养学生的创新精神、团队协作能力和实践能力。

2. 创业教育的目标

（1）培养创新思维

通过创业教育，学生将更容易培养出富有创新意识和创造力的思维方式，使他们能够在面对问题时更具有洞察力和解决问题的能力。

（2）培养实践操作能力

创业教育注重实践，通过项目实践和创业实践，学生将更好地掌握实际操作的技能，提高解决实际问题的能力。

（3）提高团队协作能力

在创业过程中，团队协作是非常重要的。创业教育通过组织学生参与团队项目，培养他们的团队协作和沟通能力。

（4）培养创业者精神

创业教育旨在培养学生具备创业者精神，包括勇于冒险、乐于接受挑战、具有创业梦想等特质。

---

① 黄道平，华坚.创新、创业与就业[M].北京：机械工业出版社，2014：14.

（二）创业教育的实施方式

1. 课堂教学

创业教育可以通过课堂教学引入相关的创业理论知识，让学生系统地学习创业的相关概念、方法和策略。

2. 创业实践课程

设置创业实践课程，让学生在实际项目中进行创业实践，包括商业计划书的撰写、团队协作的实践等，培养他们的实际操作能力。

3. 创业导师制度

建立创业导师制度，导师可以为学生提供创业方面的指导和经验分享，帮助他们更好地规划和实施创业项目。

4. 创业竞赛和活动

组织创业竞赛和活动，通过比赛的形式激发学生的创新热情，提高他们在创业领域的竞争力。

（三）创业教育对学生发展的意义

1. 培养创新意识

创业教育能够培养学生的创新意识，使其在面对问题时更具有发现问题和解决问题的能力，不断寻找新的机会和解决方案。

2. 提高实际操作能力

通过创业实践课程和项目实践，学生将更好地掌握实际操作的技能，提高在职场中解决实际问题的能力。

3. 培养团队协作精神

创业教育注重团队协作，学生在创业项目中需要与团队成员密切合作，这有助于培养学生的团队协作精神和沟通能力。

4. 培养创业者精神

创业教育旨在培养学生具备创业者精神，包括冒险精神、创造力、创新能力等，使他们更有勇气和能力去创造价值。

5. 增强职业竞争力

通过创业教育的培训，学生将在职业市场上更具竞争力。他们不仅具备了创新和实际操作的能力，还具备了创业者的心态，更容易融入和适应现代职业环境。

（四）创业教育的发展趋势

1. 行业融合

创业教育将更加注重与实际行业的融合，更加紧密地与各行业合作，确保学生所学知识更加贴合实际职业需求。

2. 创业导师体系的建设

创业导师体系将更加完善，建立更为丰富的导师资源，包括成功企业家、行业专家、风险投资人等，为学生提供更全面、专业的指导和支持。

3. 全球化视野

创业教育将更加注重培养学生的全球化视野。随着全球经济的不断发展,学生需要具备在国际舞台上创业的能力,创业教育将更加关注国际化、跨文化的创业素养。

4. 创业智能化

随着科技的飞速发展,创业教育将更多地融入创业智能化的元素,包括人工智能、大数据分析等技术的应用,以提升创业教育的效果和实用性。

(五)创业教育的挑战与应对策略

1. 教育资源不足

(1)挑战

创业教育需要大量的创业导师、实践场地等资源,但这些资源在一些地区相对不足。

(2)应对策略

建立创业导师网络,引入企业家和专业人士作为兼职导师,同时加强学校与企业的合作,充分利用企业实践场地。

2. 评估体系不健全

(1)挑战

目前创业教育的评估体系相对不够健全,缺乏全面、科学的评价指标。

(2)应对策略

建立全面的创业教育评估指标体系,包括学生的创新能力、团队协作能力、实际操作能力等多个方面,以确保评估的客观性和准确性。

3. 学科整合难度大

(1)挑战

创业教育涉及多个学科领域,整合难度相对较大。

(2)应对策略

推动学科整合,建立跨学科的创业课程体系,促进不同学科领域的知识交流和融合。

4. 缺乏标准化培训

(1)挑战

创业教育缺乏标准化的培训体系,导致学生接受的创业教育质量参差不齐。

(2)应对策略

建立创业教育的标准培训体系,明确培训内容和培训标准,提高创业教育的质量和一致性。

创业教育作为一种新兴的教育模式,对学生的发展具有深远的意义。通过培养创新思维、提高实际操作能力、促进团队协作、培养创业者精神等目标,创业教育不仅为学生提供了更广阔的职业发展空间,也为社会培养了更具创造力和创新能力的人才。面对未来,创业教育将面临一系列的挑战,但通过合理的策略和不断的完善,创业教育将更好地为学生提供全面、实用的培训,推动创新创业文化的发展。

二、创业思维与创新创业目标

创业思维是指在面对问题和机遇时，能够采用创新、主动和积极的思考方式，寻找新的解决方案和商机的思维方式。创业思维与创新创业目标密切相关，二者相辅相成，共同推动个体或组织在创业过程中取得成功。下面将深入探讨创业思维的本质、特征，以及创新创业目标的设定与实现，旨在揭示二者之间的紧密联系以及在创业领域的重要性。

（一）创业思维的本质与特征

1. 本质

创业思维的本质在于不拘泥于传统思维模式，善于发现机遇，勇于冒险尝试，追求创新和变革。它是一种积极主动的心态，对问题有敏锐的洞察力，能够在复杂多变的市场环境中灵活应对。

2. 特征

（1）创新性

创业思维强调对问题的创新解决方案，善于挑战现状，寻找新的商业模式和产品设计。

（2）机遇意识

具备机遇意识是创业思维的重要特征，能够识别市场的变化和未来趋势，找到潜在商机。

（3）冒险精神

创业思维背后通常伴随着冒险精神，愿意冒险尝试新的想法和方法，接受失败的可能性。

（4）灵活性

创业思维强调灵活性，能够迅速适应环境的变化，调整策略和计划。

（5）学习能力

持续学习和适应新知识是创业思维的一部分，因为创业者需要不断更新对市场和行业的认知。

（二）创新创业目标的设定

1. 创新目标

（1）产品或服务创新

设定创新目标可能涉及推出新产品或服务，通过独特的特性或功能来满足市场需求。

（2）技术创新

引入新的技术，提高生产效率或创造更具竞争力的技术解决方案。

（3）市场创新

制定市场创新目标，可能包括开拓新市场、拓展受众群体、寻找新的销售渠道等。

2. 创业目标

（1）企业发展目标

设定明确的企业发展目标，包括市场份额的增长、销售额的提升、业务范围的扩大等。

（2）社会影响目标

一些创业者关注社会责任，通过企业的发展为社会创造积极影响，这也可以成为创业目标的一部分。

（3）创业家个人目标

创业者个人也有各种目标，如财务独立、事业成功、影响力提升等。

（三）创新创业目标的实现

1. 制定清晰的目标

制定明确、具体、可量化的创新创业目标，明确每个目标的实现步骤和时间表，为实现目标制订详细的计划。

2. 建立有效的团队

创新创业通常需要一个具备多样化技能的团队，团队成员之间要有高效的协作和沟通，确保能够共同推动目标的实现。

3. 持续创新与学习

创新创业是一个不断学习和持续创新的过程。保持对市场、行业和技术的敏感性，不断更新知识，是实现创新创业目标的重要手段。

4. 风险管理与适度冒险

创新创业涉及一定的风险，但同时也需要适度冒险。建立有效的风险管理体系，能够在冒险中保持可控性，使企业在竞争中保持竞争优势。

5. 不断反馈与调整

在实施创新创业目标的过程中，要及时获取反馈信息，了解实际执行情况，根据反馈信息进行调整和优化目标，确保持续改进。

（四）创业思维与创新创业目标的关联

1. 创业思维推动目标设定

创业思维注重发现问题和解决问题的能力，它推动创新创业目标的设定过程。创业者通过敏锐的市场洞察和创新思考，发现潜在商机，进而设定创新创业目标。

2. 创业思维促进目标实现

创业思维不仅推动目标设定，还直接影响目标的实现过程。创业者在实践中能够更具灵活性和创造力，通过创新思维快速调整策略，应对市场变化，推动创新创业目标的实现。

3. 创新创业目标培养创业思维

设定和实现创新创业目标的过程本身也是培养创业思维的过程。在追求目标的过程中，创业者需要不断思考、学习和尝试，这有助于加强创业思维的形成和发展。

4. 共同推动组织发展

创业思维和创新创业目标共同推动组织的发展。创业者通过创新创业目标的实现不仅推动了个体的成长，也为整个组织创造了更大的价值，促进了组织的可持续发展。

创业思维与创新创业目标之间存在着紧密的联系，二者相互促进、相辅相成。创业思维作为推动创新的力量，推动着创新创业目标的设定和实现。在创新创业的过程中，创业者需要具备积极主动的创业思维，通过不断地学习、尝试和创新，实现个体或组织的创新创业目标。

三、创业教育与职业生涯规划

创业教育是一种致力于培养学生创新创业能力的教育形式,而职业生涯规划是指个体为实现职业目标而主动进行的一系列规划和行动。这两者之间存在着紧密的关系,创业教育为学生提供了更多的选择和机会,有助于他们更好地规划职业生涯。下面将深入探讨创业教育与职业生涯规划之间的关系,以及创业教育如何促进学生在职业生涯规划中的发展。

(一)创业教育的重要性

1. 创业思维的培养

创业教育通过创新、实践和团队协作的方式,培养学生的创业思维。这种思维不仅仅是创业者所需,也是职业生涯规划中的关键能力之一。具备创业思维的个体更倾向于积极主动、敢于冒险,对未知的职业领域更具探索欲望。

2. 实际操作能力的提升

创业教育注重实际操作,学生在创业项目中可以锻炼自己的实际操作能力。这种能力对于职业生涯规划至关重要,因为职场中实际问题的解决更多需要的是实践经验而非理论知识。

3. 团队协作与沟通能力

在创业项目中,学生需要与团队成员紧密协作,这有助于培养团队协作和沟通能力。在职业生涯中,无论是在企业还是组织中,团队协作和沟通都是取得成功的关键因素。

4. 创业者精神的培养

创业者精神包括对机遇的敏感性、勇于冒险的精神等。这种精神不仅对创业者有益,也为个体在职业生涯中能够更好地应对各种机遇和挑战提供了支持。

(二)创业教育如何促进职业生涯规划

1. 帮助学生发现兴趣和潜力

创业教育通过实际项目和创业实践课程,为学生提供了更多的机会去发现自己的兴趣和潜力。学生在创业过程中可能涉足不同领域,从而更好地了解自己的兴趣所在,为职业生涯规划提供有力支持。

2. 培养学生的自主性和创造力

创业教育强调学生的自主性和创造力,鼓励他们提出独特的创意和解决方案。这种培养有助于学生在职业生涯规划中更主动地制定目标和策略,培养自己的领导力。

3. 提供创业导师支持

创业导师在创业教育中扮演着重要角色,他们可以为学生提供实际的创业经验和指导。这种导师支持有助于学生更好地理解职业领域,为职业生涯规划提供实用建议。

4. 建立职业网络

创业教育提供了与行业内专业人士、企业家等建立联系的机会。学生在创业项目中可以建立职业网络,获取更多的职业信息和资源,有助于他们更明智地进行职业生涯规划。

5. 培养解决问题的能力

创业项目中常常伴随着各种问题和挑战,学生需要具备解决问题的能力。这种能力对进行职业生涯规划至关重要,因为职场中充满了各种复杂的问题需要解决。

(三)创业教育与职业生涯规划的融合

1. 制订个性化职业发展计划

创业教育可以帮助学生更清晰地了解自己的兴趣、优势和目标,从而制订个性化的职业发展计划。这样的计划更符合个体的实际情况,更有助于实现职业生涯的长远目标。

2. 整合创新创业元素

职业生涯规划可以整合创新创业的元素,鼓励个体在职场中寻找创新机会,发挥创业思维,更积极地参与组织的创新和发展。

3. 提升职业竞争力

创业教育培养了学生的创新创业思维、实际操作能力和团队协作能力,这些都是提升职业竞争力的关键要素。学生通过创业教育获得的这些能力,可以使他们在职场中更具有竞争力,更容易应对各种挑战。

4. 培养职业适应力

创业教育强调学生面对不确定性和变化时的适应能力。职场中也充满着变化和挑战,通过创业教育培养的适应力,个体能够更好地适应职业生涯中的各种情境。

5. 建立创业者精神

创业者精神包括创新、冒险和坚韧等品质,这些品质在职业生涯规划中同样重要。创业教育的培养有助于学生建立坚韧不拔、勇于尝试的心态,使他们更具备应对职业生涯中各种挑战的勇气。

(四)创业教育与职业生涯规划的发展趋势

1. 创业导师体系的建设

未来,创业教育将更加注重创业导师体系的建设。通过引入成功企业家、行业专家等优秀人才,为学生提供更丰富的导师资源,帮助他们更好地规划职业生涯。

2. 全球化视野的培养

随着全球化的发展,创业教育将更加注重培养学生的全球化视野。这包括了解国际市场、了解不同文化背景下的商业运作方式等,使学生在职业生涯规划中更具备跨文化的适应能力。

3. 创新科技的融入

创新科技的融入将成为未来创业教育的重要发展方向,包括人工智能、大数据分析等技术的应用,将帮助学生更好地理解和利用现代科技在职业生涯中的作用。

4. 职业生涯规划智能化工具

未来可能出现智能化的职业生涯规划工具,通过人工智能技术为个体提供个性化的职业建议。这些工具可以基于个体的兴趣、能力、经验等多方面信息,为其提供更精准的职业发展方向。

创业教育与职业生涯规划之间存在着密切的关系,两者相互促进、相辅相成。创业教育通过培养创新创业、实际操作、团队协作等方面的能力,为学生更好地规划职业生涯提供了有力支持。未来,创业教育和职业生涯规划将更加融合,共同致力于培养更具创造力和适应能力的人才,以适应快速变化的职业环境。

第二节 创业课程设计与实施

一、创业课程的内容与设置

创业课程是培养学生创新创业能力的关键环节,旨在为学生提供实用的知识、技能和思维方式,以便他们在未来的创业活动中取得成功。下面将深入探讨创业课程的内容与设置,包括课程的核心要素、实践性的安排、多样化的主题等方面,以期为建设富有活力和实效的创业课程提供参考。

(一)创业课程的核心要素

1. 创业基础知识

创业课程的首要任务是传授创业的基础知识,包括市场分析、商业模式、财务管理等方面的内容。学生需要了解创业的基本概念和流程,掌握创建和经营企业的基本要素。

2. 创业思维培养

创业思维是创业成功的关键,因此创业课程应注重培养学生的创业思维。这包括发现机遇、解决问题、冒险精神等方面的培养,使学生具备创新、灵活和积极的思考方式。

3. 商业计划书撰写

商业计划书是创业过程中的重要文档,创业课程应该教授学生如何撰写有效的商业计划书。这包括市场调研、竞争分析、财务规划等方面,使学生能够清晰地呈现他们的创业想法和计划。

4. 创业伦理和法律知识

创业活动中涉及众多法律和伦理问题,创业课程应该介绍相关的法律法规和创业伦理。学生需要了解在创业过程中如何合法合规地运营,并遵循商业道德规范。

5. 创业资源与网络建设

创业过程中,良好的资源和人脉网络对于成功至关重要。创业课程应该教授学生如何寻找和利用创业资源,建立有效的人际关系,以便在创业过程中获取支持和合作机会。

(二)创业课程的实践性安排

1. 实地考察和实习

创业课程的实践性安排应包括实地考察和实习。通过实地考察,学生能够亲身体验不同行业和企业的运营情况,加深对市场的认识。实习则为学生提供在真实创业环境中锻炼的机会,让他们学以致用。

2. 创业项目实践

创业课程可以设立创业项目,让学生分组开展实际的创业活动。这种实践性的安排不仅有助于学生将理论知识应用到实际中,还培养了团队协作和解决问题的能力。

3. 创业导师辅导

引入创业导师,为学生提供专业的指导和建议。创业导师可以是成功的企业家、行业专家等,他们的经验和知识能够为学生的创业活动提供有力的支持和指导。

4. 创业比赛和展览

组织创业比赛和展览是创业课程的另一种实践性安排。学生可以通过比赛展示他们的创业项目,获得评审和观众的反馈,从而提升创业实践的水平。

(三)创业课程的多样化主题

1. 行业创新与趋势

创业课程应该关注不同行业的创新与趋势。针对不同行业的特点,介绍创新的案例和趋势,使学生能够更好地把握市场的机遇。

2. 社会企业与可持续发展

社会企业和可持续发展是当前创业领域的热点话题。创业课程可以设立相关主题,教授学生如何结合商业和社会责任,实现可持续的商业发展。

3. 科技创新与数字化转型

科技创新和数字化转型是现代创业的关键要素。创业课程应该介绍相关的科技趋势和数字化工具,帮助学生更好地运用科技手段进行创业。

4. 创业心理与团队管理

创业过程中,心理素质和团队管理能力同样至关重要。创业课程可以设置创业心理学和团队管理等主题,培养学生的心理韧性和领导力。

(四)创业课程的评估与反馈

1. 项目评估

创业课程的评估应该注重对学生创业项目的实际表现进行评估。这可以通过商业计划书的撰写、项目的执行情况、实际收益等方面来进行综合评估。评估过程可以结合专业导师的指导和同行评审,确保学生的创业项目在实践中得到充分的锻炼和检验。

2. 团队合作评估

由于创业往往需要团队协作,创业课程的评估也应该注重团队合作能力。学生的团队合作评估包括团队沟通、分工合作、决策效率等方面的表现。通过对团队合作的评估,可以培养学生在团队中协同工作的能力。

3. 创新能力评估

创新是创业活动的灵魂,创业课程的评估需要关注学生的创新能力。这可以通过学生在创业项目中提出的创新点、解决问题的独特性等方面来进行评估。创新能力评估有助于培养学生在面对复杂问题时提出新颖解决方案的能力。

4. 反馈机制建设

创业课程应该建立有效的反馈机制,及时了解学生的学习和实践情况,并提供有针对性的指导和建议。反馈可以来自导师、同行、行业专家等多方面，确保学生在创业课程中能够得到全面的指导和帮助。

（五）创业课程的发展趋势

1. 创业教育与跨学科整合

未来创业课程的发展趋势之一是与跨学科整合更加紧密。创业不仅仅是商业领域的活动，还涉及社会科学、技术、环境等多个领域。创业课程应该整合这些学科的知识，培养学生更全面的创业能力。

2. 创业课程数字化转型

随着数字化技术的不断发展，创业课程也将迎来数字化转型。这包括在线创业课程的推广、创业模拟软件的应用等方面。数字化转型可以提供更灵活的学习方式，使学生能够更便捷地获取创业知识。

3. 社会责任与可持续发展

未来创业课程可能更加关注社会责任和可持续发展。企业在创业的同时，应该更多地考虑对社会和环境的影响，因此创业课程可以增加相关主题，培养学生的社会责任感。

4. 创业生态系统的建设

创业生态系统是创业环境中各种因素相互作用的系统，未来创业课程可能更加关注创业生态系统的建设。这包括与企业、投资者、孵化器等相关机构的合作，为学生提供更广泛的创业资源。

创业课程的内容与设置是培养学生创新创业能力的关键环节。通过建设丰富多样的创业课程，学生能够获取创业的基础知识、培养创业思维、锻炼实践能力，从而更好地应对职业生涯中的挑战。创业课程的核心要素、实践性安排和多样化主题都对学生的全面发展起到积极作用。此外，创业课程的发展趋势也显示出与跨学科整合、数字化转型、社会责任与可持续发展等方向的密切关联。

二、实践性创业课程的特点

实践性创业课程作为培养学生创新创业能力的关键组成部分，具有许多独特的特点。这些特点旨在通过实际操作、项目实践和创业经验分享，为学生提供更深入、实用、有趣的学习体验。下面将深入探讨实践性创业课程的特点，包括实践导向、项目化学习、导师支持、实际问题解决等方面，以揭示这一类型课程的价值和影响。

（一）实践导向

1. 实际创业体验

实践性创业课程的核心特点之一是注重实际创业体验。通过将学生置身于真实的创业环境中，让他们亲身经历创业的全过程，从构思创意到项目实施，再到市场验证和商业化运作。这样的实际创业体验不仅提升了学生的实际操作能力，同时也培养了他们在实际情境中解决问题的能力。

2. 创业项目实战

实践性创业课程往往以创业项目为主线，通过实战性的项目学习，让学生在实际操作中应用所学知识。这种实战模式有助于巩固理论知识，培养学生解决实际问题的能力，使他们更好地理解创业的复杂性和挑战。

（二）项目化学习

1. 团队合作项目

实践性创业课程通常以团队合作的项目为主要教学方式。学生组成团队，共同承担创业项目的不同角色和任务，培养团队协作和沟通能力。这种项目化学习使学生能够从合作中学到更多，更好地适应职业生涯中的团队工作。

2. 创业项目导向

实践性创业课程注重培养学生的创业思维，通过引导学生自主选择、设计和实施创业项目，使其深入理解创业的本质和创新的重要性。这种创业项目导向的学习方式有助于激发学生的创业激情，培养他们在未来创业活动中的领导力和创造力。

（三）导师支持

1. 创业导师陪同

实践性创业课程通常会配备创业导师，他们可能是成功的企业家、行业专家或学科导师。导师陪同是学生在创业过程中得到实际指导和支持的关键。导师可以为学生提供实际的创业经验、专业知识和建议，帮助他们更好地应对挑战。

2. 个性化辅导

实践性创业课程强调个性化辅导，通过与学生一对一的交流，了解他们的兴趣、优势和需求，为其提供更贴合个体情况的指导。这种个性化辅导有助于激发学生的创业潜力，使其更好地发挥自己的优势。

（四）实际问题解决

1. 创业课程与实际问题结合

实践性创业课程通过将理论知识与实际问题结合，使学生能够更好地应对职业生涯中的实际挑战。课程内容与实际问题紧密相连，使学生能够在解决实际问题的过程中不断提升自己的创业技能。

2. 行业实践和调研

创业课程注重学生对行业的实际调研和实践。学生通过深入了解所在行业的市场状况、竞争对手、消费者需求等，更好地为创业项目的实施做准备。这种行业实践和调研有助于提升学生的商业洞察力和市场敏感性。

（五）创新和灵活性

1. 创业创新

实践性创业课程鼓励学生在创业过程中追求创新。学生被鼓励提出独特的创意，寻找新的商业机会，推动行业发展。这种创业创新的精神培养了学生在职业生涯中不断寻找创新点和突破口的能力。

2. 课程灵活性

创业领域变化快速，实践性创业课程通常具有较高的灵活性。课程内容和安排可以根据市场趋势、行业发展和学生需求进行灵活调整。这种灵活性使得创业课程能够及时反映市场的变化，为学生提供最新、最实用的创业知识和技能[①]。同时，灵活性也允许学生根据自己的兴趣和发展方向选择适合的创业项目，促使他们更主动地参与学习过程。

第三节　创新创业实践基地

一、实践基地的建设与合作

实践基地是创业教育中至关重要的一环，它为学生提供了一个真实的创业环境，促使他们将理论知识应用于实际操作。下面将深入探讨实践基地的建设与合作，包括实践基地的定义、建设过程、合作模式等方面，以期为打造具有实效性和可持续性的实践基地提供指导。

（一）实践基地的定义与作用

1. 实践基地概述

实践基地是指学校或企事业单位为学生提供的实际操作、实践锻炼的场所，为学生创造一个模拟真实创业环境的平台。实践基地旨在通过模拟企业运作、创业项目实施等方式，培养学生的实际操作能力、团队协作精神和创业思维。

2. 实践基地的作用

实践基地在创业教育中发挥着至关重要的作用。

（1）实际操作平台

为学生提供一个实际操作的场所，让他们能够将课堂学到的理论知识付诸实践，提升实际应用能力。

（2）创业项目实施

实践基地是学生进行创业项目实施的平台，使他们能够在真实环境中体验创业的全过程，从而更好地适应职业生涯。

（3）团队协作培养

通过实践基地中的团队合作项目，培养学生的团队协作和沟通能力，提高集体智慧和协同创新水平。

（4）实际问题解决

实践基地的场景更贴近实际，学生在实践中面临的问题更具挑战性，有助于培养他们解决实际问题的能力。

---

① 王静，常宇靖.核心价值观指导下的大学生创新创业教育研究[M].长春：东北师范大学出版社，2018：56.

（二）实践基地的建设过程

1. 规划与定位

实践基地的建设首先需要明确其定位和规划。学校或机构应该根据自身的特点、资源和教育目标，确定实践基地的功能和服务范围。例如，可以设立创业孵化器、实验室、模拟企业等形式的实践基地。

2. 资源整合

实践基地的建设需要充分整合各方资源。这包括物质资源（场地、设备等）、人力资源（导师、专业人才等）、财务资源等。通过整合资源，实践基地能够提供更全面、高效的服务。

3. 建设基础设施

基础设施建设是实践基地建设的核心环节。这包括场地规划、实验室建设、办公设备配置等。基础设施的建设要符合实践需求，保证学生在实践基地能够进行创新创业活动。

4. 创业文化培育

实践基地应该注重创业文化的培育。这包括对学生进行创业精神的培养、创新意识的塑造，使实践基地成为一个鼓励创业、崇尚创新的文化氛围的孵化场所。

（三）实践基地的合作模式

1. 校企合作

学校与企业之间的合作是实践基地建设的一种重要模式。学校可以与企业签署合作协议，借助企业的实际运作经验和资源，为实践基地提供更多支持。同时，企业也能通过实践基地与学校建立更紧密的联系，寻找创新创业的合作机会。

2. 专业机构合作

学校可以与专业机构（如创业孵化器、科研机构等）进行合作，共同建设实践基地。专业机构通常拥有更专业的管理团队和更完善的服务体系，能够为实践基地提供更多的支持和指导。

3. 行业合作

实践基地的建设也可以通过与相关行业进行合作来实现。学校可以与特定行业的企业或协会建立合作关系，通过与行业内专业人士的合作，使实践基地更符合行业需求，为学生提供更真实的创业体验。

4. 跨学科合作

实践基地的建设可以通过跨学科的合作来实现。不同学科领域的专业知识和技能相互融合，为学生提供更全面的实践环境。这种跨学科合作能够培养学生的多元思维和综合能力。

（四）实践基地的管理与运营

1. 专业团队建设

实践基地的成功管理与运营需要建立一个专业的团队。这个团队应包括管理人员、导师、行业专家等，他们具备创业、管理和行业经验，能够为实践基地提供全方位的支持。建设专业团队有助于更好地指导学生、组织活动，并确保实践基地的有效运营。

2. 学生培训与指导

实践基地的管理团队应该重视学生培训与指导工作。通过为学生提供创业技能培训、实践指导等方式,使他们更好地适应实际创业环境。导师的角色也至关重要,他们能够为学生提供专业的指导和建议,帮助他们解决实际问题。

3. 活动组织与项目管理

实践基地需要定期组织创业活动、项目实施等实践性活动。管理团队应当具备良好的项目管理能力,能够策划和组织各类创业项目,确保学生能够参与到真实的商业环境中。活动组织和项目管理的有效性直接关系到实践基地的实效性。

4. 创业文化营造

管理团队应该注重创业文化的营造。通过组织各类创新创业活动、邀请成功企业家分享经验等方式,培养学生创业精神,营造积极向上的创业氛围。创业文化的建设有助于激发学生的创新热情,增强实践基地的吸引力。

5. 资源整合与拓展

实践基地的管理团队需要不断进行资源整合与拓展。这包括与企业、行业协会、投资机构等建立更广泛的联系,获取更多的资源支持。通过与外部合作伙伴的合作,实践基地能够获得更多的项目机会、行业信息和专业建议。

（五）实践基地的可持续发展

1. 持续更新设施与技术

为了保持实践基地的竞争力,管理团队需要持续更新设施与技术。随着科技的发展和行业的变革,实践基地应当及时引入新的技术和设备,以适应不断变化的创业环境。

2. 持续学科整合

实践基地的发展也需要持续学科整合。不同学科领域的知识和技能相互交融,可以为学生提供更全面的培训。实践基地应当不断拓展与各学科专业的合作,以确保学生能够接触到最新、最全面的知识。

3. 持续开展创新项目

实践基地应当持续开展创新项目,为学生提供更多实践机会。这不仅有助于培养学生的创新创业精神,同时也能够为实践基地带来更多的影响力和社会认可度。

4. 持续与企业合作

与企业的合作是实践基地可持续发展的关键。实践基地应当与企业建立深度的战略合作关系,借助企业资源和实际经验,提升实践基地的服务水平和影响力。

（六）实践基地的评估与改进

1. 效益评估

实践基地的效益评估是保证其可持续发展的重要环节。通过对实践基地的运营状况、学生创业成功率、合作项目成果等方面进行定期评估,获取实践基地的整体效益信息。

2. 学生满意度调查

学生的满意度是评估实践基地运营质量的重要指标。定期进行学生满意度调查,收集学生对实践基地服务、导师指导、创业项目等方面的反馈,为改进提供有力依据。

3. 外部评估与认证

实践基地可以通过外部专业机构的评估与认证,获取更客观、权威的评价。获得相关认证不仅可以提升实践基地的声誉,也能够吸引更多的资源和合作伙伴。

4. 持续改进机制

建立持续改进机制是保障实践基地发展的关键。管理团队应当根据评估结果，及时调整运营策略，完善服务体系，提高实践基地的竞争力和影响力。

（七）总结与展望

实践基地的建设与合作是创业教育中不可忽视的重要环节。通过规划与定位、资源整合、基础设施建设等过程，实践基地能够为学生提供真实的创业环境和实践机会。不同的合作模式，如校企合作、专业机构合作、行业合作等，能够为实践基地注入不同的专业知识和资源支持。管理团队的专业化、学生培训与指导、活动组织与项目管理等方面的工作，是实践基地能否取得良好运营效果的决定性因素。

为了实现实践基地的可持续发展，管理团队需要不断更新设施与技术，进行学科整合，开展创新项目，并与企业保持深度合作。定期进行效益评估、学生满意度调查以及接受外部评估与认证，有助于获取全面的反馈信息，为改进和提升提供有力支持。同时，建立持续改进机制，及时调整运营策略，使实践基地能够适应不断变化的创业环境。

展望未来，实践基地应当继续关注科技创新、社会责任、可持续发展等方向，不断拓展服务领域，培养更多具备国际化视野和全球竞争力的创业人才。与此同时，应加强与各类企业、科研机构、国际组织的合作，形成更广泛的创新创业生态系统，共同推动实践基地的卓越发展。

总的来说，实践基地的建设与合作是创业教育中至关重要的一环，它不仅为学生提供了实践机会，也推动了创新创业教育的深入发展。通过不断完善管理机制、加强合作关系、注重可持续性发展，实践基地将成为培养创新人才、促进产业发展的重要力量。

二、创新创业实践项目的推进

创新创业实践项目是培养学生创业能力、促进创新思维的重要途径。项目推进过程涉及项目策划、资源整合、团队协作、市场营销等多个方面。下面将深入探讨创新创业实践项目的推进过程，包括项目策划与设计、资源整合、团队协作、市场推广等方面的关键要素，以期为高校、企业或机构有效推动创新创业实践项目提供指导。

（一）项目策划与设计

1. 项目定义与目标

在推进创新创业实践项目之前，首先需要清晰地定义项目的范围、目标和期望成果。明确项目的创新性、可行性和可衡量的目标，为后续推进提供明确的方向。

2. 目标受众与市场定位

了解项目的目标受众是至关重要的，这有助于确定项目的市场定位和推广策略。明确项目的受众群体，分析目标市场的需求，为项目的进一步推进提供有针对性的指导。

3. 制订详细计划

制订详细的项目计划是推进项目的基础，包括项目的时间节点、任务分配、资源需求等方面的规划，有助于团队成员明确各自的责任，提高项目推进的效率。

4. 风险评估与应对策略

在项目策划阶段，需要对可能出现的风险进行评估，并制定相应的应对策略。这有助于在项目推进过程中及时应对可能的挑战，保障项目的稳健推进。

（二）资源整合与配置

1. 人力资源

人力资源是创新创业实践项目中最为关键的资源之一。建立一个具有多元背景、专业能力的团队，确保团队成员能够互补优势，共同推动项目的顺利进行。

2. 财务资源

创新创业项目通常需要一定的财务支持，包括项目启动资金、运营经费等。整合财务资源，可以通过赞助、投资、合作等多种方式获取资金支持，确保项目推进的资金稳定性。

3. 技术资源

技术资源在创新创业项目中起到至关重要的作用，确保项目团队能够获得必要的技术支持，包括研发工具、软件设备、实验室等方面的资源。

4. 合作伙伴关系

建立良好的合作伙伴关系是资源整合的一部分。与企业、学术机构、行业协会等建立战略合作关系，可以为项目提供更广泛的资源支持和市场渠道。

（三）团队协作与沟通

1. 团队建设

项目团队的建设是项目推进的基础。通过团队建设活动、培训课程等方式，促使团队成员更好地了解彼此，建立团队凝聚力，提高团队合作效率。

2. 沟通机制

建立良好的沟通机制有助于团队成员之间及时、有效地交流信息。采用项目管理工具、定期开展团队会议、建立在线沟通平台等方式，确保团队协作顺畅。

3. 任务分工与协作模式

明确团队成员的任务分工，建立协作模式，确保每个团队成员都清楚自己的职责，并能够协同合作。灵活的任务分工和协作模式有助于应对项目推进过程中的变化。

4. 冲突解决机制

在团队协作过程中，可能会出现一些分歧和冲突。建立有效的冲突解决机制，通过沟通、调解等方式解决问题，确保团队的和谐氛围。

（四）市场推广与营销

1. 市场营销策略

制定合适的市场营销策略是推动项目成功的关键。制定目标客户群体的定位、产品定价策略、推广渠道选择等方面的决策，有助于提高项目在市场中的竞争力。

2. 品牌建设与宣传

项目的品牌建设对于长期发展至关重要。通过定位独特的项目品牌、开展有针对性的宣传活动，提高项目的知名度和美誉度，有利于项目在市场中的推广。

3. 用户反馈与改进

及时获取用户反馈是市场推广中的重要环节。通过用户调查、评价分析等方式，了解用户对项目的看法和需求，有助于项目根据市场反馈进行调整和改进。

4. 合作伙伴关系拓展

在市场推广过程中，积极拓展合作伙伴关系能够为项目提供更多的支持和资源。与行业领军企业、社会组织、投资机构等建立战略合作，不仅有助于项目的推广，还能够为项目的可持续发展奠定基础。

（五）项目执行与监控

1. 项目执行

项目执行阶段是实现创新创业目标的关键环节。执行阶段需要按照项目计划有序进行，确保各项任务按时完成。此时需要关注团队成员的工作进展，及时解决可能出现的问题。

2. 进度监控

建立有效的项目进度监控机制是推动项目成功的保障。通过制订进度计划、定期汇报工作进展、及时调整计划等方式，确保项目推进的过程中不偏离最初设定的方向。

3. 质量控制

保证项目推进的质量是项目成功的重要保障。建立质量控制机制，包括对项目成果的评估、反馈机制的建立等，有助于确保项目达到预期的创新创业效果。

4. 成果评估与总结

在项目推进的过程中，需要定期进行成果评估，分析项目的实际效果与预期目标的差距。通过项目总结，总结项目经验、挖掘问题原因，为未来类似项目的推进提供经验教训。

（六）风险管理与应对

1. 风险预测

在项目推进的过程中，难免会面临各种潜在风险。通过风险预测，识别可能出现的问题，有助于及时采取措施规避潜在的风险。

2. 应对策略

建立应对策略，针对各类风险制订相应的解决方案。应对策略应该具体、可行，能够在面临困难或挑战时迅速响应，保障项目的顺利推进。

3. 风险监控与调整

在项目推进过程中，需要不断进行风险监控。及时调整项目计划，采取有效措施，确保项目在面临风险时能够迅速做出反应，保障项目的整体进展。

（七）社会影响与可持续发展

1. 社会影响评估

创新创业实践项目的成功不仅体现在经济效益上，还需要考虑其对社会的影响。进行社会影响评估，分析项目对社会、环境、产业发展等方面的积极影响。

2. 持续改进

项目推进过程中，要保持对项目的持续改进。通过总结经验、学习市场反馈、不断调整策略，确保项目能够在变化的环境中保持竞争力，实现可持续发展。

3. 社会责任履行

创新创业项目需要积极履行社会责任。通过参与社会公益活动、关注环境可持续性、促进公平就业等方式，为社会创造更多积极价值。

（八）总结与展望

创新创业实践项目推进是一项综合性的工作，需要项目团队具备全面的能力和素质。通过项目策划与设计、资源整合与配置、团队协作与沟通、市场推广与营销、项目执行与监控、风险管理与应对、社会影响与可持续发展等多个方面的努力，可以推动创新创业项目取得良好的成果。

在未来，随着科技、经济、社会的不断发展，创新创业实践项目推进将面临新的机遇和挑战。高校、企业或机构应不断优化项目管理模式，引入更先进的科技手段，提高项目的创新性和竞争力。同时，注重社会责任履行，关注可持续发展，使创新创业项目成为社会发展的有力推动者。通过持续的努力和不断的创新，创新创业实践项目将为培养更多优秀创业人才、推动产业升级、促进社会经济发展做出更大的贡献。

第四节　创业竞赛与项目孵化

一、创业竞赛的组织与参与

创业竞赛作为培养创新创业精神、促进创业项目孵化的有效途径，近年来在各个领域得到了广泛开展和积极参与。下面将深入探讨创业竞赛的组织和参与，包括组织策划、参与方式、竞赛评价标准等方面的关键要素，旨在为创业竞赛的有序进行提供指导。

（一）创业竞赛的组织与策划

1. 竞赛定位与目标

在组织创业竞赛之前，需要明确竞赛的定位和目标。不同类型的创业竞赛可能注重的方面有所不同，包括技术创新、社会责任、产业升级等。明确竞赛的目标有助于更好地组织和策划。

2. 合作伙伴关系

建立良好的合作伙伴关系对于创业竞赛的成功至关重要。与企业、学术机构、创投机构等建立战略合作关系，能够为竞赛提供更多资源和支持，拓展竞赛的影响力。

3. 竞赛规则与奖励设置

制定明确的竞赛规则和奖励设置是组织创业竞赛的基础。包括参赛资格、评审标准、奖项设置等方面的规定，能够为参赛者提供清晰的指引，同时提高竞赛的公正性和公平性。

4. 资源准备与保障

充足的资源是创业竞赛成功的保障。包括场地准备、技术支持、专业培训等资源的充足配置，有助于确保竞赛的顺利进行和参与者的良好体验。

（二）创业竞赛的参与方式

1. 个人参与与团队组建

创业竞赛通常允许个人和团队的参与。个人参与能够展现个人创新能力，而团队组建则能够充分发挥不同成员的专业优势，提高项目的全面性。

2. 学生与企业参与

创业竞赛可以面向学生和企业开放，促使校企合作，加强产学研结合。学生可以通过竞赛锻炼创业能力，而企业则能够通过创业竞赛发现创新项目和人才。

3. 跨学科参与

鼓励跨学科参与是促进创业竞赛多样性的一种方式。不同学科的参与者能够为项目带来多元化的思维和创新观点，有利于推动创业项目的综合发展。

4. 国际化参与

创业竞赛的国际化参与有助于拓展竞赛的影响力和创新视野。吸引国际参赛者和评审专家，促使项目在国际范围内获得更多认可。

（三）竞赛评价标准与流程

1. 评审标准的制定

明确的评审标准是竞赛评价的基础。评审标准应该综合考虑创新性、可行性、市场潜力、社会影响等方面，确保评价过程公正、全面。

2. 专业评审团队

组织专业的评审团队对于竞赛的公正性和权威性至关重要。评审团队成员应具备相关领域的专业知识和实践经验，能够对参赛项目进行深入的评估。

3. 评审流程与透明度

建立清晰的评审流程和透明度有助于提高竞赛的公正性和可信度。确保评审程序公开、公平，参赛者和观众能够了解评审的整个过程。

4. 反馈机制

为参赛者提供及时有效的反馈是竞赛评价的重要环节。评审团队应该能够为每个项目提供详细的评价意见，帮助参赛者更好地了解项目的优势和不足。

（四）竞赛后的支持与跟踪

1. 获奖项目支持计划

对于获奖项目，建立支持计划是确保项目继续发展的关键。包括提供资金支持、导师指导、创业空间等支持措施，能够帮助项目更好地实现商业化和可持续发展。

2. 创业生态系统建设

创业竞赛不仅是一个活动，更应该成为整个创业生态系统的一部分。与孵化器、投资机构、企业等建立紧密联系，形成良好的创业生态圈。通过创业竞赛引入更多的创新创业资源，促进创业生态系统的形成和发展，为参赛者提供更多的支持和机会。

3. 媒体宣传与推广

在竞赛结束后，通过媒体宣传和推广活动，提高竞赛的知名度和影响力。向社会展示竞赛的成功案例，吸引更多的创新者和投资者参与，推动创业生态系统的不断壮大。

4. 创业教育与培训

将创业竞赛与创业教育相结合，为参赛者提供相关的培训和指导。通过举办创业讲座、导师辅导等方式，帮助参赛者提升创业技能和商业素养，使他们更好地适应创业环境。

（五）社会影响与可持续发展

1. 社会责任履行

创业竞赛作为一种社会活动，应当积极履行社会责任。通过关注可持续发展、推动社会创新、服务社区等方式，为社会做出积极贡献。

2. 参与者的社会影响力

关注参与者的社会影响力，不仅要看重其商业价值，还应关注其在社会中的积极作用。通过鼓励社会创新和可持续经营，引导创业者在商业成功的同时，产生积极的社会影响。

3. 行业发展推动

创业竞赛的成功也应该成为相关行业发展的推动力。通过激发创新创业活力，推动整个行业的发展升级，促使更多的创新成果得以落地并推动产业升级。

（六）挑战与改进

1. 面向全球创新挑战

在全球化背景下，创业竞赛可以更加注重面向全球的创新挑战。吸引来自不同国家和地区的参与者，搭建国际交流平台，推动全球创新创业合作。

2. 创业竞赛的多样性

推动创业竞赛的多样性，包括不同类型的竞赛、面向不同群体的竞赛等。通过多样性的创业竞赛，更好地满足不同创业者的需求，促进创新创业的全面发展。

3. 持续改进与学习

组织方在创业竞赛中也需要保持持续改进的态度。及时总结经验，吸收国际先进经验，借鉴成功案例，不断提升组织和评审水平，确保创业竞赛的质量和影响力。

（七）总结与展望

创业竞赛作为一种有效的创新创业推动机制，具有重要的意义。通过组织与策划、参与方式、评价标准与流程、支持与跟踪、社会影响与可持续发展等方面的全面考虑，可以促使创业竞赛更好地发挥作用，为创新创业提供更多机会和平台。

未来，创业竞赛将面临更多挑战和机遇。在科技不断进步、社会需求多样化的背景下，创业竞赛需要不断创新，更好地适应不同行业和领域的需求。同时，注重国际化合作、推动全球创新创业合作，将创业竞赛打造成为推动全球创新发展的重要引擎。通过不懈努力和持续改进，创业竞赛将在未来取得更为辉煌的成就。

二、创新创业项目孵化流程

创新创业项目孵化是一种将创意转化为商业实践的过程，通过提供资源、指导和支持，帮助创业者将他们的想法转化为可行的商业模式。下面将深入探讨创新创业项目孵化的流程，包括项目策划、甄选入驻、资源支持、导师指导、成果评估等关键步骤，以期为创业者和创业孵化机构提供有益的参考。

（一）项目策划与规划

1. 确定孵化目标与定位

在启动创新创业项目孵化流程之前，孵化机构需要明确孵化的目标和定位。这包括确定孵化的行业领域、关注的创新方向以及孵化项目的商业模式。明确的目标和定位有助于精准招揽适合的创业项目。

2. 制订孵化计划

制订详细的孵化计划是项目策划的关键步骤。孵化计划应包括孵化周期、支持方式、导师团队安排、资源配置等方面的详细安排。同时，计划中需要考虑项目的可行性、市场潜力等因素。

3. 完善孵化服务体系

建立完善的孵化服务体系，包括孵化机构提供的资源、培训、导师支持等服务。确保创业者能够在孵化过程中得到全方位的支持，提高项目的成功概率。

（二）甄选入驻

1. 制定入驻条件与标准

制定明确的入驻条件与标准，确保入驻项目符合孵化机构的定位和目标。条件与标准包括项目的创新性、团队实力、商业计划等方面的要求。

2. 发起项目征集

通过公开征集或邀请方式，吸引创业者提交他们的项目申请。征集阶段需要进行宣传推广，使更多有潜力的创业者了解孵化机构，并积极参与项目征集。

3. 项目评审与筛选

对入驻申请的项目进行评审与筛选，一般由孵化机构的专业评审团队负责。评审过程包括项目方案的分析、团队能力的评估、市场潜力的预测等多个方面的考察。

4. 入选通知与协议签订

对于通过评审的项目，向创业者发送入选通知，并开始商讨合作协议。协议中包括孵化期限、资源支持、权益分配等关键条款，明确双方权责，为后续合作奠定基础。

（三）资源支持与服务

1. 提供办公空间与设施

为入驻的创业项目提供适宜的办公空间和必要的设施，创业者可以在孵化机构内集中精力进行项目推进，免去基础设施搭建的烦扰。

2. 提供财务支持

孵化机构可以向入驻项目提供一定的财务支持，包括启动资金、运营经费等。这有助于创业者专注于项目的研发和推广，降低财务压力。

3. 提供导师支持

建立导师团队，为入驻项目配备专业领域的导师。导师在技术、市场、管理等方面提供创业者有针对性的指导，分享经验和资源。

4. 提供培训与课程

组织各类培训和课程，涵盖创业知识、市场营销、团队建设等方面，帮助创业者提升综合素质，提高项目的商业化水平。

（四）导师指导与项目推进

1. 制订项目发展计划

与入驻项目一起制订详细的项目发展计划。计划包括项目的关键里程碑、研发计划、市场推广策略等，有助于项目有序推进。

2. 导师指导与辅导

为入驻项目分配导师，提供个性化的指导和辅导。导师通过定期的沟通、问题解答、经验分享等方式，帮助创业者克服困难，优化项目方向。

3. 团队协作与交流

促使入驻项目之间建立紧密的团队协作关系。组织项目间的交流活动、经验分享会，营造良好的创业氛围，激发创新思维。

4. 持续优化与调整

根据项目的实际情况，持续优化项目的发展计划。在实施过程中发现问题，及时调整策略，确保项目在孵化期内能够不断进步。

（五）成果评估与跟踪

1. 制定评估指标

制定明确的成果评估指标，用于衡量项目的发展情况。指标包括市场占有率、收入增长、团队扩张等方面的综合评估。

2. 定期评估与报告

定期进行项目成果评估，与创业者进行深入沟通。制定评估报告，分析项目的亮点和不足之处，为项目的进一步发展提供有针对性的建议。

3. 成果展示与宣传

将孵化项目的成果进行展示与宣传，通过各类媒体、展会等方式，向社会展示项目的商业价值和创新成果，提高项目在市场中的知名度。

4. 成果转化与商业化

帮助项目实现成果的商业化，推动项目走向市场，包括寻找合作伙伴、进行商业推广、制定营销策略等，确保项目能够取得商业成功。

（六）社会影响与可持续发展

1. 社会责任履行

在项目孵化过程中，注重社会责任履行。通过参与社会公益活动、关注环境可持续性等方式，使项目在商业成功的同时，产生积极的社会影响。

2. 创业生态系统建设

将孵化项目纳入整个创业生态系统，与产业链上下游建立紧密联系。促进项目与其他企业、投资机构等多方合作，推动整个生态系统的协同发展。

3. 持续改进与创新

孵化机构应保持对孵化流程的持续改进和创新。吸收先进的孵化理念和方法，不断提升服务水平，以适应不断变化的创业环境。

（七）挑战与展望

1. 面临的挑战

创新创业项目孵化面临多方面的挑战，包括市场不确定性、项目风险、团队管理等。在全球经济发展不确定的背景下，如何更好地应对挑战成为孵化机构需要思考的问题。

2. 未来的展望

在不断面对挑战的同时，创新创业项目孵化也充满着希望。未来，随着科技的不断发展和社会对创新创业的不断需求，孵化机构将有更多机会发挥作用。面对新的技术、新的产业趋势，孵化机构需要不断调整战略，为创业者提供更好的支持。

总的来说，创新创业项目孵化流程是一个复杂而有序的系统工程。通过合理的策划与规划、精准的项目甄选、全方位的资源支持与服务、导师的专业指导与项目的成果评估，孵化机构能够在推动创新创业项目取得商业成功的同时，促进社会经济的可持续发展。随着创业环境的不断变化，孵化机构需要保持灵活性与创新性，不断调整和优化孵化流程，以更好地适应未来创新创业的挑战与机遇。

第五节　创业团队的培养与支持

一、创业团队的组建与发展

创业团队是创新创业过程中的核心驱动力，团队的组建和发展对于创业项目的成功至关重要。下面将深入探讨创业团队组建与发展的关键要素，包括团队建设、领导力培养、沟通协作、人才管理等方面，旨在为创业者提供指导，帮助他们构建强大而高效的创业团队。

（一）团队建设与组建

1. 创业团队的基本构成

一个成功的创业团队通常包括创始人、技术专家、市场专家、运营专家等多个关键角色。创始人应具备领导力和创业经验，技术专家负责产品研发，市场专家负责市场推广，运营专家负责运营管理等。

2. 制定团队愿景和使命

在团队建设初期，明确团队的愿景和使命是至关重要的。团队愿景应该激发成员的共鸣和激情，使大家对创业目标充满信心和动力。

3. 选择具有互补能力的成员

在组建团队时，要选择具有互补能力的成员。团队成员之间的技能和专业背景应该相互补充，以形成一个强大而全面的团队。

4. 建立团队文化

团队文化是团队行为和价值观的集合体现，是团队凝聚力的关键。创业团队应该在初期建立积极向上、合作共赢的团队文化，以促进团队协作和发展。

（二）领导力培养与发展

1. 建立有效的领导团队

创始人在团队中担任领导角色，但建立一个有效的领导团队也是至关重要的。团队中的其他核心成员也应该具备一定的领导能力，以便更好地分担领导责任。

2. 提升领导者的沟通能力

良好的沟通是领导力的重要组成部分。领导者应该不断提升沟通能力，包括清晰表达思想、倾听团队成员意见、解决冲突等方面的技能。

3. 激发团队成员的激情

领导者应该懂得激发团队成员的激情和积极性。通过制定激励机制、认可团队成员的贡献，营造良好的工作氛围，提高团队成员的工作动力。

4. 领导力的持续学习

领导者需要保持对领导力的持续学习。通过参加培训、阅读领导力相关书籍、参与行业交流等方式，不断提升领导力水平。

（三）沟通协作与团队合作

1. 建立高效的沟通机制

高效的沟通是团队协作的基础。建立明确的沟通机制，包括定期会议、沟通平台、项目管理工具等，确保团队成员之间信息畅通。

2. 促进团队协作

鼓励团队成员之间的协作是团队合作的关键。通过设立协作项目、跨部门合作等方式，促使团队成员共同努力，实现协同效应。

3. 处理团队冲突

在团队协作中，难免会出现冲突。领导者需要及时处理团队冲突，采取有效的沟通和解决措施，以保持团队的稳定和凝聚力。

4. 建立透明的决策机制

透明的决策机制有助于团队成员理解和接受决策。建立公正、透明的决策流程，鼓励团队成员提出建议和意见，共同参与决策过程。

（四）人才管理与团队发展

1. 制定人才招募策略

团队的发展离不开优秀的人才。制定合理的人才招募策略，吸引行业内的优秀人才加入团队，为团队的发展提供强有力的支持。

2. 提供员工培训与发展机会

为团队成员提供不断学习和成长的机会。通过培训计划、技能提升等方式，帮助团队成员不断提升个人能力，推动整个团队的发展。

3. 制订职业发展规划

制订明确的职业发展规划，帮助团队成员了解自己在团队中的职业路径和晋升机会。通过与团队成员的沟通，了解他们的职业目标，为其提供有针对性的发展计划。

4. 建立绩效评估体系

建立科学的绩效评估体系，对团队成员的工作表现进行定期评估。明确评估标准和激励机制，激发团队成员的工作积极性，推动团队整体发展。

（五）创业团队的危机管理

1. 预防危机的发生

通过提前预测和评估可能发生的问题，采取相应的预防措施，减少危机的发生概率。建立有效的风险管理机制，及时发现潜在问题，进行应对。

2. 危机应对的决策与执行

当危机发生时，领导者需要迅速做出决策，并组织团队实施应对措施。灵活的决策和果断的执行是危机管理的关键，确保团队在面临困难时能够迅速调整方向。

3. 团队危机沟通

在危机发生时，及时与团队成员沟通，向他们传递真实情况和解决方案。透明的沟通有助于提升团队的凝聚力和信任度，共同应对危机。

4. 团队反思与改进

危机过后，团队需要进行深刻的反思。分析危机的原因和应对过程，总结经验教训，为团队的发展提供有益的借鉴和改进方向。

（六）社会影响与可持续发展

1. 团队的社会责任

创业团队应当履行社会责任，通过参与公益活动、环保项目等方式，为社会做出积极贡献。团队的社会责任履行既有助于建立良好的企业形象，也有助于团队成员的成长和团队凝聚力的提升。

2. 团队与行业的影响力

通过团队的创新能力、商业实践和社会影响力，提升团队在行业中的地位。积极参与行业交流、推动行业发展，为团队和行业的可持续发展做出贡献。

3. 持续学习与创新

创业团队要保持持续学习与创新的精神。紧跟行业发展的脚步，不断学习新知识、新技术，积极创新商业模式和产品服务，以适应不断变化的市场和社会需求。

（七）挑战与展望

1. 面临的挑战

创业团队在发展过程中面临着众多挑战，包括市场竞争激烈、团队协作难题、人才招聘与留存等。在不断发展的过程中，需要时刻保持警惕，灵活应对各种挑战。

2. 未来的展望

未来，随着科技的不断发展和社会需求的不断演变，创业团队将迎来更多的机遇和挑战。创业团队应当注重团队文化建设、领导力发展、危机管理等方面的提升，以更好地适应未来的创业环境。

总的来说，创业团队组建与发展是一个复杂而丰富的过程，需要创业者在不同阶段采取有效的策略和措施。通过良好的团队建设、领导力培养、沟通协作、人才管理等方面的努力，创业团队能够更好地应对各种挑战，实现可持续发展，为创新创业事业做出更大的贡献。

二、创业团队的管理与运营

创业团队的管理与运营是创业过程中至关重要的一环。良好的管理和高效的运营能够提高团队的协同效率，确保项目的顺利推进。下面将深入探讨创业团队管理与运营的关键要素，包括团队建设、战略规划、资源配置、风险管理等方面，以期为创业者提供实用的指导和建议。

（一）团队建设与领导力

1. 制定明确的团队愿景和目标

团队建设的首要任务是制定明确的团队愿景和目标。团队成员需要清晰地知道他们共同努力的方向，以形成整体的合力。团队愿景和目标应该能够激发成员的共鸣和激情。

2. 建立协同的团队文化

协同的团队文化是团队建设的基础。建立积极向上、开放分享、合作共赢的文化氛围，鼓励成员间的沟通与协作，形成更紧密的团队关系。

3. 设立明确的角色和责任

明确每个团队成员的角色和责任，确保团队内部的分工合作更加清晰。每个成员都应该清楚自己的职责范围，以避免工作冲突和责任模糊。

4. 培养团队领导力

在团队中培养多元领导力，鼓励不同层次的领导者。除创始人外，培养其他团队成员的领导潜力，建立一个充满活力和创造力的领导团队。

（二）战略规划与执行

1. 制订明晰的战略规划

在团队运营中，制订明晰的战略规划是至关重要的。战略规划应该包括长期目标、市场定位、竞争策略等方面，为团队提供明确的发展方向。

2. 制订灵活的业务计划

业务计划是战略规划的具体执行方案。制订灵活的业务计划，随时根据市场变化和团队内部情况进行调整。灵活性和适应性是创业过程中成功的关键。

3. 实施有效的决策机制

建立高效的决策机制，确保团队在关键问题上能够迅速做出决策。透明的决策流程、明确的决策责任人，有助于提高决策效率。

4. 优化资源配置

合理配置资源是有效战略执行的前提。团队需要不断优化资源的使用，确保资源得到最大化的利用，包括人力资源、财务资源、技术资源等方面的优化。

（三）资源管理与协同

1. 确保充足的资金支持

资金是创业过程中最基础的资源之一。确保充足的资金支持，包括融资、投资、自有资金等，以保证团队的正常运转和项目的推进。

2. 优化团队人才结构

团队人才是最宝贵的资源之一。根据团队的实际需求，优化人才结构，确保团队拥有足够的专业技能和领导力，以应对各种挑战。

3. 建立良好的供应链关系

对于需要依赖供应链的团队，建立良好的供应链关系至关重要。确保供应链的稳定性和效率，避免因为供应问题而影响团队的正常运营。

4. 促进内外部的协同合作

团队内外部的协同合作是资源高效利用的关键。团队成员之间要有良好的协同配合，同时也需要与外部合作伙伴、投资方、客户等建立紧密关系，共同推动项目的发展。

（四）风险管理与创业危机应对

1. 风险评估与规避

在团队运营中，要时刻进行风险评估，识别可能影响团队的各类风险。通过规避、分散、转移等方式，降低风险的发生概率。

2. 制订应急计划

制订详细的应急计划，明确团队在面临各类危机时的应对措施。应急计划包括人员调配、资金调度、市场应对等方面的具体操作步骤。

3. 团队反思与学习

面对危机，团队需要进行深刻的反思。分析危机的原因和应对过程，总结经验教训，为类似情况的再次发生提供有效的对策。团队的学习能力和适应能力是危机管理的关键，通过反思与学习，团队可以不断提升自身的危机处理水平。

4. 良好的沟通与透明度

在危机应对中，良好的沟通是至关重要的。领导者需要与团队成员及时沟通，传递真实情况和解决方案。透明度有助于增强团队的信任度，共同应对危机。

(五)持续改进与创新

1. 建立学习型组织

团队需要建立学习型组织的理念,鼓励团队成员不断学习和进步。通过培训、知识分享、经验交流等方式,形成良好的学习氛围,促使团队不断创新。

2. 持续改进流程与运营

团队的管理与运营需要持续改进。通过对团队流程、运营模式的不断优化,提高团队的执行效率和工作质量,适应市场和行业的变化。

3. 鼓励创新思维

创新是推动团队发展的动力之一。鼓励团队成员提出创新思维,推动产品、服务和运营模式的创新,使团队在竞争中更具优势。

4. 加强市场调研与反馈

时刻关注市场动态,加强市场调研与反馈。了解客户需求和市场趋势,及时调整团队的战略规划和运营策略,确保团队始终保持竞争力。

(六)社会影响与可持续发展

1. 社会责任与可持续发展

团队的管理与运营应注重社会责任的履行。通过参与社会公益活动、环保项目等方式,为社会做出积极贡献,树立企业的良好形象。

2. 创业生态系统建设

积极参与创业生态系统的建设,与产业链上下游建立紧密联系。促进创新创业领域的共同发展,形成有机的创业生态系统。

3. 持续改进与创新

团队的管理与运营需要保持持续改进和创新的态度。随着市场和行业的不断变化,团队需要保持灵活性和创新性,不断调整战略,以适应未来的挑战与机遇。

(七)展望与挑战

1. 未来的展望

未来,随着科技的不断发展和社会需求的不断演变,创业团队的管理与运营将面临更多的机遇和挑战。团队需要时刻关注市场变化,不断提升自身的竞争力,以在激烈的市场竞争中脱颖而出。

2. 面临的挑战

在发展过程中,创业团队可能面临资金压力、市场竞争、人才招聘与留存等多方面的挑战。团队需要具备应变能力,及时调整策略,灵活应对各类挑战。

总的来说,创业团队的管理与运营是一个动态而复杂的过程。通过科学的团队建设、有效的战略规划、灵活的资源管理、卓越的风险管理等方面的努力,创业团队能够更好地应对市场的变化,实现可持续发展,为创新创业事业做出更大的贡献。

三、创业团队的资源支持与帮扶

创业是一段充满挑战的旅程，而创业团队的成功往往离不开全方位的资源支持与帮扶。这些资源包括资金、人才、技术、市场信息等方面的支持，而帮扶则包括来自政府、投资机构、产业孵化器等各方的支持与协助。下面将深入探讨创业团队如何获取和利用这些关键资源，以实现更好的创业发展。

（一）资金支持

1. 科技创新基金

科技创新基金是政府为推动科技创新而设立的一项的重要资金来源。创业团队可以通过申请科技创新基金来获取启动资金，支持其初创阶段的研发和创新项目。

2. 创业投资

创业投资是创业团队最常见的融资方式之一。通过吸引投资机构或个人投资者的资金注入，创业团队能够获得更多的资本支持，用于扩大业务、市场推广等方面。

3. 创业比赛奖金

各类创业比赛通常设有奖金和资助机制，为创业团队提供了一项重要的非贷款性资金来源。获得创业比赛奖金不仅能够提供一定的启动资金，还有助于提升团队的知名度和曝光度。

4. 创业贷款

部分地区的政府和金融机构提供创业贷款，为初创企业提供资金支持。创业贷款通常有较低的利率和灵活的还款方式，为创业团队提供了一种可行的融资途径。

（二）人才支持

1. 人才招聘平台

利用各类人才招聘平台，创业团队可以更广泛地发布招聘信息，吸引更多的优秀人才加入团队。这些平台包括智联招聘、猎云网等，为创业团队提供便捷的招聘渠道。

2. 人才培训与培养

通过与高校、培训机构等合作，创业团队可以获取人才培训与培养的支持。这种合作可以包括专业技能培训、行业知识普及等，帮助团队成员提升综合素质。

3. 专业顾问与导师

吸引有经验的专业顾问和导师加入团队，为创业者提供专业的咨询和指导。这些导师通常有丰富的行业经验，能够为创业团队提供有力的战略和业务建议。

4. 人才共享平台

一些人才共享平台如猎云网、自由职业者平台等，为创业团队提供了更为灵活的人才雇佣方式。创业团队可以根据项目需要，灵活聘用符合条件的专业人才。

（三）技术支持

1. 技术孵化器

技术孵化器是为初创科技企业提供全方位支持的机构。创业团队可以通过入驻技术孵化器，获得办公场地、技术资源、导师指导等一系列支持服务。

2. 技术合作与联盟

与其他技术企业、研究机构建立技术合作与联盟关系，共享技术资源和研发成果。这种合作形式可以帮助创业团队更快速地获取关键技术支持，提升自身竞争力。

3. 开源社区参与

通过参与开源社区，创业团队可以与全球开发者共同合作、学习、分享。开源社区提供了丰富的技术资源和社交平台，有助于团队在技术上保持领先地位。

4. 技术培训与认证

为团队成员提供定期的技术培训和认证，保持团队在技术领域的专业水平。技术培训不仅可以提升团队整体素质，还能为企业赢得更多业务机会。

（四）市场支持

1. 市场研究与信息服务

获取市场研究和信息服务的支持，帮助创业团队更好地了解市场动态、竞争格局和消费者需求。这有助于团队调整战略，更好地满足市场需求。

2. 品牌宣传与推广

与营销公司、广告公司等建立合作关系，进行品牌宣传与推广。有效的市场推广活动有助于提高品牌知名度，吸引更多客户和投资者的关注，推动产品或服务的市场推广。

3. 政府支持与政策倾斜

政府在扶持创业方面通常会有一系列的支持政策，包括税收优惠、创业补贴、创新券等。创业团队可以积极了解并利用这些政府支持政策，获取更多的市场支持。

4. 行业合作与生态圈建设

与同行业或相关行业的企业建立合作关系，共同推动生态圈的建设。共享资源和互惠合作有助于拓展市场份额，提高整体产业竞争力。

（五）创业服务与培训

1. 创业培训课程

创业团队可以参与各类创业培训课程，提升团队的创业素养和管理水平。这些培训课程通常由专业机构或院校提供，涵盖创业理论、实战经验等多个方面。

2. 创业导师与顾问

引入创业导师和顾问，获取专业的创业咨询和指导。创业导师通常有丰富的创业经验，可以为团队提供宝贵的建议和经验分享，帮助团队规避风险。

3. 创业网络与社群

加入创业网络与社群，与其他创业者、投资者、行业专家建立联系。通过创业社群，团队可以获取更多的信息和资源支持，共同面对和解决创业过程中的各种问题。

4. 创业孵化服务

参与创业孵化服务,享受孵化器提供的办公空间、导师指导、资源共享等服务。创业孵化器通常能够为初创企业提供全方位的创业支持,加速其成长和发展。

(六)法律与法务支持

1. 法律咨询服务

与专业法律机构合作,获取法律咨询服务。在商业合同、知识产权保护、法律风险防范等方面,法律咨询能够为创业团队提供必要的法务支持。

2. 知识产权保护

重视知识产权保护,申请专利、商标等知识产权,确保团队的创新成果得到充分的法律保护。这有助于提升团队的市场竞争力和商业价值。

3. 合规与规章制度遵循

在创业过程中,遵循相关的规章制度是非常重要的。建立健全的公司治理结构,履行相关法律义务,避免潜在法律风险。

4. 金融法务服务

金融法务服务包括财务报表审核、资金管理、投融资合规等方面。这些服务有助于创业团队在财务和法务方面保持良好的运营状况。

(七)创业团队自身努力

1. 团队建设与管理

创业团队需要通过良好的团队建设和管理来提高自身的执行力。建立明确的团队目标、有效的沟通机制,加强团队协同合作。

2. 持续学习与创新

团队成员要保持持续学习和创新的态度,不断提升专业素养和创新能力。通过不断学习新知识、关注行业动态,团队能够更好地适应市场变化。

3. 灵活应对市场变化

团队要具备灵活应对市场变化的能力。随时调整战略、改进产品或服务,及时适应市场需求的变化,保持竞争力。

4. 团队文化建设

建立积极向上、合作共赢的团队文化,提升团队凝聚力和战斗力。团队文化的建设有助于吸引更多优秀人才加入,共同推动团队的发展。

通过合理利用上述各方面的资源支持与帮扶,创业团队能够更好地应对各种挑战,实现可持续发展。同时,创业者要保持谦逊和坚韧的品质,与外部资源建立紧密联系,为团队的创业之厦添砖加瓦。

第六章　企业合作与校企联动

第一节　校企合作的战略意义

一、校企合作对学生就业的促进

（一）实践机会的提升

1. 真实工作环境中的实践

校企合作为学生提供了在真实工作环境中进行实践的机会。传统的课堂教学难以涵盖职业市场的多样性和复杂性，而与企业的合作使学生能够亲身体验并应用所学知识。这种实践有助于学生更好地了解专业领域，并培养在实际工作中解决问题的能力。

2. 理论知识与实际应用的结合

校企合作促使学生将在课堂上获得的理论知识与实际应用相结合。通过参与实际项目，学生能够将抽象的概念转化为具体操作，提高解决实际问题的能力。这有助于学生更好地适应职场的需求，为未来的就业打下坚实基础。

（二）人际关系网的拓展

1. 与业界专业人士建立联系

校企合作为学生提供了与业界专业人士建立联系的机会。参与企业项目、实习或合作研究的过程中，学生能够结识行业内的从业者。这种人际关系的建立不仅为学生提供了更多的就业机会，还为他们的职业发展提供了有力的支持[①]。通过与企业合作，学生能够获得导师的指导与企业领导的认可，为将来的职业发展奠定基础。

2. 职业导师

在校企合作中，企业往往会提供职业导师，指导学生在特定领域的发展。这种一对一的指导有助于学生更清晰地了解自己的职业兴趣和发展方向，从而更有针对性地规划个人职业路径。职业导师的存在不仅为学生提供了专业领域的指导，还为他们在职场中更好地成长提供了支持。

---

① 张立杰，周斌.大学生职业就业创业指导教程[M].徐州：中国矿业大学出版社，2013：94.

(三)职业素养的全面提升

1. 实际问题解决能力的培养

校企合作培养了学生在实际工作中解决问题的能力。与企业亲密合作的过程中,学生需要面对各种实际挑战,从而锻炼了他们的解决问题的能力。这种培养不仅使学生更具竞争力,还为他们在职场中更好地应对各种复杂情境奠定了基础。

2. 团队协作与沟通能力的提高

校企合作往往需要学生在团队中协同工作。这种团队协作锻炼了学生的团队合作与沟通能力。在实际项目中,学生需要与不同专业背景、不同工作经验的人合作,这促使他们学会有效沟通、协调资源,并在团队中发挥个人优势。这些能力在职场中同样至关重要。

(四)就业机会的增加

1. 实习转正的机会

校企合作为学生提供了实习转正的机会。通过在企业中的实习,学生有机会展示自己的专业素养和工作表现。许多企业更愿意从有实习经验的学生中选拔人才,因为他们已经熟悉公司文化和业务流程,减少了适应期,提高了转正的可能性。

2. 就业岗位的提前锁定

校企合作使得学生在校园时期就能够接触到真实的工作环境。一些企业会通过校企合作项目挑选潜在的员工,提前锁定优秀的学生,为其提供就业机会。这种提前锁定使得学生能够更早规划自己的职业发展,为毕业后的就业做好充分准备。

(五)创新能力的培养

1. 实际项目中的创新需求

校企合作往往涉及实际项目的合作,这种合作促使学生培养创新能力。在解决实际问题的过程中,学生需要提出创新性的解决方案,推动项目的进展。这种创新能力的培养使学生更具创造性,更能够适应职场中的变化和挑战。

2. 跨学科的合作与创新

校企合作通常涵盖多个学科领域,学生需要与来自不同专业背景的人共同合作。这种跨学科的合作促使学生跳出学科的狭窄框架,融合不同领域的知识,从而培养跨学科思维和创新能力。这种能力在职场中越来越受重视,因为它有助于解决复杂的问题,推动跨领域的创新发展。

(六)社会责任感的培养

1. 参与社会项目与公益活动

校企合作往往涉及企业参与社会项目和公益活动的机会。学生通过参与这些活动,不仅能够为社会做出贡献,还能够培养社会责任感。这种责任感对于塑造学生的职业品格和道德观念具有重要意义,也为他们在职场中建立起更好的社会形象。

2. 企业社会责任与学生共鸣

通过校企合作,学生有机会了解企业的社会责任理念。一些企业注重可持续发展、环保和社会公益事业,学生参与这些项目能够与企业的社会责任理念形成共鸣。这种共鸣有助于激发学生对社会责任的认同感,培养他们在职业中积极参与社会事务的积极性。

(七)挑战与成长的机会

1. 面对真实挑战的机会

校企合作让学生有机会面对真实的挑战,这种挑战能够激发他们的学习动力和工作热情。在实际项目中,学生可能会面临各种复杂的问题和压力,但正是这些挑战让他们更好地成长,提高了面对困难时的应变能力。

2. 职业规划的全面考量

通过校企合作,学生能够更全面地考量自己的职业规划。与企业合作的过程中,他们可以了解不同领域的工作要求、发展趋势以及自身的兴趣和优势。这有助于学生更好地制订个人职业规划,更有针对性地选择未来的职业方向。

综上所述,校企合作对学生就业的促进作用显著。通过实践机会的提升、人际关系网的拓展、职业素养的全面提升、就业机会的增加、创新能力的培养、社会责任感的培养以及挑战与成长的机会,学生能够更好地适应职场的需求,提高就业竞争力。因此,学校和企业应进一步加强合作,为学生提供更多实际机会,共同推动教育与职业市场的有机结合,培养更加符合现代社会需求的优秀人才。

二、企业合作对高校创新创业的支持

(一)背景介绍

1. 创新创业的重要性

在现代社会,创新创业被认为是推动社会进步和经济发展的关键因素之一。高校作为培养未来人才的摇篮,承担着培养具有创新精神和创业能力的学生的责任。因此,高校与企业的合作在促进创新创业方面发挥着至关重要的作用。

2. 企业合作的意义

企业合作是指高校与企业之间建立合作关系,共同推动科研、技术创新和创业活动。通过与企业的紧密合作,高校能够更好地满足产业需求,提高科研水平,培养创新创业人才,推动科技成果转化,促进地方产业升级。

(二)科研水平的提升

1. 共享研发资源

企业合作为高校提供了更多的研发资源。企业通常拥有先进的生产设备、技术平台和实际应用场景,高校通过与企业合作可以充分利用这些资源进行科研活动。这有助于提高高校的科研水平,推动科研项目更好地落地。

2. 行业导向的研究

企业合作使得高校的科研更加贴近实际产业需求。与企业合作的科研项目通常是面向市场的,具有明确的行业导向。这有助于高校的科研成果更容易被市场接受,推动科技创新在实际产业中的应用。

（三）创新创业教育的深化

1. 实践性教学内容

企业合作丰富了高校创新创业教育的内容。与企业的合作项目往往包含实际的创新创业活动，学生通过参与这些项目能够获得实践性更强的教育。这有助于培养学生的实际操作能力，更好地适应创业环境。

2. 创业导师的角色

在企业合作中，企业往往会派遣具有丰富创业经验的导师参与创新创业教育。这些导师能够向学生传授实际的创业经验，帮助他们解决在创业过程中遇到的各种问题。创业导师的参与有助于提高学生创业的成功率。

（四）科技成果的转化与应用

1. 技术转移与产业化

企业合作为高校科技成果的转化提供了更为便利的途径。高校的科研成果通过与企业的合作，可以更容易地进行技术转移，实现产业化。企业通常对于高校的科技成果有强烈的需求，这促使科技成果更迅速地走向市场。

2. 创新孵化基地的建设

一些企业与高校合作建设创新孵化基地，为高校科技成果的孵化提供场地和资源支持。这种基地不仅提供了创业团队所需的办公场地和设备，还为他们提供了商业指导、投资渠道等支持，加速科技成果的商业化进程。

（五）人才培养的优化

1. 职业素养的提升

企业合作使得高校更注重培养学生的职业素养。与企业合作的项目往往强调实际工作中所需的职业技能和素养，这有助于学生更好地适应职场，提高就业竞争力。

2. 人才培养模式的创新

通过与企业的深度合作，高校不断创新人才培养模式。一些企业合作项目可能包含双导师制度，即企业导师与高校导师共同指导学生。这种模式使学生既能够获得学术指导，又能够深入了解实际职场需求。

（六）创新文化的构建

1. 企业文化的渗透

企业合作有助于高校引入更为现代化的创新文化。通过与企业的合作，高校可以学习和借鉴企业的创新经验，引入企业的管理理念和文化，促使高校的创新氛围更加浓厚。

2. 团队协作与创新能力的培养

在企业合作项目中，学生往往需要在团队中协同工作，共同解决实际问题。这种团队协作培养了学生的团队协作与创新能力。学生在与企业合作的过程中，需要共同思考并面对实际挑战，这促使他们培养出更强的团队协作能力和创新思维。这样的培养不仅有助于学生在职场中更好地融入团队，还能够为未来创业奠定坚实的基础。

（七）创业资金与资源的获取

1. 投融资机会的增加

通过企业合作，学生创业团队更容易获得投融资机会。一些合作企业可能会提供创业项目的投资，或引导学生创业团队接触更多投资机构。这种渠道的拓展使得学生创业更具可行性，提高了创业成功的可能性。

2. 企业资源的共享

与企业的深度合作为学生提供了更多的创业资源。企业通常拥有丰富的行业经验、市场渠道和品牌影响力，与之合作的学生可以共享这些资源，提高创业项目的竞争力。同时，企业合作还为学生提供了更多的商业机会，帮助他们更好地拓展市场。

（八）社会影响力的提升

1. 社会责任的践行

企业合作使得高校更加注重社会责任的履行。与企业合作的项目通常需要解决一系列社会问题，如环保、社会公益等。通过积极参与这些项目，高校不仅提高了社会影响力，还为学生树立了具有社会责任感的榜样。

2. 创新创业文化的传播

企业合作有助于高校创新创业文化的传播。高校与企业深度合作的案例能够被媒体广泛报道，成为创新创业的成功典范。这种传播有助于激发更多师生参与创新创业活动，形成更加浓厚的创新创业氛围。

（九）面临的挑战与应对策略

1. 利益分配与合作纠纷

在企业合作中，创新创业项目的利益分配和合作纠纷是不可避免的问题。高校需要签订明确的合作协议，明确各方的权利和义务，以及项目的利益分配机制。定期沟通、协商解决问题，建立互信关系是应对这一挑战的关键。

2. 创新创业教育的质量保障

随着创新创业教育的不断推进，如何保障创新创业教育的质量成为一个重要问题。高校需要建立完善的质量监控机制，评估创新创业教育项目的效果，不断优化教学内容和方法，确保创新创业教育的有效性。

企业合作对高校创新创业的支持在多个方面发挥着积极作用。通过提升科研水平、深化创新创业教育、促进科技成果转化与应用、优化人才培养、构建创新文化、获取创业资金与资源以及提升社会影响力，高校能够更好地培养具有创新创业精神的学生，推动科技创新与产业发展的深度融合。在面对挑战时，高校需要积极应对，建立合理的合作机制，确保合作的顺利进行。通过不断深化企业合作，高校将更好地发挥其在培养创新人才和促进社会发展方面的重要作用。

三、双方合作的长远发展战略

（一）概述

随着全球化的推进和科技创新的不断加速，企业与高校之间的合作关系变得更为密切，双方在长远发展中共同面临着许多机遇和挑战。下面将探讨双方合作的长远发展战略，包括合作的目标、合作模式、创新机制、共享资源以及应对挑战的策略。

（二）合作的目标

1. 共同发展

企业与高校合作的首要目标是实现共同发展。通过充分发挥双方的优势，实现互利共赢，推动科技创新、人才培养和产业升级。在长远发展中，双方应确立明确的共同目标，建立起长期稳定的战略伙伴关系，促使合作成果不断推进。

2. 人才培养与科技创新

双方的合作目标之一是深度参与人才培养和科技创新。高校通过与企业紧密合作，更好地满足市场对人才的需求，培养具有实际操作能力的学生。同时，企业可以通过参与高校的科技创新项目，获取新技术、新理念，促进自身的创新发展。

（三）合作模式

1. 产学研一体化

长远发展的战略之一是实现产学研一体化。双方可以建立产学研联合实验室、创新中心等平台，共同进行科研项目，推动科技成果转化为实际生产力。这种一体化的模式有助于加强双方之间的信息共享和资源整合，提高合作效率。

2. 产业孵化与创业支持

在长远发展中，企业与高校可以共同打造产业孵化基地，支持创新创业项目的孵化和发展。高校提供创业团队所需的技术支持和导师指导，企业则为创业项目提供资金、场地和市场资源。这种模式有助于培育更多的创新企业，促进产业升级。

（四）创新机制

1. 双导师制度

建立双导师制度是长远发展的重要创新机制。高校导师与企业导师共同指导学生，使学生既能够获得学术指导，又能够深入了解实际职场需求。这种机制促使学生更好地结合理论与实践，提高毕业生的职业竞争力。

2. 创新人才培养计划

制订创新人才培养计划是推动长远发展的有效机制。高校与企业可以共同制订培养计划，明确学生在校期间的实践机会、科研项目、实习经历等。这有助于培养更具创新精神和实际能力的人才，满足市场对高素质人才的需求。

（五）共享资源

1. 研发设施共建

双方可以共同投资建设研发设施，共享先进的实验室、仪器设备等科研资源。这有助于提高科研水平，促进创新成果的产生。同时，企业能够更加直接地参与到高校的科研项目中，加速科技成果的应用。

2. 人才资源共享

在长远发展中，双方可以建立人才资源共享机制。高校可以为企业提供研究生培养和科研项目的支持，企业则可以向高校输送实际需求的行业专业人才。这种资源共享机制有助于实现人才的优势互补，提高整体人才水平。

（六）应对挑战的策略

1. 制定风险防范机制

在长远发展中，双方要面对各种风险，如合作纠纷、技术转移难题等。建立完善的风险防范机制，包括合作协议的详细规定、风险评估与管理等，有助于双方在合作中更好地化解和应对各种风险。

2. 建立持续沟通机制

为了应对长期合作中可能出现的问题，建立持续沟通机制是至关重要的。双方可以定期举行合作评估会议，分享项目进展、遇到的困难以及解决方案。通过及时的沟通，双方能够更好地协调合作关系，保持合作的稳定性。

（七）社会责任的履行

1. 参与社会公益

在长远发展战略中，企业与高校应当共同履行社会责任。通过参与社会公益项目、环保活动等，双方能够展示对社会的关注，并为社会可持续发展做出积极贡献。这有助于提升双方的社会形象，同时也有助于培养学生的社会责任感。

2. 整合创新资源解决社会问题

通过整合双方的创新资源，共同解决社会问题是长远发展的一项策略。通过科技创新和创业活动，致力于解决环境、能源、医疗等领域的社会问题。这种积极的社会参与有助于提高企业和高校在社会中的声誉，同时也推动了社会的可持续发展。

（八）建立合作评估机制

为了确保双方合作的效果，建立合作评估机制是至关重要的。定期对合作项目进行评估，包括项目的进展、成果达成情况、双方合作满意度等方面。这有助于发现问题、调整合作方向，并及时采取措施解决潜在的合作障碍。

（九）制订长远的人才培养计划

长远发展需要更为深入的人才培养计划。双方可以共同规划学生的培养方向，包括专业领域、实践经验、实习机会等。通过制订长远的人才培养计划，双方能够更好地满足市场对高素质人才的需求，同时为学生提供更广阔的职业发展空间。

（十）创新合作机制

为了应对不断变化的市场和科技环境，双方应当不断创新合作机制。可以通过建立开放式的创新平台，吸引更多的创新企业和创新团队参与合作。创新合作机制有助于在竞争激烈的市场中保持竞争力，实现共同创新和发展。

（十一）建立品牌联盟

长远发展战略中，双方可以考虑建立品牌联盟，形成合力。通过共同的品牌联盟，双方能够整合品牌资源，提高品牌影响力。这不仅有助于推广双方的创新成果，还为吸引更多合作伙伴提供了更广泛的平台。

双方合作的长远发展战略需要在共同发展、合作模式、创新机制、共享资源、应对挑战等多个方面形成全面而系统的规划。通过明确的合作目标、创新的合作模式、创新机制的引入，以及资源共享和社会责任的履行，企业与高校可以实现更加紧密、深入的合作关系，共同推动科技创新、人才培养和社会责任的全面发展。在未来的合作中，建立长期稳定的合作伙伴关系，不断创新合作方式，是实现双方共同繁荣的关键所在。

第二节　产学研合作模式

一、校企研合作

（一）概述

校企研合作是高校、企业和科研机构之间的一种战略合作模式，旨在促进科技创新、人才培养和产业升级。这种合作方式在实践中采用多种形式，灵活运用不同的合作方式有助于更好地发挥各方优势，实现互利共赢。下面将深入探讨校企研合作的合作方式，包括联合实验室、科技成果转化、人才培养、共享研发资源等方面。

（二）联合实验室

1. 概念介绍

联合实验室是高校与企业或科研机构合作设立的实验室，旨在共享研究资源、人才和设备，促进科研项目的开展。在联合实验室中，高校的研究团队与企业的研发团队共同合作，共同承担科研任务。

2. 特点与优势

（1）资源整合

联合实验室整合了高校和企业的研究资源，包括实验室设备、科研人才等，提高了科研的效率和水平。

（2）产学研一体化

联合实验室促进了产学研一体化，使得科研成果更贴近实际需求，有助于科技创新的快速转化。

（3）学生实践机会

联合实验室为学生提供了更为实际的科研实践机会，培养了学生的实际操作能力和团队协作能力。

（三）科技成果转化

1. 概念介绍

科技成果转化是将科研成果转变为实际生产力和市场产品的过程。在校企研合作中，科技成果转化通过技术转移、专利转让等方式，将高校的科研成果应用于企业的生产实践[①]。

2. 特点与优势

（1）市场导向

科技成果转化更加注重市场导向，将高校的研究成果转变为实际应用，满足市场需求，推动科技创新与产业升级。

（2）资金支持

企业通常会提供资金支持，加速科技成果的转化过程，实现双方共赢。

（3）商业化推动

科技成果转化有助于推动科研项目的商业化，将理论成果转化为实际产品，为企业带来商业利益。

（四）人才培养与交流

1. 人才培养

校企研合作在人才培养方面发挥着关键作用。通过合作项目，学生能够获得更为实际的实践机会，增强实际操作能力。企业导师的参与也使学生能够更好地了解行业需求，提高就业竞争力。

2. 专业交流

校企研合作还促进了高校和企业之间的专业交流。研究团队、工程师和专业人员之间的交流有助于分享行业最新动态、技术趋势，推动双方在专业领域的共同进步。

（五）共享研发资源

1. 共享设备与设施

校企研合作中的共享研发资源主要包括共享实验室设备、研究设施等。高校通常拥有先进的实验室设备，而企业则可能缺乏这些设备。通过合作，双方能够互相分享设备与设施，提高科研效率。

2. 人才资源共享

双方在合作中也可以共享人才资源。高校的研究人才可以为企业提供专业知识和研究经验，而企业的工程师和技术人员也能为高校的科研项目提供实际经验和行业见解。这种

---

① 黄瑞宇.新时代高校学生工作的创新研究与实践探索[M].北京：中国政法大学出版社，2020：65.

人才资源的共享有助于优化项目团队结构,促进合作的深度。

(六)长期战略合作协议

1. 协议内容

建立长期战略合作协议是校企研合作的重要方式之一。协议内容包括合作双方的权责、合作项目的目标与计划、合作期限、资金投入与分配等。明确的协议有助于规范合作关系,确保长期合作的顺利进行。

2. 风险分担

合作协议中需要明确风险分担机制。由于科研项目的不确定性,双方应当在协议中规定风险的分担方式,明确各自的责任,以便在合作过程中更好地应对各种风险。

3. 知识产权保护

长期战略合作协议中应着重考虑知识产权的保护。明确合作项目中涉及的知识产权归属、专利申请与转让等事项,有助于防范潜在的知识产权纠纷,确保双方在合作中的创新成果得到妥善保护。

(七)制订共同研发规划

1. 研发目标与计划

共同研发规划是校企研合作的关键步骤。在规划中,双方明确研发的目标与计划,包括项目的阶段性目标、时间节点、研发进度等。共同研发规划有助于双方共同推动项目的进展,确保项目的有效推进。

2. 资源投入

共同研发规划中需要明确各方的资源投入,包括资金、人力、设备等。双方应共同商定资源的分配方式,确保合作项目有足够的资源支持,以提高项目的成功概率。

(八)建立双向导师制度

1. 导师角色与责任

建立双向导师制度是为了更好地引导项目的推进,促进学术与实际的结合。高校和企业分别指定导师,导师负责协助学生或研究人员进行研究工作,同时引导项目朝着预定方向发展。

2. 促进知识交流

双向导师制度有助于促进知识交流。高校导师能够分享学术理论和最新研究进展,而企业导师则能够分享实际行业经验和市场需求。这种知识交流有助于提升学术研究的实际应用价值。

(九)建立联合研发团队

1. 团队结构

建立联合研发团队是校企研合作的一种重要方式。团队的构建需要考虑到高校与企业的专业领域,保证团队具有丰富的学术背景和实际经验。建立跨学科、跨行业的研发团队有助于更全面地解决问题。

2. 团队协作

联合研发团队需要建立良好的团队协作机制。通过定期的会议、沟通渠道的建立，促进团队成员之间的信息共享和项目推进。团队协作是确保项目取得进展的关键因素。

（十）风险管理与调整机制

1. 风险评估

在校企研合作中，风险是无法避免的。因此，建立风险管理机制是非常必要的。在合作初期，双方应进行全面的风险评估，识别可能出现的问题，并制订相应的解决方案。

2. 灵活调整

双方需要建立灵活的调整机制，及时调整合作方向。由于项目进行中可能面临各种变数，需要灵活应对。及时的调整机制有助于保证合作项目在动态环境中的适应性。

校企研合作的方式多种多样，可以根据项目的性质和合作的具体目标选择不同的合作模式。通过联合实验室、科技成果转化、人才培养、共享研发资源、长期战略合作协议、共同研发规划、双向导师制度、联合研发团队、风险管理等多个方面的合作方式，双方能够充分发挥各自优势，共同推动科技创新、人才培养和产业升级。在合作过程中，灵活的机制和及时的沟通是确保合作成功的关键。随着合作的深入，双方将不断积累经验，为未来的校企研合作提供更加丰富的经验和启示。

二、产学研合作项目的实施

（一）概述

产学研合作项目是高校、企业和科研机构之间开展的一种战略性合作，旨在促进科技创新、推动产业升级和培养高素质人才。在实际项目实施中，需要精心策划、协同合作，以确保项目取得良好的成果。下面将深入探讨产学研合作项目的实施过程，包括项目规划、团队构建、资源整合、技术创新、成果转化等方面。

（二）项目规划与确定目标

1. 制定明确的项目目标

在项目实施之前，需要制定明确的项目目标。这包括科研目标、产业应用目标和人才培养目标。明确的项目目标有助于指导项目的具体工作，确保项目在各方面都能够取得实质性的进展。

2. 制订详细的项目计划

制订详细的项目计划是项目实施的基础。项目计划应包括项目的时间节点、任务分工、资源需求等，确保项目能够有序进行。在项目计划中，需要考虑到项目中可能遇到的各种情况，为项目实施过程中的调整提供依据。

（三）团队构建与协同合作

1. 跨学科团队构建

产学研合作项目通常涉及多个学科领域，需要构建跨学科的研发团队。团队成员来自高校、企业和科研机构，各自擅长不同领域，形成综合性的团队，有助于解决项目中的复杂问题。

2. 导师与专家参与

导师与专家的参与对项目的顺利进行至关重要。高校导师能够提供学术指导和人才培养支持，企业专家则能够提供实际经验和行业需求。导师与专家的合理参与有助于项目在学术和实际层面的结合。

3. 团队协同合作机制

建立团队协同合作机制是确保项目成功的关键。通过定期的会议、沟通渠道的建立，促进团队成员之间的信息共享和项目推进。团队协同合作是保证项目高效实施的基础。

（四）资源整合与共享

1. 共享实验室和设备

资源整合与共享是产学研合作项目中的一项关键工作。高校通常拥有丰富的实验室和设备，而企业则可能缺乏这些资源。通过共享实验室和设备，双方能够提高科研效率，加速项目的进展。

2. 人才资源共享

人才资源共享是产学研合作项目中的另一个重要方面。高校的研究人员可以为企业提供专业知识和研究经验，而企业的工程师和技术人员也能为高校的科研项目提供实际经验和行业见解。这种人才资源的共享有助于优化项目团队结构，促进合作的深度。

（五）技术创新与实践

1. 高水平科研

产学研合作项目的核心是高水平的科研工作。团队成员需要紧密合作，进行深入的学术研究，攻克项目中的关键技术难题。高水平科研工作有助于提高项目的学术水平和实际应用价值。

2. 实际应用与产业化

技术创新需要与实际应用相结合，推动产业升级。产学研合作项目在科研成果取得后，应尽早考虑如何将技术成果转化为实际产品或服务。与企业密切合作，推动项目的产业化过程，实现科技创新的市场应用。

（六）成果转化与商业化

1. 知识产权保护

在项目实施中，需要及时进行知识产权的保护。产学研合作项目通常涉及创新性的科研成果，为了保护这些成果不被侵权，需要进行专利申请、技术保密等工作。

2. 商业化推动

成果转化不仅仅是科研成果的转变，更是对商业化的推动。产学研合作项目应当积极寻找商业合作伙伴，推动科研成果走向市场，实现经济效益和社会价值的双赢。

（七）人才培养与培训

1. 研究生培养

在产学研合作项目的实施过程中，人才培养是一个重要的方面。高校的学生和研究人员通过项目参与，能够获得实际的科研和工程实践经验，提高实际操作能力和解决问题的能力。企业导师的参与能够使学生更好地了解产业需求，提高了学生的就业竞争力。

2. 职业培训

除了学生的培养外，产学研合作项目还可以进行职业培训。企业员工和高校教职工可以通过项目合作，共同参与研发工作，从而提升技术水平和职业素养。这种跨界合作有助于知识的传递和技能的提升，推动产业和高校之间的人才共享。

（八）项目评估与调整

1. 定期评估项目进展

产学研合作项目需要定期进行项目进展评估。通过定期的评估，可以发现项目中存在的问题，及时调整项目方向，确保项目能够按照计划顺利进行。

2. 风险评估与管理

项目实施中可能会面临各种风险，包括技术难题、团队合作问题、资金不足等。在项目开始之前，需要进行全面的风险评估，建立风险管理机制，以便在出现问题时能够及时应对和解决。

3. 灵活调整项目方向

由于科研项目的不确定性，产学研合作项目需要具备灵活调整的机制。在项目实施过程中，可能会出现新的需求、新的技术方向，需要灵活调整项目的研究方向，确保项目与市场需求和科研发展相适应。

（九）学术交流与推广

1. 学术交流

在产学研合作项目中，学术交流是推动项目发展的重要方式。通过学术交流，不仅能够让项目团队了解相关领域的最新进展，还可以与其他研究团队分享项目成果，吸收外部的创新思想，提高项目的水平。

2. 推广与宣传

项目成果的推广与宣传是确保项目取得社会影响的关键步骤。通过各种途径，包括学术论文、专利申请、技术报告、项目展示等，将项目的研究成果广泛传播。同时，积极参与学术会议、产业展览等活动，增加项目的曝光度，为项目的商业化打下基础。

产学研合作项目的实施是一个复杂而多层次的过程，需要高校、企业和科研机构密切合作，充分发挥各自的优势。在项目实施中，明确的项目目标、团队的协同合作、资源的整合共享、技术创新与实践、成果转化与商业化、人才培养与培训等方面都是确保项目成功的关键因素。通过不断的评估与调整，保持灵活性，产学研合作项目能够更好地适应变化的科技和市场环境，为推动科技创新、促进产业升级、培养高素质人才做出积极贡献。

随着不断的实践和总结,产学研合作的模式和方法也将得到不断的完善,为未来的产学研合作奠定更加坚实的基础。

第三节　企业实习与校园招聘

一、企业实习计划与实施

（一）概述

企业实习计划是高校与企业之间的重要桥梁,旨在通过为学生提供实际工作经验,促进理论知识与实际应用的结合,提高学生的就业竞争力。下面将深入探讨企业实习计划的设计与实施,包括计划制订、实习内容、评估机制等方面。

（二）计划制订

1. 制定明确的实习目标

在制订企业实习计划时,首先需要明确实习的目标。这些目标既包括学生个人的发展目标,也包括企业希望实现的目标。明确的实习目标有助于指导实习计划的制订和实施。

2. 与企业沟通需求

在制订实习计划时,高校应与企业进行充分的沟通,了解企业对实习生的需求。这包括企业目前的发展方向、所需技能和知识、实际项目等。通过与企业的密切合作,可以更好地制订符合实际需求的实习计划。

（三）实习内容设计

1. 结合专业课程设置实习内容

实习内容应该与学生所学专业课程相结合,确保实习能够对学生所学知识进行实际运用。实习内容的设计应紧密关联相关专业领域,使学生能够在实践中更好地理解和掌握专业知识。

2. 提供多样化的实习岗位

为了满足不同学生的兴趣和发展方向,实习计划应提供多样化的实习岗位选择。这包括不同行业、不同职能的实习机会,让学生有更多的选择空间,以便更好地发掘个人潜力和兴趣。

3. 强调实际工作技能培养

除了专业知识外,实习计划还应注重培养学生实际工作中所需的技能。这包括沟通能力、团队协作能力、问题解决能力等。通过实际工作的培训,学生能够更全面地提升自己的职业素养。

（四）实习计划的实施

1. 实习前培训与介绍

在实习开始之前，可以进行一些实习前的培训与介绍。这包括企业的基本情况介绍、实习生需知需懂的规定、企业文化和价值观等。通过这些培训，可以帮助学生更好地适应企业环境。

2. 制订详细的实习计划

在实习开始后，需要制订详细的实习计划。这包括每天的工作安排、实习生的具体任务、项目进展等。详细的实习计划有助于学生更好地了解自己的工作职责，提高工作效率。

3. 导师制度建设

为了更好地指导学生，可以建立导师制度。每位实习生可以被分配一个企业导师，负责指导和帮助实习生适应工作环境，解决工作中遇到的问题，并提供职业发展建议。导师制度的建设有助于实习生更好地融入企业。

（五）实习生评估机制

1. 定期评估实习生表现

在实习过程中，可以设立定期的评估机制。通过定期的面谈或评估表，对实习生的工作表现、学习情况进行评估。这有助于及时发现问题，为实习生提供及时的指导和帮助。

2. 提供反馈与发展建议

在实习结束后，应提供详细的实习反馈与发展建议。通过对实习生在工作中的表现进行全面评价，包括优点和需要改进的地方。同时，提供针对性的发展建议，帮助实习生更好地规划自己的职业发展方向。

3. 与学校进行联动评估

实习计划的评估不仅可以由企业进行，还可以与学校进行联动评估。学校可以借助企业的反馈和评估，了解学生在实际工作中的表现，并结合学校的培养目标进行全面评价。通过与学校的联动评估，可以更好地了解学生在实习中所取得的进步，为学校提供更多的实践经验，以不断优化课程设置和培养方案。

（六）实习计划的改进与创新

1. 收集实习反馈意见

在每一轮实习结束后，可以收集实习生、企业导师以及相关管理人员的反馈意见。这些反馈意见包括实习过程中的问题、亮点、改进建议等。通过收集多方反馈，能够更全面地了解实习计划的运作情况。

2. 数据分析与统计

通过对实习计划的相关数据进行分析与统计，可以得到一些有关实习效果的定量指标。比如，实习生的整体表现得分、实习生的满意度、企业的满意度等。通过数据分析，可以发现潜在的问题，为实习计划的改进提供科学依据。

3. 创新实习模式

不断创新实习模式是企业实习计划改进的重要手段。可以尝试引入新的实习形式，如远程实习、项目驱动型实习、产学研结合型实习等。通过创新实习模式,既能提高实习的灵活性,也能满足学生和企业的不同需求。

(七)实习计划的社会责任

1. 关注实习生的权益

在实习计划的实施过程中,需要关注实习生的权益,确保实习生在工作中得到充分的尊重和关照。建立健全的实习合同、确保实习生的安全、提供必要的培训等,都是保障实习生权益的重要措施。

2. 社会责任与可持续发展

企业在制订实习计划时,应考虑到社会责任和可持续发展的因素。这包括选择符合可持续发展理念的实习项目,关注环境保护、社会公益等方面的问题。通过实习计划,企业能够在社会责任层面产生积极的影响。

企业实习计划是高校培养学生实际工作能力的重要途径,也是企业吸纳人才、培养后备力量的有效方式。通过制定明确的实习目标、设计多样化的实习内容、建立导师制度、实施全面的评估机制,可以更好地促进学生的全面发展。同时,企业在实施实习计划时要注重社会责任,关注实习生的权益,推动实习计划朝着可持续发展的方向发展。不断改进与创新实习计划,使之更符合时代需求,更好地服务于学生和社会。企业实习计划的成功实施既有助于学生的职业发展,也能够为企业输送优秀的人才,实现双赢。

二、校园招聘与企业需求对接

(一)概述

校园招聘是企业获取新鲜人才的一种重要方式,也是高校学生走向职场的桥梁。如何更好地实现校园招聘与企业需求的对接,既是企业招聘工作的关键之一,也是高校培养人才的目标之一。下面将深入探讨校园招聘与企业需求对接的策略和实施方法,以促进高效的校企合作。

(二)企业需求分析

1. 行业趋势与发展方向

在进行校园招聘前,企业首先需要对所属行业的趋势和发展方向进行深入分析。了解行业的发展前景,把握行业的创新方向,有助于企业明确自身的需求,为校园招聘提供方向。

2. 技能与素质要求

企业需要明确招聘岗位的具体技能和素质要求。这不仅包括专业技能,还包括沟通能力、团队协作能力、创新思维等软技能。通过明确技能与素质要求,企业能够更有针对性地选拔适合岗位的人才。

3. 人才结构与多样性

企业在校园招聘中还需考虑整体的人才结构和多样性。根据企业的发展战略,确定招聘不同层次和专业背景的人才,以构建多层次、多元化的团队,更好地适应市场变化。

(三)校园招聘策略

1. 制订明确的招聘计划

在进行校园招聘前,企业应该制订明确的招聘计划。计划中需要包括招聘的人数、招聘的专业方向、招聘活动的时间地点等。通过制订详细的招聘计划,企业能够更有序地进行校园招聘。

2. 确定招聘渠道

校园招聘的渠道多种多样,包括招聘会、校园宣讲会、校企合作项目等。企业需要根据自身的需求和特点,选择适合的招聘渠道。同时,结合互联网技术,通过在线招聘平台也能够扩大招聘的范围。

3. 打造吸引人才的品牌形象

在校园招聘中,企业的品牌形象至关重要。通过宣传企业的文化、发展前景、员工福利等方面的优势,吸引优秀的应届毕业生加入。建立良好的企业品牌形象有助于提高招聘效果。

(四)校企合作项目

1. 指导学生实践

通过与高校建立校企合作项目,企业能够更直接地指导学生实践,了解学生的工作能力和潜力。在合作项目中,学生可以接触实际的工作场景,锻炼实际操作能力,提高职业素养,从而更好地适应企业的需求。

2. 开展专业课程合作

企业可以与高校合作,开展与实际工作相关的专业课程。通过将企业实际需求融入课程内容,使学生在学习的同时更好地了解企业的需求。这样的合作有助于培养更符合企业需求的人才。

3. 参与校企研合作

参与校企研合作项目是企业了解高校学生的一种有效途径。通过与高校共同开展研究项目,企业能够近距离了解学生的学术水平和创新能力,为校园招聘提供更多的参考信息。

(五)校企信息交流与沟通

1. 建立沟通渠道

在校园招聘过程中,建立良好的沟通渠道是十分重要的。企业可以通过与高校的职业指导老师、学生会等建立紧密联系,及时了解学生的就业意向和动态,有助于更精准地进行招聘。

2. 举办企业介绍会与宣讲会

企业可以通过举办企业介绍会与宣讲会,直接向学生介绍企业的情况、招聘需求和发展前景。这种形式的活动能够拉近企业与学生的距离,让学生更全面地了解企业,提高企业在学生心目中的知名度。

3. 编写有效的招聘信息

在校园招聘时,企业需要编写有效的招聘信息,包括详细的岗位要求、福利待遇、发展前景等。招聘信息需要具有吸引力,能够激发学生的兴趣,使他们愿意了解更多关于企业的信息。

(六)面试与评估

1. 制定科学的面试流程

企业在进行校园招聘时,需要制定科学的面试流程。这包括初试、复试、技能测试等环节。通过科学的面试流程,能够更全面地了解应聘者的能力、性格和适应性,为最终选拔提供可靠依据。

2. 引入多元化的评估方式

除了传统的面试外,企业还可以引入多元化的评估方式。例如,项目实践评估、小组面试等。这样的多元化评估方式有助于全面了解应聘者的综合素质,减少单一面试方式可能存在的主观性。

3. 关注潜力与发展空间

在进行校园招聘时,企业不仅需要看重应聘者的现有能力,还要关注其潜力和发展空间。这需要通过综合评估,了解应聘者的学习能力、适应性、创新能力等方面,为未来的职业发展提供更多的发展空间。

(七)实施员工培训计划

企业在招聘到适合的应聘者后,还需要实施员工培训计划。培训内容可以涵盖公司文化、工作流程、技术培训等。通过有计划的培训,能够更好地帮助新员工迅速适应企业的工作环境,提高工作效率。

(八)建立校企长期合作关系

在校园招聘完成后,企业可以考虑与高校建立长期合作关系。通过与高校的深度合作,企业可以更早地了解到学生的发展情况,提前发现优秀的人才。长期合作关系有助于建立稳定的人才供给渠道,实现双方的长期共赢。

(九)反馈与改进

企业在校园招聘结束后,需要及时进行反馈与改进。收集应聘者的反馈意见,了解他们在招聘过程中的感受和建议。通过不断地反馈与改进,企业能够更好地优化招聘流程,提高招聘效果。

校园招聘与企业需求对接是企业获取优秀人才的关键一步。通过深入分析企业需求、制定科学的招聘策略、建立校企合作项目,企业能够更有针对性地选拔适合的人才。同时,加强校企信息交流与沟通、注重面试与评估、实施员工培训计划等措施,有助于提高招聘的精准度和效果。建立校企长期合作关系,并不断进行反馈与改进,有助于企业在激烈的人才竞争中脱颖而出,实现人才与企业的共同发展。

第四节　企业导师制度

一、企业导师与学校合作机制

（一）概述

企业导师与学校合作机制是高校与企业之间建立有效校企合作的关键环节之一。通过企业导师的参与，学生能够更好地了解实际工作需求，企业也能够更直接地参与到学生的培养过程中。下面将深入探讨企业导师与学校合作机制的建立与实施，以促进更紧密的产学合作。

（二）企业导师的作用

1. 桥梁作用

企业导师在学校与企业之间充当着桥梁的角色。他们既了解企业的实际需求和行业动态，又能够理解学校的教育目标和培养计划。通过企业导师的作用，实现了学校与企业之间信息的双向流通。

2. 实践指导

企业导师能够为学生提供实际工作中的指导，帮助学生更好地理解专业知识在实际项目中的应用。他们通过分享自己的实践经验，引导学生在实际工作中培养解决问题的能力，提高职业素养。

3. 职业发展指导

企业导师不仅在学业上给予学生指导，还能够在职业发展方向上提供宝贵建议。通过与企业导师的交流，学生能够更清晰地了解行业发展趋势，规划自己的职业发展路径，增加就业竞争力。

（三）合作机制建立

1. 制定明确的合作协议

在建立企业导师与学校合作机制之前，需要签订明确的合作协议。协议中应明确双方的责任和义务，包括企业导师的参与方式、学生受导师指导的范围、合作期限等。通过明确的协议，确保合作的顺利进行。

2. 确定导师资格与要求

为了保证企业导师的质量，学校需要设定一定的导师资格与要求。这包括导师的工作经验、专业背景、与学校课程相关度等。通过设定明确的导师资格与要求，确保导师具备足够的实践经验和教学水平。

3. 建立信息交流平台

为了加强学校与企业导师之间的信息交流，建议建立信息交流平台。这包括在线平台、定期会议、邮件沟通等方式，确保学校与企业导师能够及时分享关于课程内容、学生表现等方面的信息。

（四）导师招募与培训

1. 招募程序与标准

学校需要制定导师的招募程序与标准。招募程序包括发布导师需求、接受申请、面试评估等环节。同时，招募标准应考虑导师的从业经验、教学能力、沟通能力等方面，确保导师能够胜任指导工作。

2. 导师培训计划

为了提高企业导师的指导水平，学校应该开展导师培训计划。培训内容可以包括课程设计、教学方法、学生心理辅导等方面。通过培训，确保企业导师能够更好地适应学校的教学环境。

（五）学生与导师匹配

1. 学生需求调查

在学生与导师匹配过程中，学校可以进行学生需求调查。通过了解学生的专业方向、职业规划、导师偏好等信息，有助于更科学地进行学生与导师的匹配工作。

2. 制定匹配原则

学校需要制定明确的匹配原则，以确保学生与导师的匹配是科学合理的。匹配原则包括专业领域匹配、学生兴趣匹配、导师工作经验匹配等。通过合理的匹配原则，提高导师与学生的协同效率。

（六）导师指导与学生反馈

1. 设立导师指导时间

学校与企业导师合作机制中，需要设立导师指导时间。这包括定期的面对面指导、在线咨询等形式。导师指导时间有助于确保学生在需要时能够及时得到导师的指导和帮助。

2. 学生反馈机制

为了了解学生对导师指导的满意度，学校可以建立学生反馈机制。学生可以通过问卷调查、面谈等形式表达对导师指导的感受，同时提供改进建议。通过学生的反馈，学校可以及时地了解到导师指导的效果，为进一步改进合作机制提供依据。

（七）企业导师与学校资源共享

1. 实践基地共建

学校与企业导师可以共同参与实践基地的共建。企业导师可以提供实际工作场景，为学生提供更丰富的实践机会。学校则可以为企业导师提供研究资源、实验设备等支持，实现资源的互补与共享。

2. 项目合作与科研支持

学校与企业导师可以开展项目合作与科研支持。企业导师可以参与学校的研究项目，为学生提供实际项目的指导和支持。学校则可以为企业导师提供科研资源、研究平台等支持，促进产学研合作。

(八)评估与改进机制

1. 学生综合评价

学校可以建立学生综合评价机制,对学生在导师指导下的综合表现进行评估。这包括学术表现、实践能力、创新能力等方面的评价。通过学生的综合评价,学校能够更全面地了解导师指导的效果。

2. 导师业绩评估

为了保持导师的指导质量,学校可以建立导师业绩评估机制。这包括学生满意度、学术成果、实践项目等方面的评估。通过对导师业绩的评估,可以及时发现问题,为导师提供改进的机会。

3. 定期沟通与改进

学校与企业导师之间需要定期进行沟通,共同探讨合作机制中存在的问题和改进方案。通过定期的沟通,双方可以及时了解对方的需求和期望,共同推动合作机制不断优化与完善。

(九)法律合规与知识产权保护

在建立企业导师与学校合作机制时,需要注重法律合规与知识产权保护。明确合作双方在法律层面的责任与权利,确保合作过程中不发生法律纠纷。同时,对于涉及知识产权的项目,需要明确产权归属和保护机制。

(十)成果分享与宣传

1. 成果分享平台

学校与企业导师可以共同建立成果分享平台,用于展示双方在合作过程中取得的成果。这包括学生的创新项目、导师的指导案例、合作研究论文等。通过分享成果,可以提高合作的影响力。

2. 宣传合作成果

为了加强校企合作的宣传,学校与企业导师可以共同宣传合作成果。这可以通过校园媒体、企业官方渠道、社交媒体等方式进行。宣传合作成果有助于吸引更多的企业导师参与合作,同时也能够提升学校的知名度。

企业导师与学校合作机制是推动校企合作深入发展的重要环节。通过明确的合作协议、导师招募与培训、学生与导师匹配、评估与改进机制等措施,可以建立起稳固而高效的合作机制。企业导师的参与不仅为学生提供了实践指导和职业发展支持,同时也促进了产学合作的深度与广度。

二、企业导师的培训与管理

(一)概述

企业导师在校企合作中扮演着重要的角色,他们不仅需要在专业领域具备丰富的实践经验,还需要具备良好的教学和指导能力。为了确保企业导师在教学过程中能够有效地引导学生,学校需要建立完善的企业导师培训与管理机制。下面将深入探讨企业导师的培训与管理,以提高导师的指导水平,促进校企合作的良性发展。

(二)企业导师培训的必要性

1. 教育理念的匹配

企业导师与学校之间存在一定的差异,包括教育理念、课程设置等方面。通过培训,可以使企业导师更好地理解学校的教育理念,确保导师的指导与学校的培养目标相一致。

2. 指导能力的提升

企业导师虽然在专业领域有丰富的实践经验,但并不一定具备良好的指导能力。培训可以帮助他们学习有效的教学方法、学生心理辅导等技能,提高指导学生的水平。

3. 专业知识更新

教育领域和行业实践都在不断发展变化,企业导师需要及时了解最新的教学方法和行业动态。通过培训,可以帮助导师保持专业知识的更新,提高他们的教学水平。

(三)企业导师培训内容

1. 教学方法与技能

企业导师培训的重要内容之一是教学方法与技能。这包括如何设计有效的教学计划、如何引导学生进行实践、如何进行课堂互动等方面的培训。通过这些培训,导师能够更好地组织教学活动,提高学生的学习效果。

2. 学科知识与前沿技术

虽然企业导师在专业领域有丰富的实践经验,但可能缺乏一些学科知识和前沿技术。培训可以帮助导师填补这些知识的空白,使其更全面地了解专业领域的最新进展。

3. 学生心理辅导

企业导师不仅需要传授专业知识,还需要关注学生的心理健康和职业发展规划。培训可以帮助导师学习有效的学生心理辅导方法,使他们更好地理解和引导学生。

(四)培训方式与方法

1. 线上培训

随着科技的发展,线上培训成为一种方便、灵活的培训方式。企业导师可以通过在线课程学习相关知识,参与远程培训和研讨会,提高他们的教学水平。

2. 面对面培训

面对面培训是一种传统但有效的培训方式。学校可以邀请专业的培训师进行面对面的培训,提供更直接的交流和互动机会,使培训效果更加明显。

3. 实践活动

培训内容可以通过实践活动进行巩固。例如,组织企业导师参与实际的教学过程,观摩先进的教学案例,提高他们的实际操作能力。

（五）导师管理机制

1. 制定导师管理规定

学校需要制定导师管理规定，明确导师的职责、权利和义务。规定中包括导师的工作时间、学生指导数量、指导报酬等方面的规定，确保导师工作的规范性。

2. 提供导师支持

学校应该提供导师所需的各种支持，包括教学资源、实验设备、研究资金等。通过给予导师足够的支持，可以提高他们的工作积极性和教学水平。

3. 定期评估与反馈

为了确保企业导师的指导效果和学校培训的质量，学校应该建立定期的导师评估与反馈机制。评估包括学生对导师的满意度、导师的教学成果、参与校企合作项目的表现等多个方面。通过定期的评估，学校可以及时发现导师在教学过程中存在的问题，并提供反馈和改进建议。

4. 导师交流平台

为了促进导师之间的交流与合作，学校可以建立导师交流平台。这可以是线上的论坛、定期的导师座谈会、专业研讨会等形式。通过这些平台，导师可以分享教学心得、交流指导经验，促进彼此之间的学习与提升。

5. 激励机制

为了激励企业导师积极参与学校的校企合作项目，学校可以建立相应的激励机制。这包括提供额外的薪酬、表彰优秀导师、提供教学荣誉等。通过激励机制，可以更好地激发导师的工作热情，推动校企合作的深入开展。

（六）法律合规与保密机制

在进行企业导师培训与管理时，学校需要关注法律合规和知识产权保护，明确导师与学校之间的合作协议，确保双方权益得到保护。同时，要注意保密机制，特别是涉及企业的商业机密和学生的个人隐私信息，要建立健全的保密制度。

（七）持续改进与反馈机制

为了保持培训与管理机制的有效性，学校需要建立持续改进与反馈机制。定期收集导师和学生的意见反馈，开展评估，发现问题并及时进行调整和改进。只有通过不断地反馈与改进，培训与管理机制才能更加适应实际需求，不断提升导师的指导水平。

（八）成果评估与宣传

1. 导师业绩评估

为了衡量企业导师的业绩，学校可以建立全面的评估体系，包括学生评价、教学效果、参与校企合作项目的成果等方面。通过科学的评估，客观地反映导师的贡献和表现。

2. 宣传优秀导师

为了鼓励和表彰优秀的企业导师，学校可以定期进行导师表彰活动。可以通过学术会议、校园媒体、社交媒体等多种途径，宣传和推广优秀导师的教学成果和影响力。

企业导师的培训与管理是校企合作的重要保障，直接关系到合作项目的质量和效果。通过培训，可以提高企业导师的指导水平，使其更好地适应学校的教学环境。同时，建立科学的管理机制，包括激励机制、评估机制、反馈机制等，有助于推动校企合作的深度合作。在培训与管理的过程中，学校需要注重法律合规和知识产权的保护，确保合作过程中的合法权益。通过不断的持续改进和成果宣传，为企业导师的培训与管理提供更有力的支持，促进校企合作的良性发展。

第七章 就业市场趋势与未来展望

第一节 数字化时代对就业的影响

一、人工智能与自动化技术的发展

（一）概述

人工智能（Artificial Intelligence，AI）和自动化技术是当今科技领域中最为引人注目的发展方向之一。随着计算能力的提升、数据量的爆发性增长以及算法的不断创新，人工智能技术得以快速发展，推动了自动化技术的广泛应用。下面将深入探讨人工智能与自动化技术的发展现状、影响因素以及未来趋势。

（二）人工智能的发展现状

1. 机器学习与深度学习

机器学习（Machine Learning）和深度学习（Deep Learning）是人工智能领域的关键技术。通过大量数据的训练，机器学习模型能够从中学习并进行预测、分类、聚类等任务。深度学习则是机器学习的一种特殊形式，通过多层神经网络进行复杂模式的学习，取得了在图像识别、自然语言处理等领域的显著成果。

2. 自然语言处理

自然语言处理（Natural Language Processing，NLP）使机器能够理解、解释、生成人类语言。近年来，NLP 技术的进步推动了语音识别、机器翻译、智能客服等领域的发展，使得与计算机进行自然对话成为可能。

3. 计算机视觉

计算机视觉（Computer Vision）使计算机能够模拟人类视觉，理解和解释图像或视频。图像识别、人脸识别、物体检测等应用广泛涉及计算机视觉技术，为智能监控、医学影像分析等领域提供了强大支持。

4. 强化学习

强化学习（Reinforcement Learning）是一种通过试错的方式，通过智能体与环境的交互学习最优策略的方法。在游戏、机器人控制、自动驾驶等领域，强化学习展现了出色的性能，成为人工智能领域的研究热点。

（三）自动化技术的发展现状

1. 工业自动化

工业自动化是自动化技术的一个主要应用领域。通过传感器、执行器、PLC（可编程逻辑控制器）等设备，实现生产线的自动化控制。工业机器人、自动化装配线等已经在制造业中得到广泛应用，提高了生产效率和产品质量。

2. 智能交通

自动驾驶技术是智能交通领域的关键发展方向。利用传感器、雷达、摄像头等设备，汽车能够实现感知周围环境，并进行自主导航。智能交通系统不仅能提高交通效率，还能减少交通事故的发生。

3. 智能家居

智能家居系统通过物联网技术，实现家庭设备的互联和智能控制。智能家居产品包括智能灯具、智能家电、智能安防系统等，使用户能够通过手机或语音指令实现对家居设备的远程控制。

4. 服务机器人

服务机器人的发展涵盖了医疗、餐饮、教育等多个领域。在医疗机器人领域，手术机器人已经广泛应用；在餐饮领域，智能服务员、厨房机器人等正在逐渐普及。

（四）影响人工智能与自动化技术发展的因素

1. 数据的质量和数量

人工智能和自动化技术对大量高质量数据的需求极大。数据的质量和数量直接影响着模型的训练效果和自动化系统的性能。因此，数据采集、存储和处理的能力成为制约人工智能与自动化技术发展的重要因素。

2. 算法和模型的创新

算法和模型的创新是人工智能技术进步的关键推动力。不断提升模型的复杂性、精准度和泛化能力，探索新的算法框架，是保持领先地位的必要条件。

3. 计算能力的提升

随着硬件技术的不断进步，尤其是图形处理单元（GPU）和专用AI芯片的出现，计算能力的提升为复杂的人工智能模型和自动化系统提供了更强大的支持。

4. 法律和伦理问题

人工智能与自动化技术的快速发展也带来了一系列法律和伦理问题，包括隐私保护、数据安全、算法公正性等方面的问题。这些问题需要在技术发展的同时得到适当的法规和伦理框架的引导，以确保技术的合理和安全应用。

5. 教育和人才培养

随着人工智能和自动化技术的快速发展，它们对人才的需求也在不断增长。加强相关领域的教育和人才培养，培养具备跨学科知识和技能的专业人才，对于推动技术发展和应用具有重要作用。

（五）未来趋势

1. 强化人机协同

未来，人工智能技术将更加强化与人类的协同。人机协同将更多地体现在工作、医疗、教育等领域，通过智能系统辅助人类决策、提高工作效率，实现人机协同的最优化。

2. 智能边缘计算

随着物联网的发展，智能边缘计算将成为一个重要的趋势。将计算和决策推向设备的边缘，减少数据传输和处理的延迟，提高响应速度，为实时决策提供更好的支持。

3. 个性化定制和智能服务

人工智能技术将更多地实现个性化定制和智能服务。无论是在医疗领域的个性化治疗方案，还是在零售领域的个性化推荐服务，人工智能将通过对个体需求的深入理解，提供更加智能、贴近用户需求的服务。

4. 强化安全和隐私保护

随着人工智能应用的普及，安全和隐私问题将变得更加突出。未来的发展趋势将包括加强数据安全、推动隐私保护技术的创新，以应对潜在的安全风险。

5. 跨领域融合创新

未来，人工智能技术将更加融入其他领域，推动跨领域的创新。例如，在医学、生物学、材料科学等领域，人工智能将与相关学科知识相结合，促进科学研究和应用的发展。

人工智能与自动化技术的发展正深刻影响着社会的方方面面。从机器学习和深度学习的突破，到自动驾驶技术的逐步成熟，这些技术的不断演进将为人类社会带来深远的变革。然而，随之而来的挑战和问题也需要我们深入思考和解决。在未来，持续的技术创新、健全的法律法规和伦理框架、专业化的人才培养将共同推动人工智能与自动化技术朝着更加健康、可持续的方向发展。

二、数字化就业市场的新需求

（一）概述

随着数字化时代的到来，就业市场也在发生深刻的变革。数字技术的广泛应用正在塑造新的职业需求和就业模式。下面将深入探讨数字化就业市场中涌现的新需求，探讨其对个人发展、企业招聘和社会经济的影响。

（二）数字化就业市场的背景

1. 数字化技术的飞速发展

互联网、人工智能、大数据等数字化技术的迅猛发展，正在深刻改变各行各业的运作方式。这些技术为就业市场带来了新的机遇和挑战，推动了产业结构和职业需求的调整。

2. 工作模式的变革

数字化时代催生了更加灵活和数字化的工作模式，包括远程办公、云办公、在线协作等。这种变革不仅改变了工作地点和方式，也对个人技能和素养提出了新的要求。

（三）数字化就业市场中的新需求

1. 数据分析与处理能力

大数据时代的到来使得数据成为重要的生产要素。因此，对数据分析与处理能力的需求日益增加。企业需要专业人才能够从海量数据中提炼有用信息，进行商业决策和战略规划。

2. 人工智能与机器学习专才

人工智能和机器学习技术的应用日益广泛，企业对具备相关专业知识的人才需求迅速增长。人工智能专家、算法工程师、机器学习工程师等职位成为热门招聘对象。

3. 前端开发与用户体验设计

随着移动互联网的普及和用户体验的重要性逐渐凸显，对前端开发工程师和用户体验设计师的需求也大幅上升。企业追求更好的用户体验，需要专业的技术和设计团队来支持。

4. 市场营销与社交媒体管理

数字化时代对企业的市场营销提出了新的挑战和机遇。因此，对于懂得运用社交媒体、了解数字化营销策略的人才的需求逐步攀升。

5. 网络安全与信息保护

随着网络攻击和数据泄露的频发，对网络安全专业人才的需求也日益增加。企业和组织需要保护其信息资产，因此网络安全专业人才成为不可或缺的一部分。

6. 项目管理与协作能力

数字化时代强调团队协作和项目管理的重要性。企业对具备项目管理和协作能力的人才有更高的需求，能够推动项目高效运作，实现组织目标。

（四）新的职业需求对个人发展的影响

1. 多元技能的培养

新的职业需求对个人的技能提出更加多元化的要求。个人需要不断学习和培养多方面的技能，适应数字化时代的职业发展需求。

2. 学习与更新的意识

在数字化时代，知识更新迅速，个人需要具备不断学习和更新的意识。持续学习的能力将成为个人在职场竞争中的一种重要优势。

3. 跨界合作的经验

数字化时代的工作往往需要跨越多个领域，因此，个人需要具备跨界合作的经验和能力。这包括与不同专业领域的人才进行合作，共同推动项目和团队的成功。

4. 创新和解决问题的能力

数字化时代对创新和解决问题的能力提出更高要求。个人需要具备发现问题、提出解决方案的能力，积极参与到团队创新和项目推动中。

（五）新需求对企业招聘的影响

1. 招聘策略的调整

企业需要根据新的职业需求调整招聘策略，更加关注数字技术领域的人才，确保团队具备应对数字化挑战的能力。

2. 培养和发掘新人才

新的职业需求推动企业培养和发现新的人才。企业需要关注高校和培训机构的培养方向，与其合作，确保培训出符合数字化就业市场需求的人才。同时，通过拓展招聘渠道，寻找具有跨领域经验和创新能力的新人才。

3. 强化数字化技术团队

企业需要加强数字化技术团队的建设，拥有更多的数据科学家、人工智能专家、前端开发工程师等人才。这有助于提升企业的数字化竞争力。

4. 注重团队协作和项目管理

数字化时代企业普遍强调团队协作和项目管理的能力。因此，招聘过程中，企业需要更加注重候选人的协作经验和项目管理技能，以确保团队的高效运作。

（六）新需求对社会经济的影响

1. 促进数字经济发展

数字化就业市场的新需求直接促进了数字经济的发展。数字经济以数字技术为基础，涉及数字化生产、数字化营销、数字化服务等多个领域，成为推动经济增长的新引擎。

2. 推动教育与培训行业发展

新的职业需求意味着对人才的不断培养和更新，推动了教育与培训行业的发展。高校、培训机构将面临更大的需求压力，需要更灵活、与市场接轨的培训课程。

3. 增加就业机会与创新活力

数字化时代的新需求意味着新的就业机会的产生。从数据分析、人工智能开发到数字营销等领域，新的职业需求不仅增加了就业机会，同时也激发了创新活力，推动了产业的不断升级。

4. 挑战传统职业模式

随着数字化时代的来临，一些传统职业模式受到挑战。某些传统行业的就业需求可能减少，而新兴领域的职业需求则大幅上升，这将对社会经济结构产生深远的影响。

（七）政策与社会应对

1. 制定灵活的职业培训政策

政府应制定更加灵活的职业培训政策，鼓励个人在职业生涯中不断学习和更新技能。通过提供培训资源和补贴，促使人们适应数字化时代的职业需求。

2. 加强教育体系改革

教育体系需要更加灵活地适应数字化时代的需求。加强 STEM（科学、技术、工程、数学）教育，推动创新型人才的培养，使教育与数字经济发展更好地契合。

3. 支持创新和创业

政府可以通过支持创新和创业来促进新兴行业的发展。提供创业支持政策、鼓励数字技术企业的创新，有助于培育新的经济增长点。

4. 制定数字化人才流动政策

数字化时代，人才流动变得更加频繁。政府可以制定人才流动政策，促使人才在不同领域、不同企业之间更灵活地流动,推动知识和经验的交流。

数字化就业市场的新需求正引领着职业发展的新方向。个人需要不断提升多元技能,适应职业变革的挑战。企业需要调整招聘策略,注重数字化技术团队的建设。社会经济则面临着数字经济的崛起和传统模式的挑战。政府、教育机构和企业应共同努力,制定合适的政策和措施,推动社会适应数字化时代的新就业形态。这将有助于实现人才与企业的双赢,推动社会经济的可持续发展。

第二节 新兴行业与职业机会

一、云计算、大数据与物联网行业发展

(一)概述

云计算、大数据与物联网(Internet of Things,IoT)作为当今信息技术领域的三大支柱,正在引领着数字化时代的浪潮。这三者的协同发展不仅推动了科技创新,也深刻改变了企业和社会的运作方式。下面将深入探讨云计算、大数据与物联网在各自领域的发展现状,以及它们之间的互动关系,对产业和社会经济的影响。

(二)云计算行业发展

1. 云计算的定义与特点

云计算是一种基于互联网的计算服务模式,通过将计算资源、存储资源和应用程序提供给用户,实现按需使用、弹性伸缩的特点。云计算通常包括 Infrastructure as a Service(IaaS)、Platform as a Service(PaaS)和 Software as a Service(SaaS)等服务模式。

2. 云计算的发展趋势

(1)多云环境的普及

企业逐渐倾向于采用多云环境,通过结合不同云服务提供商的优势,提高灵活性和容灾能力。

(2)边缘计算的兴起

随着物联网设备的增多,边缘计算作为云计算的延伸,强调在离用户或设备更近的地方进行数据处理,提高响应速度。

(3)容器技术的广泛应用

容器技术(如 Docker 和 Kubernetes)的应用使得应用程序更易于部署、扩展和管理,成为云计算领域的重要趋势。

3. 云计算的应用领域

(1)企业数字化转型

云计算为企业提供了灵活的基础设施和服务,促使企业进行数字化转型,提高运营效率和创新能力。

（2）大数据处理与分析

云计算平台为大数据处理提供了强大的计算和存储能力，推动了大数据分析的发展，为企业提供了更深层次的洞察。

（3）人工智能与机器学习

云计算服务商提供的强大计算资源和算法库，促进了人工智能和机器学习应用的普及。

（三）大数据行业发展

1. 大数据的定义与特点

大数据是指规模大、类型多样、处理速度快的数据集合，通常包括结构化数据、半结构化数据和非结构化数据。大数据的处理需要借助先进的计算和分析技术。

2. 大数据的发展趋势

（1）实时数据处理

随着物联网设备的普及，对实时数据处理的需求日益增加，大数据系统逐渐向实时性能演进。

（2）边缘计算与大数据融合

大数据与边缘计算的结合，使得数据可以在离用户更近的地方进行处理，减少数据传输延迟。

（3）人工智能驱动的数据分析

大数据与人工智能的结合，推动了更深层次的数据分析，为业务决策提供更加精准的支持。

3. 大数据的应用领域

（1）商业智能与决策支持

大数据分析可以帮助企业更好地理解市场趋势、用户行为，为决策提供数据支持。

（2）营销与客户关系管理

大数据分析可以帮助企业更精准地进行市场营销，提高客户满意度。

（3）医疗健康与生物科技

大数据在医疗领域的应用涉及病例分析、基因研究等，推动了医学的科技进步。

（四）物联网行业发展

1. 物联网的定义与特点

物联网是指通过互联网连接和互相通信的设备之间建立关系，实现信息的收集、交互和处理。物联网包括感知层、传输层和应用层，连接了各种物理设备和传感器。

2. 物联网的发展趋势

（1）5G技术的应用

5G技术的普及将大大提高物联网设备的连接速度和带宽，推动物联网的广泛应用。

（2）边缘计算的兴起

物联网设备生成的海量数据需要在设备附近进行实时处理，边缘计算成为支持物联网发展的关键技术。

（3）人工智能在物联网中的应用

人工智能技术的嵌入使得物联网设备能够更加智能地处理和应对各种场景。

3. 物联网的应用领域

（1）智能家居与生活

物联网设备使得家居设备能够互联互通，实现智能控制和自动化，提高生活的便利性和舒适度。

（2）工业与制造业

物联网在工业领域的应用，即工业物联网（IIoT），可以实现设备监测、生产优化和供应链管理的智能化。

（3）智慧城市与交通

物联网技术在城市管理、交通流量监控、智能停车等方面的应用，有助于提高城市运行效率和生活质量。

（4）农业与环境监测

农业物联网可以实现对农田、养殖场等环境的实时监测，提高农业生产的效率和可持续性。

（五）云计算、大数据与物联网的互动关系

1. 云计算支撑大数据和物联网

（1）大数据存储和处理

云计算提供了弹性的存储和计算资源，为大数据的存储和处理提供了可靠的基础设施。大数据分析可以通过云计算平台实现高效运算。

（2）物联网数据传输和处理

云计算作为物联网数据的存储和处理中心，为物联网设备提供了数据传输、存储和分析的能力，使得物联网应用更加智能化。

2. 大数据支持物联网应用优化

（1）实时数据分析

大数据分析技术支持物联网设备生成的海量实时数据的分析，提供实时反馈和决策支持，使物联网应用更具智能性和响应性。

（2）预测性维护

大数据分析可以通过对物联网设备的运行数据进行分析，实现对设备的预测性维护，提高设备的可靠性和效率。

3. 物联网丰富云计算数据源

（1）设备数据汇总

物联网设备通过互联网上传感知数据到云端，为云计算提供了丰富的实时数据源，支持各种应用场景的数据分析。

（2）用户行为数据

物联网设备在连接和交互的过程中产生的数据反映了用户的行为和需求，这些数据有助于丰富云计算的用户行为分析。

（六）行业发展对产业和社会的影响

1. 产业升级与创新

云计算、大数据和物联网的协同发展推动了各个行业的升级和创新。企业通过采用这些技术，提高了生产效率、降低成本，并在市场竞争中保持竞争力。

2. 就业机会与人才需求

随着这些新兴技术的发展，产业对相关领域的人才需求迅速增长。云计算工程师、大数据分析师、物联网工程师等新职业崛起，给就业市场带来新的机会和挑战。

3. 社会生活与服务的变革

这些技术的发展改变了人们的生活方式和服务体验。智能家居、智能交通、智慧城市等应用正在逐步改变社会生活的方方面面，提高了生活的便利性和智能化水平。

（七）未来发展趋势

1. 强化边缘计算能力

随着物联网设备数量的增加，对边缘计算的需求将进一步增强。强化边缘计算能力可以更好地满足实时性要求，减少数据传输和存储的压力。

2. 加强数据安全与隐私保护

随着大数据的广泛应用，数据安全和隐私保护成为亟待解决的问题。未来需要加强相关法规和技术手段，确保数据的合法、安全、隐私保护。

3. 智能化应用的深入推进

人工智能技术的发展将进一步推动云计算、大数据和物联网的智能化应用。更多领域将受益于智能化技术，提高生产效率和服务质量。

4. 加强跨行业融合创新

云计算、大数据和物联网的跨行业融合将成为未来的发展趋势。不同行业之间的合作与创新将推动技术的跨领域应用，促进产业的良性发展。

云计算、大数据与物联网作为数字化时代的三大支柱，共同推动着科技创新和产业发展。它们之间的协同作用不仅提升了企业的运营效率和创新能力，也深刻改变了社会生活和服务模式。

二、绿色能源与环保产业的兴起

（一）概述

随着全球气候变化和环境污染问题的日益突出，绿色能源与环保产业逐渐成为全球经济的关键领域。绿色能源包括可再生能源，如太阳能、风能、水能等，而环保产业涵盖了废物处理、环保技术、清洁生产等多个方面。下面将深入探讨绿色能源与环保产业的兴起，其对经济、社会和环境的影响，以及未来发展趋势。

(二)绿色能源的崛起

1. 可再生能源的定义与类型

可再生能源是指不会枯竭且能够不断自我更新的能源,主要包括太阳能、风能、水能、地热能等。这些能源具有清洁、可持续的特点,与传统的化石能源相比,更符合环保和可持续发展的要求。

2. 太阳能与风能的发展

(1)太阳能发电

光伏技术的不断创新降低了太阳能发电的成本,太阳能电池板的广泛应用使得太阳能发电逐渐成为一种经济实用的绿色能源。

(2)风能发电

高效的风力涡轮机和先进的风电技术推动了风能发电的快速发展,风电成为可再生能源中占比较大的一部分。

3. 水能与地热能的利用

(1)水能发电

水力发电作为一种传统的可再生能源,通过水轮机转动发电机,广泛应用于河流、水库等水源丰富的地区。

(2)地热能利用

地热能通过地下的热能储层进行开发,产生电力、供暖或直接应用于工业过程,是一种清洁而稳定的能源。

(三)环保产业的崛起

1. 环保产业的范畴

环保产业包括废物处理、环保技术研发、清洁生产等多个领域。它以解决环境问题、减少污染、提高资源利用效率为目标,成为推动可持续发展的重要力量。

2. 废物处理与循环经济

(1)废物处理技术

先进的废物处理技术包括焚烧、填埋、回收等多种手段,通过科技手段减少废物对环境的污染。

(2)循环经济

循环经济理念强调将废物转化为资源,通过废物的回收再利用,降低对原生资源的依赖,实现经济可持续发展。

3. 环保技术的创新

(1)污染治理技术

新型的空气净化技术、水污染治理技术等不断涌现,有效降低了工业和城市生活排放对环境的影响。

(2)清洁生产技术

通过改进生产工艺,减少资源浪费和环境排放,清洁生产技术为企业提供了可持续发展的路径。

4. 绿色建筑与可持续发展

（1）绿色建筑

以环保、节能为设计理念的绿色建筑不仅减少了对自然资源的消耗，还提供了更健康、宜居的生活和工作环境。

（2）可持续发展

环保产业的发展促进了社会的可持续发展，不仅改善了环境质量，也为经济提供了新的增长点。

（四）绿色能源与环保产业对经济的影响

1. 就业机会的增加

绿色能源与环保产业的兴起创造了大量的就业机会。太阳能和风能项目的建设、环保技术的研发、废物处理的运营等都需要专业人才，为就业市场提供了新的增长点。

2. 技术创新与产业升级

绿色能源与环保产业的发展推动了技术创新，为产业升级提供了动力。新型的能源技术、环保设备的研发与应用推动了相关产业的进步，提高了整个产业链的竞争力，促进了经济的可持续增长。

3. 新兴产业的崛起

随着绿色能源与环保产业的壮大，新兴产业逐渐崛起。清洁能源、环保科技、循环经济等领域成为吸引投资和创业的热点，推动了创新型企业的崛起，形成了新的经济增长点。

4. 能源结构的优化

引入大量绿色能源有助于优化能源结构，减少对传统化石能源的依赖。这不仅有助于缓解能源紧张问题，还有利于减少温室气体排放，降低环境污染。

（五）绿色能源与环保产业对社会的影响

1. 环境质量的改善

绿色能源与环保产业的兴起对环境质量有积极影响。减少污染排放、推动循环经济、改善废物处理方式等举措有助于减轻大气污染、水质污染等环境问题，提高社会的整体环境质量。

2. 健康与生活质量的提升

清洁能源的使用和环保产业的发展有助于改善人们的生活环境，减少空气污染对健康的影响。同时，绿色建筑、可持续城市规划等措施提高了居民的生活质量。

3. 知识与教育的推动

新兴的绿色能源与环保产业需要大量的专业人才，促进了相关领域的知识和教育发展。高校和研究机构加大了对环境科学、可再生能源等专业的培养力度，培养了更多的专业人才。

4. 社会责任感的强化

企业在绿色能源与环保产业中的角色不仅仅是经济参与者，更是社会责任的承担者。注重环保和可持续发展的企业形象更受社会认可，社会对企业的责任感提出了更高要求。

（六）未来发展趋势

1. 多元化的绿色能源发展

未来绿色能源发展趋势将更加多元化，涌现出更多的新型能源技术。生物能源、潮汐能、地热能等将成为发展的新亮点，多元化的绿色能源组合有助于提高能源供应的稳定性。

2. 环保产业智能化与数字化

环保产业将更加智能化和数字化。借助物联网、大数据、人工智能等技术，提高废物处理、环境监测等环保过程的智能化水平，提升产业效益。

3. 循环经济模式的深入推进

未来将更加强调循环经济的发展模式，通过废物回收、资源再利用等手段，实现经济的可持续发展。企业将更加注重产品生命周期管理，降低资源浪费。

4. 国际合作加强

环保和绿色能源问题是全球性的挑战，未来将更多看到国际间的合作。共同应对气候变化、推动可持续发展将成为国际社会的共同责任，国际合作将在技术创新、资源共享等方面发挥重要作用。

绿色能源与环保产业的兴起不仅推动了经济的可持续发展，也改善了社会生活环境，有助于解决全球性的环境问题。未来，随着技术的不断进步和社会对可持续发展的追求，绿色能源与环保产业将迎来更广阔的发展空间。政府、企业和社会各界需要共同努力，推动这一领域的创新与合作，共同促进经济、社会和环境的可持续发展。

第三节　跨界融合与综合素质需求

一、行业之间的跨界合作与融合

（一）概述

在当今全球化和科技迅猛发展的时代，行业之间的跨界合作与融合成为推动创新和经济增长的重要因素。传统产业边界的模糊和技术的快速演进促使各行业之间展开更紧密的合作，以应对日益复杂的挑战和寻求新的增长机会。下面将深入探讨行业之间的跨界合作与融合现状，分析其对企业、经济和社会的影响，并展望未来发展的趋势。

（二）跨界合作的定义与形式

1. 跨界合作的概念

跨界合作是指来自不同行业、领域或领域的组织之间建立合作关系，共同开发、生产或推广产品和服务。这种合作超越了传统产业的边界，通过整合各方优势资源，实现互利共赢。

2. 跨界合作的形式

（1）产业联盟与协会

不同行业的企业组成产业联盟或协会，共同解决行业共性问题，推动技术创新和标准制定。

（2）技术共享与交叉创新

不同行业之间共享技术和研发成果，通过交叉创新推动新产品的开发。

（3）产品与服务整合

不同行业的企业合作推出整合性的产品或服务，满足消费者多样化的需求。

（三）跨界融合的动因与优势

1. 动因

（1）市场饱和与竞争加剧

部分传统行业市场饱和，企业需要通过跨界合作寻找新的增长点。

（2）技术创新的需求

一些领域需要不同领域的技术共享，以加速创新过程。

（3）消费者需求的多样化

消费者对综合性、个性化产品和服务的需求日益增长，推动企业跨界融合以提供更全面的解决方案。

2. 优势

（1）资源整合与降低成本

跨界合作能够整合各方资源，减少重复投资，提高效率。

（2）创新能力提升

不同行业的交叉创新可以带来更为创新的产品和服务，提高企业的竞争力。

（3）拓展市场与增加收入

跨界融合有助于拓展新的市场领域，增加企业的收入来源。

（四）跨界合作的典型案例

1. 互联网与传统制造业

（1）智能制造

互联网技术与传统制造业相结合，推动了智能制造的发展，提高了生产效率和产品质量。

（2）物联网应用

通过将物联网技术应用于传统制造业，实现设备互联、数据共享，以及生产过程的智能化管理。

2. 医疗与科技

（1）数字医疗

信息技术与医疗行业的融合推动了数字医疗的发展，包括远程医疗、健康监测等。

（2）人工智能在医学中的应用

人工智能技术在医学影像分析、疾病诊断等方面取得重大突破，提高了医疗服务水平。

3. 能源与科技

（1）智能能源管理

利用大数据和人工智能技术进行能源管理，实现对能源使用的精细化监控和调控。

（2）可再生能源创新

科技企业与能源行业合作推动可再生能源技术的创新，提高能源利用效率。

（五）跨界融合对企业的影响

1. 创新能力的提升

跨界合作和融合带来了不同行业的思维碰撞，促使企业加速创新。融合带来的新观点和新技术有助于企业在竞争中保持创新的优势。

2. 降低经营风险

企业通过跨界合作可以分散风险，减少对单一市场的依赖。多元化的业务结构有助于企业更好地应对市场波动和行业变革，提高经营的韧性和抗风险能力。

3. 拓展市场份额

跨界合作为企业提供了拓展市场的机会，通过结合不同行业的优势，企业可以进入新的领域，满足不同市场的需求，拓展自身的市场份额。

4. 促进企业文化与团队协作

不同行业的融合往往伴随着不同的企业文化和价值观的交流。这种文化融合能够激发团队的创造力，促进协作和团队建设，为企业发展提供更强大的动力。

（六）跨界合作对经济的影响

1. 推动产业升级

跨界合作推动了产业升级和转型。不同行业的合作使得技术和资源得到更好的整合，助力传统产业向高附加值、高科技方向发展。

2. 增强国际竞争力

跨界合作促进了企业的国际化发展。通过与国外企业合作，本土企业能够更好地吸收国际先进技术和管理经验，提高国际竞争力。

3. 促进经济创新

不同行业之间的跨界合作推动了技术、产品和服务的创新。这种创新不仅推动了企业的增长，也为整个经济体系注入新的动力，促进了全社会的经济创新。

（七）跨界合作对社会的影响

1. 促进可持续发展

跨界合作有助于促进可持续发展。不同行业的资源整合和协同创新有助于推动绿色、环保型产业的发展，减缓资源消耗和环境污染。

2. 提高社会服务水平

不同行业的融合推动了新型服务模式的出现。通过科技与服务业的结合，社会服务水平得到提升，为人们提供更加便捷、高效的服务。

3. 缓解社会问题

一些跨界合作关注解决社会问题。比如，科技与医疗的结合有望为医疗资源分配不均等社会问题提供更好的解决方案。

（八）未来发展趋势

1. 技术与产业融合加速

随着技术的不断进步，不同行业之间的技术与产业融合将更加紧密。人工智能、物联网、区块链等新兴技术将成为跨界合作的重要驱动力。

2. 产业生态圈形成

未来将看到更多形成产业生态圈的跨界合作。企业不仅在自身领域展开合作，还会在全产业链上寻求更多的合作伙伴，形成更为庞大和有机的产业生态系统。

3. 创新模式不断涌现

未来的跨界合作将涌现更多创新模式，包括不同行业的开放创新平台、产业创新联盟等，以促进资源、技术和市场的共享。

4. 社会责任成为合作核心

在未来，社会责任将成为企业跨界合作的核心。企业将更加注重在合作中履行社会责任，关注可持续发展、环保和社会公益等方面。

跨界合作与融合已经成为推动创新和经济发展的重要动力。在全球化和科技发展的大趋势下，不同行业之间的合作将变得更加密切。这种合作不仅对企业提出了更高的要求，也给社会带来了更多机遇和挑战。在未来，企业应积极拥抱跨界合作，携手共创更为繁荣、可持续的经济社会环境。

二、综合素质对未来职业发展的重要性

（一）概述

随着社会经济的不断发展和科技的迅猛进步，未来职业领域对人才的要求也在不断演变。除了专业知识和技能，综合素质在未来职业发展中的重要性日益凸显。下面将深入探讨综合素质的概念，分析其在职业发展中的作用，以及如何培养和提升综合素质以更好地应对未来职业挑战。

（二）综合素质的概念

综合素质是指一个人在多个方面具备的各种能力和品质，不仅包括专业知识与技能，还包括人际沟通、团队协作、创新能力、领导力、情商等方面。综合素质是一个人全面发展的表现，是成为一名全面发展的人才的基础。

（三）综合素质在职业发展中的作用

1. 提高职业竞争力

在竞争激烈的职场中，综合素质是衡量一个人综合能力的重要标准。除了具备专业技能，还需要具备良好的沟通能力、团队协作能力和解决问题的能力，这些都是提高职业竞争力的重要因素。

2. 适应多变的职业环境

未来职业环境变化快速，要求从业者具备更强的适应性。综合素质使个体更容易适应不同领域和行业的工作环境，具备更强的跨界能力，能够更好地应对职业生涯中的各种变化和挑战。

3. 培养创新能力

随着科技的进步和社会的不断发展，创新成为推动企业和个体前进的关键。综合素质中的创新能力包括独立思考、问题解决和创造性思维等，将成为未来职业中越来越重要的核心素质。

4. 促进团队协作

综合素质中的团队协作能力对多数职业来说至关重要。能够有效地与他人合作、共享资源、解决问题的团队协作能力将在未来职业中发挥越来越大的作用。

5. 塑造良好的职业形象

除了专业能力，综合素质也包括对个体职业道德、职业操守的要求。一个具备综合素质的个体更容易在职场中塑造良好的职业形象，赢得他人的尊重与信任。

（四）综合素质的主要组成要素

1. 沟通能力

沟通能力是综合素质中至关重要的一环。良好的沟通能力能够促进信息流通、减少误解，对于团队协作、问题解决和职业发展都具有重要作用。

2. 团队协作能力

团队协作能力是在团队中有效地与他人合作，共同实现团队目标的能力。未来职业中，很多工作都需要团队合作，团队协作能力成为重要的竞争力。

3. 创新能力

创新能力是指个体对新思想、新观念和新方法的接受、理解和应用能力。创新能力使个体能够在复杂多变的职业环境中灵活应对，提出新的解决方案。

4. 适应性和灵活性

适应性和灵活性是指在面对不同环境和工作要求时，个体能够快速调整自己的态度和行为，以适应新的情境。这种能力对于应对职业生涯中的各种变化至关重要。

5. 领导力

领导力并不仅仅适用于领导岗位，对任何一个职业者来说，都需要具备一定的领导力。领导力包括团队管理、目标设定、激励团队成员等方面的能力。

6. 学习能力

在不断变化的职业环境中，学习能力是保持竞争力的关键。综合素质中的学习能力使个体能够快速学习新知识和新技能，适应职业发展的需要。

（五）如何培养和提升综合素质

1. 多元化的学习和经历

积极参与各类学习和培训，不仅限于专业领域，还包括跨学科的知识和技能。参与实习、社会实践等活动，拓宽自己的经验和见识，培养多元化的能力。

2. 主动参与团队活动

通过参与团队活动，锻炼团队协作能力和领导力。在团队中，可以学习如何与他人有效沟通、解决问题，培养协同工作的经验。

3. 注重自我管理和职业规划

具备良好的自我管理能力，包括时间管理、情绪管理等，有助于提高适应性和灵活性。同时，制订明确的职业规划，明确职业目标，有针对性地发展和提升自己的综合素质。

4. 提升沟通技巧

参与沟通培训、演讲比赛等，提升自己的沟通技巧。有效的沟通是综合素质中至关重要的一环，能够促进工作团队的协作和工作效率。

5. 不断学习和更新知识

保持对新知识的敏感性，关注行业动态和前沿科技。通过不断学习和更新知识，提高自己的学习能力和创新能力，适应职业发展的需要。

6. 反思与自我完善

定期进行自我反思，总结过去的经验和教训，发现不足之处并加以改进。通过不断完善自己，提高职业发展中所需的各项素质。

（六）综合素质与未来职业发展的关系

1. 适应未来职业发展趋势

未来职业发展将更加强调跨界合作、创新和团队协作。具备良好的综合素质将使个体更好地适应这些发展趋势，更好地胜任未来工作。

2. 增强个体职业竞争力

综合素质的提升有助于个体在职场中脱颖而出，更好地满足职业市场的需求。在同等专业背景下，具备优秀的综合素质将使个体更具竞争力。

3. 塑造积极的职业形象

综合素质中的品德、沟通能力等方面的优秀表现有助于塑造积极的职业形象。积极的职业形象有助于个体更好地融入职业环境，获取更多的机会和资源。

4. 推动职业发展的可持续性

综合素质的提升有助于推动个体职业发展的可持续性。综合素质不仅关乎短期的职业成功，更涉及个体在长期职业生涯中的持续发展和进步。

综合素质是未来职业发展中至关重要的因素。在一个充满变革和挑战的职业环境中，具备多方面的能力和品质将成为个体职业成功的关键。通过不断学习、提升沟通能力、培养创新能力等方面的努力，个体可以更好地适应未来职业发展的需求，取得更为显著的职业成就。

第四节 灵活用工与创业就业趋势

一、灵活用工模式的普及与发展

（一）概述

随着社会经济的不断发展和科技的飞速进步，传统的用工模式逐渐受到挑战，而灵活用工模式应运而生。灵活用工模式以其灵活性、高效性和适应性受到越来越多企业和个体从业者的青睐。本节将深入探讨灵活用工模式的概念、普及情况以及未来发展趋势，并分析其对劳动市场和经济的影响。

（二）灵活用工模式的概念

灵活用工模式是一种适应性强、弹性大的雇佣方式，与传统的全职制度相对。它包括临时工、兼职工、远程办公、自由职业者、独立承包商等多种形式，使得用工双方可以更加灵活地选择工作方式和时间。

（三）灵活用工模式的普及情况

1. 全球范围的普及

灵活用工模式在全球范围内逐渐普及。尤其是在一些发达国家，这种用工模式已经成为劳动力市场中的重要组成部分。很多企业开始采用更加灵活的雇佣方式，以适应市场的变化和降低用工成本。

2. 行业差异

不同行业对灵活用工模式的接受程度存在差异。一些技术和创新驱动型的行业更容易接受灵活用工，而一些传统制造和服务业可能相对保守。然而，随着越来越多行业的数字化转型，灵活用工模式的普及正在逐步渗透各个领域。

3. 个体从业者的增加

随着自由职业者和独立承包商的增加，个体从业者成为灵活用工模式中的重要群体。这些个体从业者通过平台经济、自由职业等方式参与劳动市场，为企业提供灵活的劳动力资源。

（四）灵活用工模式的形式

1. 临时工与兼职工

企业雇用临时工和兼职工，以应对季节性或短期性的用工需求。这种模式可以降低企业的用工成本，同时使员工在有限的时间内获得收入。

2. 远程办公

随着信息技术的发展，远程办公成为一种常见的灵活用工方式。员工可以在不同的地理位置工作，提高了工作的灵活性和生活质量。

3. 自由职业者与独立承包商

越来越多的人选择成为自由职业者或独立承包商，通过与多个雇主合作，实现灵活的工作安排和更高的收入水平。

4. 平台经济参与

通过在线平台，个体从业者可以参与分享经济和平台经济。这包括打车、外卖、家政服务等，个体从业者可以通过平台获取订单，实现自己的收入。

（五）灵活用工模式的优势与挑战

1. 优势

（1）灵活性

灵活用工模式为雇主提供了更弹性的用工方式，可以根据实际需求灵活调整员工数量和工作时间。

（2）成本控制

对企业来说，灵活用工模式可以降低用工成本。不需要支付长期雇佣带来的高额成本，而是按需雇佣。

（3）提高生产力

对个体从业者来说，可以更好地平衡工作和生活，提高工作的生产效率。

2. 挑战

（1）安全与稳定性

对从业者来说，灵活用工模式可能缺乏长期的职业安全感和稳定性，可能会面临不确定的收入和职业前景。

（2）社会保障问题

灵活用工模式下，从业者可能无法享受到传统全职员工所拥有的社会保障福利，如养老金、医疗保险等。这使个体从业者在面临疾病、意外等风险时承受更大的压力。

（3）不确定性与压力

个体从业者在灵活用工模式下需要面对不断变化的市场需求，这带来的不确定性和压力可能影响他们的职业体验和生活质量。

（4）法律与监管问题

灵活用工模式可能引发一系列法律与监管问题。例如，个体从业者应被视为独立承包商还是雇员，以及相关的劳动法、税收法规等问题都需要得到明确和解决。

（六）灵活用工模式对劳动市场和经济的影响

1. 对劳动市场的影响

（1）增加就业机会

灵活用工模式为企业提供更多的用工选择，也为个体从业者提供了更多的就业机会。这有助于减少失业率，提高劳动市场的灵活性。

（2）促进技能多元化

灵活用工模式鼓励个体从业者在不同领域获取技能，提高了整体劳动力的技能多元化。个体从业者不再局限于某一特定领域，更能适应多样化的用工需求。

（3）弹性劳动力市场

灵活用工模式使劳动力市场更具弹性，企业可以更灵活地调整用工规模，适应市场的变化。这有助于提高企业的竞争力。

2. 对经济的影响

（1）促进创新和竞争

灵活用工模式鼓励企业在组织结构、管理方式等方面进行创新，提高了企业的竞争力。企业更容易吸引和留住高素质的人才，推动经济的创新发展。

（2）降低用工成本

对企业而言，灵活用工模式降低了用工成本，不再需要支付长期雇佣带来的高额成本。这有助于提升企业的经济效益。

（3）推动产业升级

灵活用工模式推动了产业结构的升级和优化。企业更加注重人才的质量和灵活性，从而推动整个产业向更高端、更创新的方向发展。

（七）未来发展趋势

1. 技术与灵活用工的深度融合

随着信息技术的不断发展，未来将看到技术与灵活用工的更深度融合，包括人工智能、大数据分析等技术将为灵活用工提供更智能、更精准的匹配和管理服务。

2. 法律与政策的完善

灵活用工模式的普及，将推动相关法律与政策的完善。政府可能会出台更加明确和有利于个体从业者的法规，保障他们的权益和福利。

3. 社会保障制度的创新

为了解决个体从业者在社会保障方面的问题，未来可能会涌现出更加创新的社会保障制度，以适应灵活用工模式的特点。

4. 企业文化与价值观的调整

随着灵活用工模式的推广，企业文化与价值观也可能发生调整。企业需要更注重员工的工作体验，提供更灵活、多元化的工作环境。

灵活用工模式的普及与发展是劳动市场和经济结构不断演变的产物。它为企业提供了更多用工选择，为个体从业者提供了更多就业机会。然而，同时也带来了一系列挑战，包括个体从业者的安全与稳定性、社会保障问题等。

二、未来创业者与自由职业者的机会

（一）概述

随着社会的不断发展和经济的变革，未来创业者和自由职业者将面临更多的机遇。新兴技术、数字化经济、全球化趋势等因素正在塑造未来的劳动市场和商业环境。本节将深入探讨未来创业者和自由职业者的机会，分析其背后的驱动因素，并探讨应对挑战的策略。

（二）未来创业者的机会

1. 技术创新驱动

未来创业者将在技术创新领域找到丰富的机会。人工智能、区块链、生物技术等新兴技术的发展为创业者提供了开发新产品、提供新服务的可能性。通过深入了解并应用新技术，创业者可以在市场上获得竞争优势。

2. 数字化经济的崛起

随着数字化经济的崛起，未来创业者可以借助互联网平台、电子商务等工具实现全球范围的业务拓展。数字化经济为创业者提供了更广阔的市场和更低的进入门槛，使创业变得更加容易和可行。

3. 持续的消费升级

消费者对产品和服务的需求不断升级，未来创业者可以通过满足新兴需求和消费趋势来创造业务机会。例如，可持续发展、健康生活方式、个性化定制等方向都是创业者可以探索的领域。

4. 创业生态系统的建设

许多地区和行业正在积极建设创业生态系统，提供创业者所需的支持和资源。创业孵化器、创投机构、政府扶持等环境的改善将为创业者提供更好的创业条件和机会。

（三）自由职业者的机会

1. 网络平台和自由职业

互联网平台的兴起使得自由职业者能够更容易地找到项目和客户。独立的设计师、程序员、写手等可以通过在线平台获得更广泛的曝光和商业机会，实现更自主的职业发展。

2. 远程工作和灵活性

数字化技术的普及使得远程工作成为可能，自由职业者可以通过远程方式参与全球项目。这种灵活性使得自由职业者可以更好地平衡工作和生活，选择更适合自己的工作方式。

3. 个人品牌的建设

自由职业者可以通过建设个人品牌来吸引更多的客户和机会。社交媒体、个人网站、专业平台等都成为展示个人能力和吸引业务的有效工具，为自由职业者拓展职业领域提供了便利。

4. 共享经济与平台经济

自由职业者可以通过参与共享经济和平台经济获得额外的收入。例如，共享出行、家政服务、技能分享等平台为自由职业者提供了灵活的兼职机会，增加了他们的收入来源。

（四）驱动未来机会的因素

1. 技术发展

技术的不断发展是未来创业者和自由职业者机会的主要驱动因素。新兴技术的涌现和应用为创业者提供了新的商业模式和创新方向，为自由职业者提供了更广泛的工作机会。

2. 消费趋势

未来消费趋势的变化将直接影响创业者和自由职业者的机会。对健康、环保、科技等方面的追求将激发相应领域的商机机会。创业者可以通过深入了解消费者需求，迅速响应市场变化，创造出符合时代潮流的产品和服务。自由职业者则可以根据消费趋势调整自己的服务内容，更好地满足市场需求。

3. 全球化和数字化

全球化和数字化趋势为创业者和自由职业者提供了跨越地域界限的机会。数字技术使得信息传播更加便捷，全球市场的开放程度提高。创业者可以面向全球市场推出产品和服务，自由职业者可以与来自不同国家和地区的客户合作，实现更广泛的业务拓展。

4. 创业生态建设

创业生态系统的不断完善也是未来机会的重要推动力。政府、投资机构、企业孵化器等各方的支持将有助于降低创业成本、提供资源支持、分享经验，为创业者提供更好的创业环境。这对创业者来说是一种宝贵的机会。

5. 人才需求和供给

随着市场对高素质人才的需求不断增加，创业者和自由职业者可以通过提升自己的技能水平来迎接市场的挑战。不断学习、不断提高专业素养将有助于创业者更好地把握机会，自由职业者更好地适应市场需求。

（五）应对挑战的策略

1. 不断学习与创新

在快速变化的时代，创业者和自由职业者需要不断学习和创新。通过关注新技术、新趋势，提高自己的适应能力和创新能力，把握未来的机遇。

2. 构建合作网络

创业者和自由职业者可以通过构建合作网络，寻找合作伙伴，分享资源和经验。合作网络有助于共同应对市场挑战，实现资源共享，提高整体竞争力。

3. 利用数字工具

数字工具在未来的商业环境中将起到重要作用。创业者和自由职业者可以充分利用各种数字工具，提高工作效率，拓展业务范围，更好地适应数字化经济的发展。

4. 建立个人品牌和专业形象

对自由职业者来说，建立个人品牌和专业形象非常重要。通过在社交媒体上展示专业能力、参与行业活动、提供优质服务，自由职业者可以提高自己在市场上的知名度和竞争力。

5. 寻求创业生态支持

创业者可以主动寻求创业生态系统的支持。加入创业孵化器、参与创业大赛、寻求投资机构的支持等，都是提升创业成功率的途径。

未来创业者和自由职业者将面临丰富多样的机遇，但同时也需要面对激烈的竞争和快速变化的市场。通过抓住技术创新、数字化经济、消费趋势等机会，不断提升自身素养和适应能力，创业者和自由职业者可以在未来取得更大的成功。同时，建立合作网络、利用数字工具、打造个人品牌、寻求创业生态支持等策略也将有助于应对挑战，实现更可持续的职业发展。在这个充满变革的时代，创业者和自由职业者应敢于创新、勇攀高峰，把握机遇，共创未来。

参考文献

[1] 陈姗姗. 大学生职业生涯规划与就业创业指导 [M]. 重庆：重庆大学出版社，2017.

[2] 程欣，吕久燕. 大学生职业生涯规划与就业创业教育 [M]. 北京：北京邮电大学出版社，2017.

[3] 高健，南亚娟，倪慧玲. 大学生就业指导与创业教育 [M]. 天津：天津科学技术出版社，2018.

[4] 顾定红，徐宏俊，孙蕾. 大学生职业规划与就业创业"5G"体验式教程 [M]. 北京：北京理工大学出版社，2019.

[5] 郭冬娥，安身健. 大学生职业规划与就业指导 [M]. 武汉：武汉理工大学出版社，2014.

[6] 黄诚，唐梦丽. 大学生职业规划与就业创业指导 [M]. 北京：中国纺织出版社，2017.

[7] 黄道平，华坚. 创新、创业与就业 [M]. 北京：机械工业出版社，2014.

[8] 黄瑞宇. 新时代高校学生工作的创新研究与实践探索 [M]. 北京：中国政法大学出版社，2020.

[9] 李保城，田治平. 大学生职业发展与就业指导：山东科技职业学院 [M]. 成都：电子科技大学出版社，2017.

[10] 李教社. 高等职业教育公共基础课通用教材 大学生职业生涯规划 就业指导与创新创业篇 [M]. 北京：北京理工大学出版社，2021.

[11] 李容芳，谢强. 大学生创新创业指导 [M]. 成都：电子科技大学出版社，2017.

[12] 李竹宇. 认知自我与规划人生 大学生职业生涯规划与就业创业发展研究 [M]. 北京：北京燕山出版社，2022.

[13] 刘华，尹志刚. 大学生职业发展与就业创业教程 [M]. 上海：上海交通大学出版社，2017.

[14] 刘君娣，裴科亮. 大学生职业生涯发展规划与就业创业指导 [M]. 兰州：敦煌文艺出版社，2019.

[15] 刘亮亮. 大学生职业发展与就业创业指导 [M]. 济南：山东人民出版社，2016.

[16] 刘义. 大学生职业生涯规划与就业创业指导 [M]. 成都：四川大学出版社，2020.

[17] 刘永辉. 大学生职业生涯规划与就业创业指导实用教程 [M]. 北京：新华出版社，2020.

[18] 柳森，杨冬吉，于永海. 大学生职业发展与就业创业指导 [M]. 北京：北京理工大

学出版社，2018.

[19] 吕平．大学生职业生涯规划与就业创业指导 [M]．天津：南开大学出版社，2018.

[20] 彭军，谭军，刘义．大学生职业生涯发展与就业创业指导 [M]．北京：北京理工大学出版社，2019.

[21] 饶芸，付生德，谢鑫，桑振平．大学生职业生涯发展与就业创业指导 [M]．天津：南开大学出版社，2019.

[22] 孙军，钟坤．大学生职业生涯与就业创业指导 [M]．北京：经济日报出版社，2018.

[23] 陶德胜，周萍．大学生职业生涯规划与就业创业指导 第 4 版 [M]．苏州：苏州大学出版社，2023.

[24] 王静，常宇靖．核心价值观指导下的大学生创新创业教育研究 [M]．长春：东北师范大学出版社，2018.

[25] 王丽萍．大学生职业规划与就业创业指导 [M]．上海：上海交通大学出版社，2019.

[26] 王青迪．大学生创新创业教育与就业指导 [M]．上海：上海三联书店，2019.

[27] 王兆明，顾坤华．大学生职业指导 就业创业实务 修订版 [M]．苏州：苏州大学出版社，2009.

[28] 王兆明．大学生职业指导教材 下 就业创业实务 [M]．苏州：苏州大学出版社，2005.

[29] 杨必忠．大学生职业生涯规划与就业创业教育 [M]．成都：电子科技大学出版社，2019.

[30] 张立杰，周斌．大学生职业就业创业指导教程 [M]．徐州：中国矿业大学出版社，2013.

[31] 张涛轩，杨学慧，阎妍．高校学生思想政治教育与创业指导 [M]．北京：中国商务出版社，2019.

[32] 张玉波，楼稚明．大学生职业规划与就业创业指导 [M]．上海：上海交通大学出版社，2016.

[33] 周勇，付岩，王若金．前程无忧 大学生职业发展与就业创业指导 [M]．北京：北京理工大学出版社，2018.